中華古籍保護計劃

成　果

《書目題跋叢書》工作委員會

主　任：熊遠明
委　員：吴　格　張志清　陳紅彦　俞國林　蘇品紅　李國慶
　　　　劉　冰　劉　薔　羅　琳

《書目題跋叢書》編輯委員會

主　編：吴　格　張志清
副主編：陳紅彦　俞國林　蘇品紅
常務編委：鄭小悠　劉　明
編　委：陳先行　杜澤遜　眭　駿　孫　彦

書目題跋叢書

常熟翁氏藏書志

上册

翁之熹　撰
翁以鈞　整理
吴　格　審定

中華書局

圖書在版編目(CIP)數據

常熟翁氏藏書志/翁之憙撰;翁以鈞整理. —北京:中華書局,2022.4
(書目題跋叢書)
ISBN 978-7-101-15537-2

Ⅰ.常… Ⅱ.①翁…②翁… Ⅲ.私人藏書-圖書目録-中國-現代 Ⅳ.Z842.7

中國版本圖書館CIP數據核字(2021)第268796號

責任編輯:汪 煜 劉 明

書目題跋叢書
常熟翁氏藏書志
(全二册)
翁之憙 撰
翁以鈞 整理
*
中華書局出版發行
(北京市豐臺區太平橋西里38號 100073)
http://www.zhbc.com.cn
E-mail:zhbc@zhbc.com.cn
河北新華第一印刷有限責任公司印刷
*
850×1168毫米 1/32・27¾印張・4插頁・490千字
2022年4月北京第1版 2022年4月第1次印刷
印數:1-2000册 定價:168.00元

ISBN 978-7-101-15537-2

《書目題跋叢書》編纂説明

中華民族夙有重視藏書及編製書目的優良傳統，並以「辨章學術，考鏡源流」作爲目録編製的宗旨。

漢唐以來，公私藏書未嘗中斷，目録體制隨之發展，門類齊全，蔚爲大觀。延及清代，至於晚近，書目題跋之編撰益爲流行，著作稱盛。歷代藏家多爲飽學之士，竭力搜采之外，躬親傳鈔、校勘、編目、題跋諸事，遂使圖書與目録，如驂之靳，相輔而行。時過景遷，典籍或有逸散，完璧難求，而書目題跋既存，不僅令專門學者得徵文考獻之助，亦使後學獲初窺問學門徑之便。由是觀之，書目建設對於中華古籍繼絶存亡、保存維護，厥功至偉。

上世紀五十年代，古典文學出版社、中華書局等曾出版歷代書目題跋數十種，因當年印數較少，日久年深，漸難滿足學界需索。本世紀初，目録學著作整理研究之風復興，上海古籍出版社、中華書局分别編纂《中國歷代書目題跋叢書》及《書目題跋叢書》，已整理出版書目題跋類著作近百種。書目題跋的整理出版，不但對傳統學術研究裨益良多，與此同時，又在當前的古籍普查登記、保護研究等領域發揮了重要作用。

二〇一六年，經《中國歷代書目題跋叢書》第四輯主編、復旦大學吴格教授提議，由國家古籍保護中心聯合中華書局及復旦大學，全面梳理歷代目録學著作（尤其是未刊稿鈔本），整理目録學典籍，將其作爲調查中國古籍存藏狀況，優化古籍編目，提高整理人才素質的重要項目，納入中華古籍保護計劃框架。項目使用「書目題跋叢書」名稱，由國家古籍保護中心統籌管理，吴格、張志清兩位先生分司審訂，中華書局承擔出版。入選著作以國家圖書館所藏書目文獻爲基礎，徵及各地圖書館及私人藏本，邀請同道分任整理點校工作。出版采用繁體直排，力求宜用。

整理舛譌不當處，敬期讀者不吝指教，俾便遵改。

《書目題跋叢書》編委會

二〇一九年五月

整理説明

本書的出版要從二〇一六年十一月上海圖書館舉行「瓊林濟美——上海圖書館翁氏藏書與文獻精品展」説起。在籌備展覽時我曾提出，翁氏藏書在一九五〇年就捐售於北京圖書館（現國家圖書館），是否可以聯繫國家圖書館借調幾部翁氏所捐古籍參展，這樣可以給觀衆一個對翁氏藏書更爲完整的印象。上圖與國圖經過幾番商談，終於因爲管理、安全等原因將此動議作罷。於是，我建議將此書原稿拿到會上展示。後得到上圖的首肯，並設專櫃參展。

展會期間，上海博物館的柳向春先生看到此書後找到我，建議出版此書，並推薦中華書局承接此出版任務。然而不久上圖找我，説復旦大學吴格先生要找我商談此書的出版事宜。我馬上向上圖解釋，中華書局已經聯繫在先。不過後來與吴格先生解釋此事時纔知道，他們的提議都屬國家古籍保護計畫的工作内容，是一個項目，並無衝突，我纔放心與中華書局商談此書的出版計畫。

本書是先祖父翁之憙（號克齋）積累多年藏書的資料，於一九四八年三月二十四號動筆，歷時兩個月餘，至一九四八年六月一日擱筆。將祖上翁心存—翁同書—翁曾源—翁斌孫等一支的藏書總結，以便自己翻查書籍用。所以這是一部以家庭自用爲目的的工具書，並非嚴格意義上的「書目」。

全書以板本的時代先後爲序，依次分爲宋本、元本、明本、抄本、舊刻本、普通本、石印本和日文、西文部分。每種古籍注明書名、册數、現狀、作者、藏印和題記。全書一函十册。「文革」中此書被抄走，而此後發還查抄物資時已佚去其中的第六册。抄走後可能是歸於天津圖書館，函套上至今還有管理單位的標籤，此書歸於「社」類八三八號，如今六十年後還能找到這第六册乎？

中國社會的巨大變遷發生在一九四九年前後，十月一日中華人民共和國成立後，先祖父立即請來北京圖書館的趙萬里等先生，住在天津家中，逐册細審古籍，於是將家藏古籍中的精品分兩批捐於北京圖書館，時間在一九五〇年八月九日和一九五一年十一月三日。同時向趙先生報告，在常熟老家中還存有大批古籍，一併捐獻國家。

隨後在一九五一年五月下旬將捐贈後家中剩餘的圖書編製了《藏書艸目》一册，今附在此《藏書記》之後。當然，有些一九五〇年後新購得圖書隨買隨記録在《藏書記》中，主要是俄文書部分。

一九五〇年九月十八日文化部領導鄭振鐸在工作總結中説到：「翁之憙捐獻的明清抄校本書籍尤爲國之重寶，化私爲公，得爲人民所有，實爲從來未有之舉。」

一九五一年國家文化部爲翁之憙頒發了褒獎狀。

一九五九年九月中華書局出版的《北京圖書館善本書目（北京圖書館一九五九年八月二十六日）》序中説：「建國後，著名藏書家……翁之憙……等先生……把辛勤搜集，世代相傳的珍貴古籍無條件地獻給國家。這種熱愛國家文化事業，化私爲公的精神，是值得敬佩的。」

本次整理原則是儘可能忠實原作，詳細情況請參看凡例。

在此次整理過程中，日文的辨識得到新昌同學、志剛同學指正。

最難辨識的篆體印文得到常熟李政君及犬子翁達幫助。全書整理過程始終受到萬戈三叔、永慶五叔、蟾慶姑姑、銘慶七叔的關切，慮及老人們均已高齡，實在不能過多打擾他們了。

二〇一七年春節後中華書局的俞國林、劉明二位先生親臨天津家中指導，簽署出版合同，正式開啓了本書的整理工作。

在此向上述關注並幫助此書整理的各位表示衷心感謝。

謹以此書的出版來告慰先祖父之憙公的在天之靈。

翁之憙長孫以鈞誌於二〇一七年六月底〔一〕。

〔一〕爲便於讀者閱讀，將書中若干人名解讀如下：山愚公：翁長庸。潛虚公：翁咸封。先文端公：翁心存。先文勤公：翁同書。先文恭公：翁同龢。仲淵公：翁曾源。先公：翁斌孫。先兄澤之：翁之潤。先兄敬之：翁之廉。

凡例

一、今本《常熟翁氏藏書志》由兩部分組成，第一部分爲《常熟翁氏藏書記》九卷（原十卷、佚第六卷），第二部分爲《藏書艸目》。依照古籍整理的一般要求，對全書施加標點。

二、《常熟翁氏藏書記》九卷原爲手寫本，其格式爲書名在前，頂格寫；責任者、藏印、題記等退二格，分列在後。又有册數、版本、殘缺情況等小注書名之下，今整理該稿，將書名調整爲標題之外，其餘小注以及責任者等相關説明仍底本之舊。一册多種，如卷四之「菊磵小集　疎寮小集　萬柳溪邊舊話」條，底本原三書併列，責任者小注書名之下，今按全書格式調整。其他一册多種情況與此相同。

三、《藏書艸目》本爲記敘翁氏藏書以及其他雜物的「賬簿」。由於各個儲物櫃的皮藏有過多次調整，所以原作者在這一「賬簿」上進行了多次批注，簡要説明調入調出情況，以便自己使用。現在按全書格式，將這些批注進行調整，並出校記説明。

四、《常熟翁氏藏書記》《藏書艸目》部分條目天頭畫有色圈，或是鈐有小印，這些色圈、小印分别代表該條目所列圖書的皮藏以及去向情況，具有非常高的文獻價值。現在按全書格式，統一出校説明在相應條目後，以便讀者查驗。

五、《常熟翁氏藏書記》《藏書艸目》部分條目天頭有長文批注，不少批注係從該條目所列圖書中迻録，保留了在原書中的行款格式。現在整理這些批注，保留了底本所具有的行款格式，統一出校説明在相應條目後，以便讀者查驗。

六、《常熟翁氏藏書記》不少條目在迻録藏印時，對該條目所列圖書中的部分篆體印進行了描摹工作，本次整理過程中除了圖畫印之外，所有的印文都改用楷體。至於書中出現的篆體印文，本次整理時對其進行了釋讀。

七、《常熟翁氏藏書記》係彙録翁氏所藏古籍的題記而成。但題記文字在撰寫過程中，字體的使用常常過於隨意，存在使用簡體字的情況。移録者忠實原貌，因而不改。在此次整理過程中，除了將簡體字改爲通行繁體字外，其餘用字，保留底本原貌。

八、《常熟翁氏藏書記》《藏書艸目》部分條目在記録部分書名、人名乃至移録題記、釋讀印文時，使用了省形字如「侌」（表示「陰」字）、「昜」（表示「陽」字）、「臧」（表示「藏」字）等，今保留底本原貌。

九、《常熟翁氏藏書記》《藏書艸目》中部分條目中出現了使用（）、「」等符號的情況，今據底本予以保留。

一〇、《常熟翁氏藏書記》中撰者、書名偶有錯誤，此係當時著者抄寫匆忙所致。此次整理，實屬顯誤者，或出校改正，或出校説明，其餘一併遵從底本原貌，不作任何改動。

一一、《常熟翁氏藏書記》移録題記，凡原書虫蝕之處，盡數依原樣描摹；至於原書闕文之處，則以□符號識之。現在整理，凡可據虫蝕殘餘痕跡以及文意補正者，盡數補回，並出校説明；其餘原闕者，仍從底本標以□符號。

一二、《常熟翁氏藏書記》彙録題記過程中，部分條目大字、小字區别明顯，今依據底本予以保留。

一三、《常熟翁氏藏書記》彙録題記過程中，部分條目末尾有照描原書所有之印章，今依據底本予以保留。少數印章描摹時忘加外框，整理時予以補回；少數印章僅描摹外框，未描印文，整理時依據底本僅保留外框，格式上調整爲注文小字，以便閲讀。

一四、《常熟翁氏藏書記》彙録題記過程中，部分條目底本有修改痕跡，而重出條目底本有删除痕跡。現在整理，遇底本有修改者直接修改，遇底本删除者直接删去，不出校説明。

一五、《常熟翁氏藏書記》底本於各類下鈐有小印，今概述如左：宋本、鈔本、普通本、日文書下鈐有「齊」字小印，元本、舊刻本、石印本、西文書下鈐有「小齊」小印，明本、書目下鈐有「銘慶」小印。

一六、《常熟翁氏藏書記》中移録的各家題跋，或有見於《顧千里集》、《黄丕烈藏書題跋集》等書者，取之比勘，頗有異文，今各從其舊，不做校改。需要説明的是，本書中部分翁心存題跋，又見於《翁心存詩文集》卷二十八（鳳凰出版社二〇一三年版）。這部分題跋是整理者張劍先生據國家圖書館藏之翁氏舊藏古籍中的翁心存原跋整理，通過比勘，發現原跋與《常熟翁氏藏書記》所載跋文略有不同，主要是字形使用以及部分語句中虚字之增減，今亦各從其舊，不做校改，以便讀者稽核。

目録

常熟翁氏藏書記目録

文端元孫文勤曾孫

風流儒雅亦吾師

（書目　四七三至四九三葉）

吾家累代好讀書，尤好聚書。吾父辛亥退隱沽上，貧不自聊，然每見佳刻善本，輒不惜罄典質所得以换書，積聚既久，收臧日多。丁巳秋沽上大水，危樓巨浸，一燈熒朕，余與吾父撿書入篋，料量行李，舉家南行。次年水退，復回沽上。壬戌吾父見背，余以饑驅奔走四方，先代遺書盡置篋衍。歲乙丑移居秦皇島，以書寄友家，友家失慎，存書幾化灰燼。戊辰返沽上，越四年余赴唐山爲人傭書。丙子秋沽上又大水，吾家水深五尺許，移書樓上，倖免浸浥。丁亥冬由唐山歸，發篋陳書，深喜尚少虫損，乃於旭日晴美之日逐日曝整，隨撿隨記凡數百帋。自愧譾陋，不諳板本目録之學，僅記甲乙，供異日翻檢之助而已。猶憶吾父平居未嘗一日釋卷，雖在晚年老病侵尋，無間寒暑，終日危坐，丹鉛不去手，愛護圖書有如頭目。今先代手澤赫然在目，而吾父下世已歷二十六載，吾母棄養亦逾朞年，而余兩鬢漸皤，百無所成，孤露餘生，亦垂垂老矣。悲夫，自乙亥迄甲申，華北淪胥，備嘗顛沛，以貧故將宋槧《文選》《漢書》及石印《四部叢刊》先後鬻去，雖事非獲已，而至今猶深隱痛。今者升米萬錢，百物騰貴，流亡載道，滿地兵戈，保身匪易，保書良難。善哉，錢遵王氏之言曰：「好書者不概見，而真好與真知者寔難其人，世間聚散何常，百六飈迴，絳雲一炬。」讀之恧然愧，悚然懼矣。先曾祖文勤公題《平庵悔稿》云：「使後之人知擐甲行間者尚知寶貴古籍如此，若明窗浄几，日長無事，束書不觀，殊可惜也。」余老矣，而讀書之志未衰，願以治事餘暇稍讀先人之書，力學勵行，庶不負我祖先聚書之苦心與對後人期望之切也。更願吾子孫共體此心，不獨對於先世遺書善加愛護，更應時自警惕，力學敦品，進而求所以致用，不徒以讀書爲口耳之資，是則吾家之厚幸也夫。

戊子夏四月十九日 克齋 翁之憙謹識 翁印之憙 克齋畫記

八篋　先代遺書本在「寒」「來」「暑」「往」「秋」「收」「冬」「藏」八篋，而頻年遷徙，「往」「來」「寒」「秋」四篋已毁，各書紛皮篋笥，不免淩亂，今仍依原來編次識别之，以便檢點。克𠫤記戊子夏。翁 憙之

往甲　來乙
冬丙　暑丁
秋戊　收己
寒庚　藏辛

○一九五〇年八月九日捐獻國立北京圖書館。
●一九五〇年八月九日售與國立北京圖書館。
◎一九五一年十一月三日讓售與北京圖書館。
⊙同上年月日捐獻北京圖書館〔二〕。

〔一〕《常熟翁氏藏書記》爲一函十册，一九六六年運動中被抄走。之後發還抄没物資時，發現其中的第六册佚去，即第二八二—三六三頁已無，屬「抄本」的下半部分。

〔二〕此底本原爲三色圈，一九五〇年捐獻者原爲藍色圓圈，今改爲空心圈。一九五〇售與者，原爲緑色圓圈，今改爲實心圈。一九五一年讓售者，原爲紅色圓圈，今改圓環。同上年捐獻者，原爲紅色帶點圓圈，今作帶點圓圈。後《藏書艸目》同。

常熟翁氏藏書記一

宋本

禮記(一)　宋刊　殘本　第一卷至十六卷　四册

每半葉十行，行十九字。

藏印：浙西項氏篤周萬卷書堂圖籍印、萬卷堂。

先文勤公題記云：

此殘宋槧《禮記》經注本，自第一卷至十六卷具在，獨闕後四卷。以板本紙墨及宋諱闕筆驗之，蓋南宋坊刻，檇李項氏篤周萬卷堂物也。案《禮記》注疏本汲古閣所刊，譌舛百出，十行本、閩本、監本略勝，而魚豕亦復不少，獨惠棟所見正義七十弓本爲最善，其經注本則世僅傳相臺岳氏本、嘉靖本及《石經考文提要》所據之宋大字本、宋本九經南宋巾箱本、余仁仲本、劉叔剛本、至善堂九經本藉見一斑。又日本人山井鼎《考文》所載古本足利本外，此無可考矣。今以阮文達校刊記與此本對勘之，往往與惠校及各宋本合，其精審且在相臺之上，而十行及閩監毛本無論矣。然此本實與諸宋本皆不合，如《禮器》「詔侑武方」注，「詔侑」或爲「詔囿」，諸宋本皆然，惟此作或爲「詔圜」，與《釋文》及山井鼎所據古本足利本合，此與海内諸宋本皆不同之證也。經籍舊本日亡日少，鑒者其毋忽諸。奭齋學人志。

〔一〕本條天頭鈐「丁」字印，加朱圈。本葉鈐「曼秋閣畫弟子」印。

昌黎先生集〔二〕　淳熙殘本　五册　坿釋音　一册

門人李漢編。

每半頁十一行，行二十字。有虫蝕殘損處。無名氏披閱。

藏印：稽瑞樓。

紙色微黄，墨色淡雅。

釋音册尾一頁殘損較多。

〔一〕本條天頭鈐「己」字印。

政和本草殘本〔二〕 第十二弓至第廿弓 六册

成都唐慎微。

每半葉十一行，行二十字。

藏印：項氏萬卷堂書籍印、均齋攷臧、篤壽、常熟翁同龢摩挲審定、叔平所臧、常熟翁同龢藏本、杏江氏、浙右項篤壽子長臧書、巴闍趙氏、陸翰。

第一册	木部	五十二頁
第二册	木部	四十八頁
第三册	木部	五十頁
第四册	人部	廿七頁
第五册	獸部	廿六頁
第六册	虫魚部	廿七頁

〔一〕本條天頭有藍圈。

宋槧杜工部文集〔一〕

凡一册自卷一至卷二共三十七頁，頁十二行，行廿三字。收藏圖章有：「竹泉珍秘圖籍」白文方印、「謏聞齋」白文方印、「長溪流水」長方朱文印、「詩禮傳芳」白文方印及先公之「翁斌孫印」白文方印、「虞山翁韜夫珍藏印」長方朱文印、又「漱芳發兑」朱文方印、「長溪流水」朱文、「詩禮傳芳」朱文〔二〕。

書面爲先文恭公所署，凡十七字：「宋槧《杜工部文集》一册，斌孫藏本」。

全書二十八頁。

〔一〕本條天頭有眉批：「趙萬里君鑒定爲元本。圖章亦不真。一九五〇、七。」

〔二〕本條兩「朱文」小字，底本如此。

述異記〔一〕　宋刊　一册

梁記室參軍任昉撰。

每半葉十一行，行二十字。

刻工：臨安府太廟前經籍鋪尹家刊行。

全書序一頁、三十五頁、後序一頁。

藏印：文端文勤兩世手澤同龢敬守、翁斌孫印。

先文勤公題簽：「《述異記》，葉石君手校本。」

卷尾葉氏題字云：「壬寅夏借從兄林宗藏本校，其書係抄本，向爲寒山趙氏所藏，趙靈均歿後，圖籍星散，此書爲吾兄搆得者。因錢遵王廣搜小説，遂撿此本示之，還時便取以校並補録數十字。洞庭東山清遠堂主人石君葉樹廉記。」

〔一〕本條天頭有「甲」字印，並有眉批：「趙萬里君認爲明本。一九五〇、七。」

論語集説〔二〕 十卷 淳祐刊本 十册

永嘉蔡節編。

每半頁十行，大字，每行十八字。

刻工：建安余良、游熙、葛楷、曹湜、久俞、錢渝、劉申發。

藏印：李開先印、欽賜名孚敬字茂恭、東宮書府。

紙微黄，墨色濃厚。

成親王書簽並蓋成親王陰文印

先文恭公題簽：「蔡氏《論語集説》，宋刊十册。常熟翁氏藏。」

大本，高約尺半，寬一尺。

第一册　序一頁　表二頁　本文二十三頁　第二册　廿四頁

第三册　三十頁　第四册　三十頁

第五册　廿七頁　第六册　廿九頁

第七册　四十頁　第八册　卅一頁

第九册　廿六頁　第十册　廿六頁

〔一〕本條天頭有「乙」字印。

宋刻本艸衍義殘本〔一〕

凡兩册，序例，金石類，缺九卷，爲柯九思所舊藏。

第一册：四十一頁，頁十行，行十七字。第一頁有「鼎」朱「元」朱、「稽瑞樓」白、「季雅」朱、「丹丘柯九思章」朱印，末頁有「西亭鑒賞」朱文方印，「文端文勤兩世手澤同龢敬守」、「常熟翁同龢藏本」朱印。

第二册：四十九頁，行、字數同。

紙色潔白，墨濃麗可愛，卷首略有虫蝕處。

先文恭公題簽。

〔一〕本條天頭有藍圈。

宋本文選

全書共六十册。每半頁九行，行十五字。

先公題記云：「宋本《文選》，予于光緒三十年獲之于方氏，而闕其首册。閲一年予出守大同，惲薇孫學士爲我覓得之，遂成完璧。此一段因緣不可不記也。笏居士記。」書中收藏印甚夥，計有番禺俞守義藏（朱文方印）、年年歲歲樓珍藏書印（朱文方印）、會稽沈氏光烈字君度（陰文方章）、停雲生（陰文方印）、翰林待詔（朱文方印）、信國之系（朱文方印）、宗嚴（朱文方印）、古柱下史（朱文方印）、巴陵古氏碧琳琅館珍藏古刻善本之印〔二〕（陰文長方印）、趙氏子印〔三〕（朱文方印）、松雪齋藏書（朱文長方印）、雙魚印（朱文方印）、功惠（陰文方印）、柳橋（朱文方印）、萬物過眼皆我有（朱文方印）、無競居士（陰文方印）、張之洞審定舊槧精抄書籍記（朱文方印）、壺公（陰文長方印）、功惠珍藏（陰文方印）。

書尾題跋：

《文選》李善注並五臣注，六十弓，目録一弓，無刻梓年月，每弓後題校對有：左從事郎贛州觀察推官、左從政郎贛州州學教授、州學學諭、齋長、齋諭、直學司書、左迪功郎贛州司户參軍、左迪功郎贛州石城縣尉、左迪功郎新永州零陵縣主簿、左迪功郎新昭州平樂縣尉，皆宋官制也。書中凡遇宋孝宗以上諸帝諱皆缺筆，光宗諱惇字則不缺，是孝宗時所刻也。推官、教授等皆贛州官，是贛州所刻。其零陵主簿、平樂府二人蓋贛州人新授官者也。尤延之淯熙辛丑刻本跋云：贛上嘗刊李善注本，往往裁節語句，可恨。此本亦贛上所刻，則兼刻五臣注而無裁節。嘉慶中鄱陽胡氏重刻尤氏本，則未見此本，若校其異同可補入考異者不少，如《典引》「今其如台而獨闕也」，尤氏本注云：「《尚書》曰：夏罪其如台。孔安國曰：台，我也。」汲古閣本亦然。嘉應李繡子據此爲僞孔傳翻案。有詩云：「諸儒不省太常移，晚出群將孔傳疑。《典引》先存安國學，中郎注里幾人知。」此本「《尚書》曰」上有「善曰」二字，非蔡中郎注也。古本之可貴如此。此書昔爲亡友侯君模所藏，甚寶愛之，今歸于余，偶一披覽如見良友。余之寶此又不徒在古本耳。

右跋尾一首，余初得此書時所作，忽忽廿餘年矣，今以此書歸沈君度五兄，乃書于卷後。同治丙寅九月陳澧題記。蘭甫

全書完整，絶少抄補，每册頁數列後。

第一册　　五十頁

第二册　　四十九頁　有數處曾用墨筆描過。

第三册　六十五頁

第四册　五十四頁

第五册　四十五頁

第六册　四十九頁

第七册　五十四頁

第八册　四十四頁

第九册　四十二頁　少第四十三頁，自「麗，遊獵之靡也。因回軫還衡，背阿房，返未央」闕。

第十册　卅八頁

第十一册　五十二頁

第十二册　六十三頁

第十三册　卅七頁

第十四册　四十四頁

第十五册　卅四頁

第十六册　卅五頁
第十七册　五十五頁
第十八册　四十一頁
第十九册　五十五頁
第廿册　四十四頁
第廿一册　六十頁
第廿二册　四十四頁
第廿三册　四十三頁
第廿四册　五十九頁
第廿五册　五十二頁
第廿六册　四十九頁
第廿七册　五十六頁
第廿八册　四十三頁

第廿九册　五十二頁

第卅册　五十八頁

第卅一册　六十三頁

第卅二册　五十四頁

第卅三册　四十四頁　眉端及行間有紅筆批，不知何人手筆。

第卅四册　四十頁

第卅五册　四十四頁

第卅六册　四十九頁（實四十八頁）闕第卅九頁，自「謀蘄陽之役」至「稱兵内侮當」。

第卅七册　卅七頁

第卅八册　五十三頁

第卅九册　五十頁

第四十册　四十五頁

第四十一册　五十二頁

第四十二册　五十六頁
第四十三册　四十九頁
第四十四册　五十四頁
第四十五册　五十頁
第四十六册　五十八頁
第四十七册　五十五頁（實五十四頁）闕第四十五頁自「故能使解劍拜仇」至「有詔不許」一段。
第四十八册　六十六頁
第四十九册　卅頁　板、字式稍異而小。
第五十册　卅六頁
第五十一册　卅四頁
第五十二册　卅四頁
第五十三册　五十五頁
第五十四册　四十一頁

第五十五册　四十八頁
第五十六册　五十六頁
第五十七册　四十八頁
第五十八册　四十九頁
第五十九册　五十五頁
第六十册〔三〕　五十頁　又陳蘭甫題跋一頁。

〔一〕底本如此，按「古氏」當作「方氏」。
〔二〕底本如此，疑此印文是「趙氏子昂」。
〔三〕此處天頭有眉批：「此書亦已出售。」

宋版後漢書〔一〕

凡八函，共六十六册。半頁九行，行十六字。黄紙。書口有手民名字。每册首頁均有「季振宜印」、「滄葦」兩朱文方印。末頁有「子祈」朱文長方印。

第一函　共八册

第一册　共三十四頁　全屬抄配。
第二册　六十九頁　全屬抄配。
第三册　廿九頁
第四册　三十頁
第五册　六十六頁
第六册　五十四頁
第七册　四十三頁
第八册　六十五頁
第一函共三百九十頁
第二函　共十册
第一册　五十三頁　内有抄補者數字。
第二册　四十五頁　内有抄補五頁。
第三册　七十三頁　内有抄補四頁。

第四册　四十七頁　内有抄補兩頁。
第五册　五十一頁　内有抄補三頁。
第六册　四十三頁　内有抄補一頁。
第七册　四十二頁
第八册　四十頁
第九册　五十二頁
第十册　三十五頁
第二函共四百八十一頁
第三函　共八册　共三百七十四頁
第一册　四十五頁　内有抄補一頁，空白一頁。
第二册　三十三頁
第三册　四十四頁
第四册　三十八頁

第五册　五十九頁
第六册　六十三頁
第七册　五十四頁　内有抄補一頁。
第八册　卅八頁
第四函　共八册[三]　共三百八十頁
第一册　五十三頁
第二册　四十八頁
第三册　四十九頁
第四册　四十四頁
第五函　共八册　共四百零一頁
第一册　五十六頁
第二册　五十六頁
第三册　六十六頁

第四册　五十一頁
第五册　五十八頁
第六册　三十八頁
第七册　三十二頁
第八册　四十四頁

第六函　共八册　共三百八十八頁

第一册　五十頁
第二册　四十九頁
第三册　三十二頁
第四册　四十頁　内有抄補一頁，印刷模糊一頁。
第五册　五十二頁
第六册　五十八頁　第二十頁角稍殘。
第七册　五十三頁

第八册　五十四頁

第七函　共八册　共三百七十九頁

第一册　四十八頁　内有抄補一頁。

第二册　五十七頁

第三册　五十頁　内有抄補一頁。

第四册　五十三頁

第五册　四十二頁

第六册　四十六頁

第七册　三十六頁　内有一頁殘。

第八册　四十七頁　第三頁稍殘。

第八函　共八册　共三百八十四頁

第一册　五十五頁

第二册　三十六頁　内有抄補三頁。

第三册　四十九頁　内有抄補一頁。
第四册　四十九頁
第五册　五十八頁　内有抄補兩頁。
第六册　四十七頁　内有抄補三頁。
第七册　三十二頁
第八册　五十八頁　内有抄補一頁。
全書頁數計　三千一百七十七頁
抄補頁數計　一百三十三頁
殘缺　不及二十頁
甲戌春三月，以此書售與海上程伯奮君，鬻書療貧，事非獲已，晴窗記此，爲之惘然。
克齋志。

〔一〕此處天頭有「乙」字印。
〔二〕底本僅録四册。

資治通鑑[二] 殘本 四函 三十四册

司馬光撰。

藏印：稽瑞樓。

紙墨古雅，字體秀整。每半葉十一行，行二十一字。内有抄補卷數字，惜均被挖去。

第一函 卷三十九至六十二 八册

第二函 卷六三至六八 漢紀五五至五八

卷七六至八七 魏紀八至晋紀九

卷一百六至一百九 晋紀二八至三一

卷一百十一至一百十三 晋紀三三至三五

九册

第三函 八册

第四函 卷一八八、一八九 唐紀四、五弓

卷二一五至二一八	唐紀三一至三四	最佳
卷二二九、二三〇	唐紀四五、四六	
卷二三八、二四一、二	唐紀五四、五七、五七	
卷二六〇、二六一	唐紀七六、七七	
卷二七二至二七四	後唐紀一至三	最佳
卷二七七至二七九	後唐紀六至八	
考異	唐紀三至九	

九册

〔一〕此處天頭有藍圈、「丁」字印。

宋刊盧仝詩集〔二〕

凡二弓，集外一卷。半葉十行，行十八字。全書凡四十一葉。黄蕘圃舊藏本。先公蓋有白文「翁斌孫印」小章。全書共裝三册，微有虫蝕處。紙色極黄。有鈔補處。

〔一〕此處有眉批：「趙萬里君鑒定爲明本。」

宋刊孫覿内簡尺牘

凡十卷。半頁十二行，行二十二字。共裝四册，計共一百四十九葉：第一册四十二頁，第二册四十頁，第三册卅五頁，第四册卅七頁，目録中抄補一頁。茲將收藏印備録于左：

天禄繼鑑、乾隆御覽之寶、礎字梁園、城書閣祕笈章、天禄琳琅。

全書中間有抄補處。

宋刻葩經

凡八册。每半葉七行，行十六字，字甚大。第一册卅二頁；二册廿頁；三册卅五頁；四册十九頁；五册十七頁；六册廿二頁；七册廿九頁；八册廿九頁。共二百零三頁（内缺一頁）。抄配三頁，大補十二頁，餘每頁均小有抄補。

收藏印有：喬鶴儕藏書記、□□□□遵王藏書。

甲戌年三月此書歸海上程伯奮君。克志。

宋刊荀子

凡十二册，兩函裝一匣。半頁十一行，行廿一字。山西洪洞董雲舫氏舊藏。

收藏印有：詳甫藏本、魏國珍賞圖書、董氏攷藏、麘齋鑒賞及先公「斌孫」小印。

文中子中説〔一〕　二册

藏印：温陵張氏臧書、戴望之印、玄中堂藏書、翁斌孫印、譚中儀印。

題記：宋槧元修本《中説》三册爲常熟馮知十、温陵張氏兩家舊藏，吾友譚中儀得之福州寄詒，邵武鼻之十九年矣。今夏取校明初刻本，卷首無事，纂其脱誤，悉藉此補正者，著在彼本凡百餘字，既訖因誌，以告後之得者。

辛巳伏中周星詒。

〔一〕此處有眉批：「趙萬里君鑒定爲明本。」

嵩山先生文集〔一〕 十三册

藏印：葉氏菉竹堂臧書、文正曾孫、劉印喜海、燕庭、燕庭藏書。

〔一〕本條天頭有「辛」字印。

龍筋鳳髓判〔二〕 二册

張鷟撰。

藏印：夢廬寀定、當湖小重山館胡氏篴江珍藏、江上外史、文先、笪印重光、翁斌孫印、直指繡衣御史章、笪。

題記：唐文成《龍筋鳳髓判》兩卷，係南宋本之精好者。文成在朝，爲外夷、內監所欽敬，則其人之品節可知矣。況經笪侍御所藏，尤足寶貴也。

道光十二壬辰三月上浣，嘉興錢天樹識。錢印天樹〔三〕

〔一〕此處有眉批：「趙萬里君認爲明本」。

〔二〕正文及印文之「樹」字並當作「樹」。

國語韋注 六册

藏印：秦漢十印齋、朱印邦衡、敬輿、如涫、翁斌孫印、周印星詒、惠成、紅豆山房校定善本、惠棟之印、祥符周氏瑞瓜堂圖書、松厓、章詔之印、曼嘉。

題記：同治乙丑三月得之陳氏帶經堂，費白金十兩。星詒記。

朱墨校宋本《國語》。墨筆得之友人，硃筆得之沈寶硯，云陸敕先校本也，敕先本寶硯秘不示人，此特其臨本耳。

壬申八月廿八日夜。松厓。

墨筆所校與寶硯本略同，唯未校注耳。又記。

黄氏補千家集注杜工部詩史〔一〕 十二册

藏印：武林高瑞南家藏書畫印。

每半頁十一行，行十九字。紙色黄而完好，墨色亦匀。第十一本内有闕頁。

〔一〕此處天頭有「辛」字印，且有眉批：「趙萬里君認爲元本，圖章不真。」

孫子 殘本 十一家注 一册

藏印：檇李、稽瑞樓、項子京家珎藏、常熟翁同龢臧本、文端文勤兩世手澤同龢敬守、翁斌孫印。

共五十葉，自四十二頁至五十頁抄配，餘有抄補處。紙微黄。每半葉八行，行十七字。葉高七寸左右，闊約五寸。

題記：《孫子十一家注》宋本，陳子準稽瑞樓物。把玩竟日，不能釋手。叔平翁六兄所臧，如此令人豔羡欲死。光緒元年七月四日，潘祖蔭觀於壺天。

左傳〔二〕 （《春秋經傳集解》） 四册

先文恭公記云：「湻熙本殘本（首三本，末一本）。」

藏印：稽瑞樓。

白紙，墨色古潤。每半葉十行，行十八字。

後序三葉前有「謹依監本寫作大字，附以《釋文》，三復校正，刊行如履通衢，了亡窒礙處，誠可嘉矣。兼刊圖表于卷首，迹夫唐虞三代之本末源流，雖千歲之久，豁然如一日矣，其明經之指南歟。以是衍傳，願垂清鑑。涪熙柔兆涒灘中夏初吉閩山阮仲猷種德堂刊」字樣。

〔一〕此處有眉批：「趙萬里君云：此是明本。」

酉陽雜俎〔一〕　二十弓　八册

段成式撰。

藏印：四朱乃庚中。

紙黄，墨色明晰。每半頁十行，行十九字。全部完整，無虫蝕破損處。

〔一〕此處天頭有「戊」字印。

昌黎先生文集〔二〕　六册

韓愈撰。

藏印：黄孟錫家珎臧、文端公遺書、祖庚在軍中所讀書、同龢所藏、文端文勤兩世手澤同龢敬守、常熟翁同龢藏本、翁同書字祖庚、借一瓻館、模。

大本大字。每半葉十行，行十六字。紙微黄，墨色鮮明，有殘損處，其他詳題記中。

刻工：鄭珣、秦孟、毛仙、張孜、劉益、章旻、黄淵、韓平。

題記：《昌黎文集》以蜀本爲最古，歐昜文忠所得舊本《韓文》蓋蜀本也，朱子《考異》據方崧卿本。崧卿《舉正》據館閣本，兼採唐令狐澄本、南唐保大本、祕閣本、祥符杭本、嘉祐蜀本、《文苑英華》本、謝克家本、李昞本。諸本今俱不傳，傳者惟《考異》耳。此殘本僅十六卷，係三本集成，翁藥房宫詹得于揚州兵火之後。内卷十一至卷十六每半葉十行，每行十八字。宫詹云即黄蕘圃所藏傳是樓本，其信然矣。惟卷一至卷九每半葉十一行，每行十六字。字畫頗有訛誤，間從俗書，「安有巢中鷇」，「鷇」字闕末筆。又有「覯」字亦闕筆。則爲建炎、紹興以後録無疑。第十卷每半葉十一行，每行二十字。中引方氏《舉正》，又引洪慶善、黄山谷語。慶善撰《昌黎年譜》，又嘗校定韓集。山谷亦有韓集校本。攷山谷卒於崇寧四年乙酉，慶善卒於紹興二十五年乙亥，疑亦是南宋初本，而字體秀勁，校注尤極精寀。宫詹所得三本當以此一卷爲最善。竊謂自《舉正》出而唐人面目不可見，《考異》出而北宋人面目不可見，至俗所傳《考異》則並非朱子手定原式。古書日見散亡，最爲可歎。此三本雖不能定爲何時刻，要當在朱子之前，尚見北宋典型。世有好學深思如宫詹者，必不庶幾一遇之耳。

彊梧大荒落之歲閏月，南豐劉庠識。臣庠　慈民

卷一至卷九有朱筆校注，未寀何人所校。「貞」字闕筆，當是臨寫宋本，故尔校改之。字間與今本不同，不知所據何本也。每題下注某年作，亦頗不苟。曩在京師時，購得初印東雅堂韓集，又于市攤覓得陳景雲所著韓集，點勘爲自來治《韓文》者所不逮，即附韓集函内，嘗擬逐條批于東雅本卷端，時方攻制峰業，近復犇走四方，迄未得暇。今所藏書悉燬于寇，景雲本亦不可復得，既覩斯編，諏悵觸於懷，生悔恧云。庠又識。

光緒庚子四月下浣，謁松禪師相于南經堂，出示此書，命攜歸校讀。留案既逾月，眼福不淺。時事方棘，撻戶循誦，身與世若，遂兩忘矣。汪鳴鑾謹識。汪鳴鑾印 郎亭

〔一〕此處天頭有朱圈、「乙」字印。

春秋經傳集解 殘本 二册

紙微黄，墨色黑潤。每半頁十行，行十九字。

蜀鑑〔一〕 淳祐五年刊本 兩函八册

李文子撰。

藏印：甲、宋本、瑶華、娱清書屋、毛晉、汲古主人、周氏藏書之印、瑶華道人圖書、宋犖宷定、麐齋學人、祖庚氏、翁斌孫印、廣運之寶。

大本大字，紙色淺黄，墨色古雅，字極秀整。每半葉八行，行十六字。

題記：此汲古閣所藏宋本，曾經宋仲牧中丞鑒賞者。雖書中間有亥豕之譌，而板式古雅，紙質瑩潔，信宋槧之佳者。中遇宋諱多改用它字，如「貞」之作「正」，「鼑」避嫌名，亦有不避者。宋刻多不畫一，不足恠也。又攷是書，明時曾入内府，故焉卷誌以別璽，曰「廣運之寶」云。道光二十四年，太歲在甲辰十二月二十六日，海虞翁同書志於京師延旺廟街邸舍。

是日又得明陸師道手抄畫鑑一册。祖庚並志。

有人持石谷子臨李伯時《龍眠山莊圖》求售者，絹素雖已微損，神采猶奕奕動人，時逼歲除，無以應，乃卷還之，與《曝書亭集》中記黄雀山樵畫一則風味甚相似。

〔一〕此處天頭有藍圈，「乙」字印。

説苑〔二〕　咸淳本　十二册

劉向撰。

藏印：稽瑞樓、潘氏所藏、現誥、治父、文端公遺書、翁印同龢、翁斌孫印。

大本大字，紙墨古潤。每半葉九行，行十八字。有鈔配處。

末行：「咸淳乙丑九月迪功郎特差充鎮江府府學教授李士龘命工重刊」。（以上硃筆。）

題記：錢塘汪□□氏密藏書籍。

此書爲余友顧抱沖所藏，余於去冬借歸傳校，因循半載，至今始得竣事，而抱沖已下世五十餘日矣。書中缺卷八至卷十三，余從周香巖家借得錢遵王手校宋本，補校于余所校本上，惜抱沖不及見之也。還書之日聊志數語以記感慨云。嘉慶二年歲在丁巳夏五月二十三日，黄丕烈識。

家兄得此書以乾隆甲寅除前數日，予于乙卯孟諏初日用程榮本校勘，尔時意致頗謂不減前人，及今風流頓盡，可勝浩歎耶。因蕘圃還書，重閲一過，時方讀其故友沈芷生所輯韓詩，略見君遵所引「弗時仔肩」，復思所引「率禮不越」，皆資攷正，近本悉訛，此尚與王厚齋所見合，故知不特「木門子高」一條及「尾生」句增齋爲勝也。異日何和兄弟能讀書時，當一一指而示之。嘉慶丁巳五月，廣圻書於黄氏之士禮居。

是書越二十五年而重得，寓目幾幾成棄物矣。小讀書堆所臧書一經散出，無大小盡入他人之室，惟此以殘缺獨存。余卒歸之者，蓋抱沖故後，余又見海昌吴槎客臧本同此刻，而彼所失者，其第十四卷卻可借顧本補。顧本所失，亦可借吴本補之。時因顧本扃閉不輕借人，故未獲。兩相鈔補，茲以予可借鈔于吴，故復收于顧也。時隔廿餘年，人與物變幻不測，如是予猶得以一身周旋其間，抑何幸耶，然亦令人感慨係之矣。道光紀元三月六日，士禮居主人黄丕烈識。

劉向所著《新序》《説苑》于次行必記年號、官銜，如《新序》曰陽朔某年，此《説苑》曰鴻嘉某年是也。除宋刻外無有如此標題者。《新序》見過兩宋刻：一原刻，一覆刻。行款多同，稍有字句之異耳。《説苑》此本出咸淳間。又見一宋刻，其行款與《新序》同，書名上有重校字樣，而不載年月，無從知刊在何時，其字句亦稍與此刻異。亦有校勘在程榮本上，可得兩本之優劣矣。是書非宋刻，皆有脱落，雖在程榮本前之舊刻更甚，此雖殘帙真可寶也。六月二日午後撿此又識。蕘夫。

道光癸未裝成，其闕卷悉照吴槎客本補影寫全，缺葉亦如之，差異于不知而妄作矣，若宋刻廿二行本別有校本在程榮本上，不復校此。蕘夫。

刻工：沈福、成、馬、周、戌東、潘、李、張、葉原、忩、朱彥名、趙繼祖、王惪官、馬良甫、哉、湯、泬正、高山、黄□文、中、陳齊、章少荏、曹林祥、程、林壽、章玄佑、屠士章、朱文聰、尤福右、張彥立。

〔一〕此處天頭有藍圈，「甲」字印。

范文正公集〔二〕　二十卷　兩夾十六册（上七册、下九册）

宋范仲淹撰。

（甲）大字大本，黄紙，墨色古潤。每半葉十二行，行二十字。刻工：周成、章益、張允、陳子仁、趙、祐之、方才卿。第七册尾有「淳熙丙午十二月日郡從事北海綦焕謹識」字。

（乙）第八册起爲范文正公政府奏議。紙墨色同，字略小。每半葉十二行，行二十二字。目録後有篆文「元統甲戌褒賢世家歲寒堂刊」字。

第九册尾有「于是命工刊成，置於家塾，期在傳之。元統二年甲戌九月八世孫文英謹識」字。

第十册起爲「文正公尺牘」，册尾有「先文正公尺牘舊刊于郡庠，歲久漫漶，今重命工鋟梓，刊置家塾之歲寒堂，期與子孫世傳之。至元再元丁丑正月甲子日八世孫文英百拜謹識」字句。

第十一册起爲「范文正公年譜」樓鑰編，紙墨色同。每半葉十二行，行二十字。

第十二册爲「遺文」，葉式、昬墨行款同。

第十三册爲「諸賢贊頌論疏」，行款同，序文内有「天曆三年庚午春正月望日八世孫國儁百拜謹識」字句。

第十四册爲「碑、銘、規、記」。

第十五册爲「記」。

第十六册爲據番陽别本所刊續刊略有殘損。序文中有「元□三年五月甲辰日八世孫□英謹識」字句。

〔一〕此處天頭有藍圈，「辛」字印。

山谷黄先生大全詩注〔一〕　二十卷　六册

黄庭堅撰。

藏印：御賜清愛堂、衎坐、馬思之印、齋中、劉喜海、燕庭、葉氏菉竹堂臧書、井叔、燕庭臧書、葛印太樸、聲蜀、叔員未〔二〕。

紙墨古雅，紙黄色，字體雅潔。每半葉十行，行十八字。目録中有三四頁墨色稍漶。無刻工姓氏。

〔一〕此處天頭有藍圈，「辛」字印。

〔二〕底本如此，檢原印，當作「朱員未」。

鮑氏集　十卷　周季貺書簽　應補裝　二册

鮑照撰。

藏印：周印星詒、㽙嘉。

紙墨俱好，惜經虫損。每半頁十行，行十七字。

春秋公羊注疏 八册

藏印：陸氏友恭堂印、常熟翁同龢藏本、瓶翁珎祕、忠孝之家。

紙墨潤潔。每半葉十行，行十七字。

（刻工）：江盛、葉再友、王進富、蔡順詹蓬頭、君美、吴、山、江長深、伯壽、陳珪、以清、文、謝元慶、江元壽、善慶、仁甫、王良富、江達、陸記青、張尾郎、余中、王進富。

尚書注疏 十册

孔穎達等撰。

藏印：季印振宜、滄葦、翁斌孫印。

刻工：德山、君錫、英玉、天昜、陳伯壽。以清、德元。

紙墨疏雅。每半葉九行，行十七字。（序文行十五字。）有硃筆點閲，眉批不知出何人手筆。卷二十末頁有「六月八日閲畢，時午後，大風拔木，狂雨如注。」字四行。

泊宅編〔一〕　十卷　北宋本　一册

方勺仁聲撰。

藏印：檇李曹溶、長洲張氏執經堂印、周印星詒、季貺、江南、𣈶嘉、張印紹仁、張學安、訒菴、翁斌孫印。

題記：光緒庚子八月初三日寄觀主人讀並記。

紙墨清雅。半葉十行，行十九字，缺諱：殷、徵、峘、敬、貞。

刻工：章甫言。

〔一〕此處有眉批「趙萬里君認作明本。」

劇談録　一册

康駢撰。

藏印：季貺、周印星詒、翁斌孫印、彝尊私印。

題記：《洛中豪士》一篇「腹囂已甚」，今本皆作「腹枵」，失唐人造句用事之妙，讀之索然。意盡不知妄改，斧季所以惡似是而非也。書貴舊本有以哉。己翁。

此本凡宋諱皆缺筆，首有駢自序，爲他本所無。其題名當是古本舊式，紙墨寫刻頗精，可寶也。

祥符周星詒季貺書鈔閣藏書記。季貺

每半頁十行，行十九字。

缺諱：匡、敦、徵、殷、恒、完、偵、玄。

刻工：章汝秀。

南嶽集〔一〕　參看四〇八葉　一册

朱晦翁、張敬夫撰。

〔一〕此條底本用朱筆寫。

孟子注疏　十四本

南宋刻《孟子注疏》每半頁十行，行十八字，與府棚本唐人集行款一式。愚謂即臨安府睦親坊陳解元家刊印行之本，惟此書中有明初修補板十之一二，雖屬明印，究是宋刻善本，故不惜重值，以英蚨百卅翼得之。百宋一廛又添一瓌寶矣。

蕘翁黄丕烈識。［百宋一廛］

常熟翁氏藏書記二

元本

爾雅[一] 元刊本 楠木合 周叔弢丈贈 一册

刻工：雪窗書院校正新刊

每半葉十一行，行約十八字。

藏印：在東手校、嚴杰借讀、祖庚在軍中所讀書、文端文勤兩世手澤同龢敬守、翁同書字祖庚、臧印鏞堂、在東、何夢華曾觀印、龍吟閣吏、翁斌孫印。

先文勤公題字云：「《尔疋》舊刻惟宋槧單疏本最爲古雅，其經注本則宋本無傳者，廑有明吴元恭仿宋刻。此雪窗書院校刊經注本，乃元槧之佳者，舊藏武進臧鏞堂家。鏞堂曾爲儀徵阮文達公箸《尔疋校勘記》六卷。册内朱校即出鏞堂手，末有陳焯跋語，誤仞爲宋刻，蓋未審也。鏞堂字在東，後改名庸，所居爲拜經堂，故亦稱臧拜經。陳焯字映之，烏程人，官鎮海訓導。又有何夢華、嚴杰二印。夢華名元錫，與杰並錢塘人，皆好古博雅君子也。

咸豐八年重三日翁同書志。」

末尾陳焯跋語云：「嘉慶辛酉，阮大中丞延拜經先生校經于節署西偏之紫陽書院，建校經亭以高異之。冬十一月，得見所裝宋槧《尒疋》，不勝欣幸。時學侶散歸，空山寂静，焚海南香，啜顧渚茶，致足樂也。焯識。」

〔一〕天頭有朱圈、「甲」字印。

吴越春秋〔二〕　大德十年本　二册

趙曄撰。

藏印：劉印喜海、燕庭、韓印維鏞、桐上。

題記：（上略。録《四庫全書提要》一段。）按徐天祐序謂：汴梁劉侯屬其考訂，爰爲刊正疑誤，後爲之音注，並攷其傳記同異者，附見于下。末云郡人前進士徐天祐受之序，而《提要》乃據卷尾題識四人，謂不知序出誰手，殆所見之本徐序固有佚文耳。甲辰端午夜，瓶生。

光緒甲辰端五讀是書，以紫補朱，有感于大夫種之事，歎曰：忠固不可竭，而言固不可盡乎！何范蠡、計蜺之智而種之愚也？然其爲人喜陰謀、信小數，其亦有以致之矣。井眉老人同龢記。尗平所藏 同龢

天禄琳琅後目有宋紹興十年刊。

嘉定中新安汪綱有與《越絶書》合刊，有影宋本傳世。汪云訛舛無過是本。

昭文張氏有景宋本。

大德中刊與程氏等本無甚異同，明有翻本。

又明初刊。宏治中袁大倫刊佳。

樂意軒有與《越絶書》合翻宋本。（以上亦先文恭公筆。）

〔一〕此處天頭有「戊」字印。

元刊貞觀政要〔一〕

凡十卷，共四册。每半葉十三行，行二十四字，字小。有朱筆圈點。

收藏印有：吴焘子冕。

敘文及末三頁抄補。先公蓋有「舊史官」、「翁斌孫印」兩章。序抄補與末尾三頁非出手。

〔一〕此處天頭有藍圈。

元刊考古圖〔一〕

凡五册，都十卷。半葉七行，行字大小不等。

收藏印有：歲在昭陽協洽聽鸝山館鈐記。

〔一〕此處天頭有藍圈。

圖繪寶鑑〔一〕　五卷　至正本　有抄補：上册三頁，下册一頁。　三册

夏文彦撰。

藏印：秉鋏之印、陸氏彤采、稽瑞樓、汲古閣、笠澤、曹炎之印、彬侯、翁斌孫印、留耕齋圖書印、毛氏收藏子孫永保。

〔一〕此處天頭有緑圈「庚」字印。

文選心訣〔一〕　古今文章精義　有殘損處　一册

《文選心訣》，虞邵庵撰。《古今文章精義》，李性學撰。

藏印：稽瑞樓、翁斌孫印。

〔一〕此處天頭有帶點紅圈「甲」字印。

趙萬里君云此明本。

困學紀聞〔一〕　二十弓　六册

王應麟撰。

〔一〕此處天頭有藍圈、「戊」字印。又有眉批：「趙萬里君云此明本。」

春秋屬辭〔一〕　春秋師説　左氏傳補注　至正刊本　六册

藏印：稽瑞樓。

〔一〕此處天頭有藍圈、「乙」字印。又有眉批：「趙萬里君云此是明本。」

元刊群書備數〔一〕

凡六册，十二卷。臨江張九韶美和編。半葉十行，行二十一字。内有舊抄補者甚多。

收藏印有：愛日山房、晚香室、詒經堂張氏珍藏、秦漢十印齋藏。

〔一〕此處天頭有藍圈。

分類補注李太白詩[一]　至元間本　二十五弓　五册

藏印：稽瑞樓、子深、春塘、南金、涵一氏、鹽官郡圖書記。

題記：是書舊爲心存五世叔祖鶴津公所藏。公諱南金，字涵一，别號寉津，河南布政使司參政山愚府君之次子也。幼而穎異好學，年十五即肄業成均，三試棘闈，不售。康熙十二年秋卒，年僅二十有二。後嗣凋零，不絶如線。遺書久散，荒壟將平。心存近始訪得公墓，欲爲清釐表識。而此書適爲楚弓之歸，殆公之靈默爲訶護歟。感愴之餘，彌深慶幸，吾子孫其永寶之。道光丙午中秋日，翁心存謹書。□□

〔一〕此處天頭有「乙」字印。

玉靈聚義「占卜龜經」[一]　闕第五卷　五册

陸森撰。

題記：《玉靈聚義》五册，道光丁未冬得之于吴興書估趙姓。按《讀書敏求記》云：此書泰定乙丑翰林待制趙孟暄序于簡端，平江路陰陽教授駱天祐校正，天曆二年中奉總管府指揮鋟梓刊行。當時校刊流傳，殊非艸艸。又云予别臧《埜庵先生龜經》一卷。今此本題「中吴茂林、陸森類編，南陽老叟駱天祐校正」，又别采埜庵語附入之，或是書肆翻雕，未必即是天曆二年本也，然可決爲元時刻本無疑。惜第一卷闕前五葉，又闕序目，並第五卷亦失之。世俗罕有其本，無從鈔補矣。

戊申正月廿九日燈下書。翁心存。

〔一〕此處天頭有緑圈，「乙」字印。標題之「　」符號，底本原有。

遼史〔一〕　二十四册

元脱脱撰。

藏印：項氏萬卷堂圖籍印、項印篤壽、威如氏藏書印、硯耘館書畫印、少谿主人、浙右項篤壽子長臧書。

〔一〕此處天頭有藍圈，「戊」字印。

箋注陶淵明文　六弓　每半葉九行，行十六字　秀埜堂臧本　四册

藏印：明善堂所見書畫印記、竹泉珍祕圖籍、謏聞齋、王印懿榮、世陽史官、子勤藏本、用言、秀野艸堂顧氏臧書印。

題記：首葉有録《讀書叢録》題跋八行。子勤藏本　雪窗

儀禮圖〔一〕　一册前六頁抄配　十二册

宋楊復撰。

藏印：敦復、爲流傳勿損汙。

〔一〕此條天頭有藍圈。

長安志〔一〕　原朱少河臧，李璋煜題簽　三册

元李好文撰。

藏印：朱筠、朱印錫庚、慕齋鑒定、宛平王氏家臧、燕越胡蓼村氏臧書印、大興朱氏竹君臧書之印、燕庭臧書、劉印喜海、燕庭、温陵黄俞邰氏臧書印、千頃堂圖書記。

題記：

杜常《華清宫詩》：「行盡江南數十程，曉風殘月入華清。朝元閣上西風急，都入長楊作雨聲。」「曉風」字重下句「西風」字，或改作「曉乘」，字亦未佳。楊升庵云：「見宋敏求《長安志》乃是『星』字。敏求又云：『長楊非宫名，朝元閣去長楊五百里，此乃風入長楊，葉似雨聲也。』」前説今本乃無之，後説則李好文《志圖》中語，而升庵以爲敏求，蓋誤。升庵好辨，博而不詳，往往如是。此所以來後人《正楊》之譏也。是本舊爲陶尔成所臧，今歸予朝爽閣中。尔成嗜書而所藏多叢雜，此書雖有刻本，而流傳甚少，且次道爲此書，號稱博洽，尔成諸書，當以此書爲第一，殊可寶也。庚寅菊月之廿三日。温陵黄虞稷記。

右《長安志》二十卷，元李好文撰。舊止三卷《長安志圖》，不知何時取宋宋敏求《長安志》刊合爲一書，圖前而志後，失敏求之舊矣。首載好文《長安志序》。前三弓分上中下，爲《長安志圖》，下署：「河濱漁者編類圖説，前進士張敏同編校正。」第四弓始入敏求

《長安志》。首載太常博士充集賢校理崇文院檢討同知丞事趙彦若序，至第十卷俱載京城宫闕、街坊、涇渠等類，第十弓至二十弓載自「萬年」至「美原」爲「縣十」。按《四庫書目》援晁公武《讀書志》載有趙彦若序，而今本無之，則當屬傳寫脱佚。今此序、趙序宛然猶在，則當時所見之本自非是本可知。又《四庫書目》：「《長安志圖》三弓，明西安府知府李經所録，列宋敏求《長安志》之首，合爲一編。好文是書本不因敏求而作，强合爲一，世次紊越，且圖與志兩不相應，今仍分爲二書，各著于録。」今按好文《長安志圖》序云：「圖舊有碑刻，亦嘗録附《長安志》後，今皆無之。有宋元豐三年龍圖待制吕公大防爲之跋，且謂之《長安故圖》，則是前志圖固有之。其時距唐時未遠，宜其可據而足徵也。然其中或有後人坿益者，往往不與志合，因與同志校其訛駁，更爲補訂，釐爲七圖。又以漢之三輔，即今奉元所治。古今沿革，廢置不同，名勝古跡，不止乎是。涇渠之利，澤被千世，是皆不可遺者，悉坿入之。揔爲圖二十有二，名之曰《長安志圖》。明所以圖爲志設也。」今此本前後並未見有李經合刊名目，而好文原序一則曰「長安志」，再則曰「前志」，似即指敏求之志。而言末複云「圖爲志設也」，是好文作圖之意，乃補前志所未備本，與敏求之意相爲坿麗。正如古人經傳本自單行，後人合之亦不爲過。想當時久已合編，李經特踵而重鎸之，二書合而爲一非自李經始歟。然則此本既無李經銜名，又無刊刻始末，其與李經所刊之本是一是二未可定也。又按秀水朱竹垞氏《曝〔二〕書亭集·長安圖志序》云：「《長安志》舊有圖勒之碑，吕待制大防跋其尾。秦人所以坿鎸于志，謂之《長安故圖》，其後亡之。元至正初，東明李好文官陝西行臺侍御，補繪二十有二，分爲三卷，于是神皋、京輦、城郭、市井、溝渠、屈曲、面勢，一一可指。讀敏求之記者，必合是編並觀，而古人之跡庶幾十得其九也〔三〕。」據竹垞氏所云，則以圖附鎸于志，自吕大防之跋《長安故圖》已然。又云「讀敏求之志者，必合是編並觀」，是其所見之本亦系二書合刊也。又《書熙甯長安志後》云：「韋述《東西京記》世無完書。宋敏求本之撰《河南》、《長安》二志，世稱該洽。《長安志》舊有雕本，字畫粗惡，斯編借録于汪編修文叔善本也」，是竹垞氏尚及見敏求志單行之本，兹則不但所稱之善本不可得，即粗惡之本亦未之見，《四庫》所收志者仍取李經本，而别著于録，則敏求之志獨賴此合編之本以存，尤足寶貴矣。卷尾有温陵黄虞稷跋語半紙，字跡古拙，中有增易塗抹數十字，蓋當日隨筆作艸，其爲黄氏的筆可知。《四庫書目》引《千頃堂書目》，載此編作《長安圖記》，二字定爲傳寫之譌，未足據也。《四庫書目》云：「楊慎《丹鉛録》謂杜常《華清宫詩》見《長安志》。詩中『曉風』乃作『曉星』，檢今本實無此詩，蓋慎喜僞託古書，不足爲據。非此志有殘闕。」今此跋中亦辨升庵之譌，較爲詳盡。跋稱「是本舊爲陶尔成所臧，今歸余朝爽閣中。此書雖有刻本而流傳甚少，尔成諸書，當以此爲第一。」卷首有「千頃堂圖書記」、「燕越胡蓼村民臧書印」、「宛平王氏家臧」、「慕齋鑒定」，蓋王文靖公家藏書也。今歸余家，流傳可攷。藏之日久，薄蝕已甚，亟重裝之並識顛末于後。

道光六年歲次丙戌夏四月四日，少河山農識。朱印 錫庚

此書在千頃堂藏書時已稱流傳甚少，今又百餘年。自椒花吟舫歸燕庭先生，其珍重更何如耶。獨是次道博洽，以《長安》、《河南》二志並稱。余嘗于《永樂大典》輯得《河南志》二卷，體例悉與此同，而世竟無全帙，轉增惘然。

道光癸卯五月，徐松識于榆林官舍。星伯

〔一〕此處天頭有藍圈，「戊」字印。

〔二〕「曝」原作「暴」，今正。

〔三〕「九」上原有「十」字，誤衍。今删。

廣均〔一〕　五册

藏印：杉□篠珍臧記、閒雲樓臧書記、多□□臧□□、月溪〔二〕、翁斌孫印、伊勢度會江川氏記。

每半葉十二行。

題記：明治二年九月寄奉射和文庫江川收藏。深酌之，是書不知何年流入日本，復售回我國，收藏人大抵皆日人，書册亦日本裝。憙記。

先兄澤之題簽並記云：

全書五卷，缺一葉，本與泰定本互有同異。

〔一〕此處天頭有藍圈。

〔二〕此處旁批一問號。

李翰林集（寶應元年本）　卷一至卷九　三册

李白撰。

禮記　元摹宋本　精刻　六册

藏印：季眖、胡氏仲芬、學然後知不足、果親王府圖書記、周印星詒。

題記：元槧本《禮記》，白文六卷。

此元摹宋本也，爲果邸藏本。末卷缺，以秦本補完。天禄琳琅收宋槧巾箱五經不分卷，上方刊字音。元槧爲至善堂刻，即此是也，爲錫山本之祖，世所罕見，得者珍之。巳翁。

紙墨精雅，每半葉十三行，行廿四字。

元本書有誤寫入它類者，書名、葉數如左：

選詩續編　一册　三九四

崇正辨〔二〕　三册　四〇一

大事記〔二〕　二十册　四〇三

昌黎文集〔三〕　十册　四〇八

崇古文訣〔四〕　十二册

酉昜雜俎〔五〕　八册

〔一〕此條天頭有紅圈。

〔二〕此條天頭有藍圈。

〔三〕以上四條並小題皆用朱筆寫。

〔四〕此條天頭有藍圈。

〔五〕此條天頭有藍圈。又：以上兩條用藍筆寫。

明本

儀禮圖〔一〕　十七弓　有殘損處　八册

楊復撰。

藏印：印若審臧、翁斌孫印、翁綬琪印。

〔一〕此條天頭有藍圈。

東坡續集 六卷 六册

蘇軾撰。

新序〔一〕 明正德楚府刊 陳子準校本 一册

劉向撰。

藏印：稽瑞樓、可貞、姚舜諮圖書、大馮。

〔一〕此條天頭有帶點紅圈，「乙」字印。

格古要論〔一〕 十三弓 （天順本） 六册

曹昭撰。

藏印：武陵書畫、稽瑞樓、妙酉山樵、寫畫。

〔一〕此條天頭有緑圈、「庚」字印。

唐柳先生集〔一〕 四十三弓 正統本 先文恭公書簽 八册

柳宗元撰。

藏印：叔平所藏、常熟翁同龢藏本、悟定之印、同龢讀過。

題記：義門先生手批本係元時麻沙本也，此明正統本，與元刻篇弟音注悉同，惟行數字數多寡互異耳。予于壬午年臨先生評校于册内，越二十年，壬寅重閲，覺字大悦目，較勝先生手跡也。二月晦，松禪翁同龢記。

余年十五得批本《柳先生集》于稽瑞樓陳氏，朱書爛肰，何屺瞻手跡也。意欲移寫一本，卒卒不果。今年春于入直毓慶宫勸講之暇，就殿西箱小窗下粗校一過，目眵捥澀，非復少年强健矣，爲之三歎。壬午四月初七日翁同龢記。

〔一〕此條天頭有帶點紅圈。

子彙〔一〕 萬曆本　先文勤公書籤　十册

《文子》《鶡冠子》《黄石子》《天隱子》《玄真子》《無能子》《齊丘子》《鄧析子》《尹文子》《公孫龍子》《慎子》《鬼谷子》《墨子》《關尹子》《亢倉子》《鬻子》《晏子》《孔叢子》《陸子》《小荀子》《鹿門子》《賈子》。

藏印：臣紹之印、秋水、溎鏂之鉩、乾乾堂、虞允、汪鏞之印、頌堂。

〔一〕此條天頭有藍圈。

明刻格致餘論　明印　共兩册

收藏印有：長洲蔣氏十印齋藏書朱文〔一〕長方印、繡麐白文方印、爾緑小方印、清河仲子白文方印、霞房朱文方印。

第一册：序二頁，目録三頁，本文二十九頁。

第二册：三十五頁。

〔一〕「文」，原作「方」，涉下而誤，今正。

韓非子

萬曆本　明趙文毅刻本　先文勤公題簽、批校　二册

藏印：祖庚在軍中所讀、藥房手勘、翁同書字祖庚、藥房、虞山翁同龢印。

題記〔一〕：盧文弨曰是書有明馮舒己蒼據宋本、道藏本以校張鼎文本外，又有明淩瀛初本、黃策大字本，並以校明神廟十年趙用賢二十弓全本，而以是者大書其異，同作小字注丁下。此書注乃元人何犿删舊李瓚注而爲之者，亦甚略，且鄙謬者亦未刊汰。明孫月峰評點本並無注，茲不取在所校本中。（以上先文勤公書。）

是編係二十卷足本，雖明刻，實善本也。去年以盧抱經先生校一過，既又得全椒吴山尊學士重刊宋乾道本，乃從夏邑李書年先生所藏本景抄，顧澗蘋爲精校而墨諸板附以校語。予因取而再校之，甫動手而克瓜州，攜至浦口，攻剿之餘輒臨寫之，迨校畢而江浦縣城亦克矣。千載而下，其當珎此軍中再校本也。咸豐八年倉龍在戊午三月十二日常熟翁同書祖庚甫志於浦口。

丁巳閏五月二十三日雨中勘畢，祖庚記。

〔一〕此上有眉批（據原行款録如下）：「卷首有文勤公手寫《韓子》二十卷内府藏本一長段。

第一册後題：

咸豐七年閏五月十六日校畢。南豐慈氏庠來論《荀子》書中疑誤數事，灑灑可聽，適署揚州守黄君欽鼐來見，遂罷去。得慈氏之季父商州刺史良駟書。□」

通志〔一〕　元刻明印　不全　七册

藏印：某原臣晟。

先公題記云：《通志》二百弓，元至治五年吴繹刊本，云雖南閩久已刊行而北方尚未多見。

一百九十四、一百九十五、一百九十六、一百九十七、一百九十八、一百九十九、二百。

〔一〕此條天頭有藍圈。

明刻草堂詩餘 四弓

武陵逸史編。

凡四卷，都八册，半葉八行，行十六字。有抄補者處。先兄澤芝臧本。蓋有「慵庵小印」、「翁之潤藏」、「澤芝秘笈」章。

錦繡萬花谷别集 明本 六册

有抄配虫蝕處。

藏印：温陵張氏藏書、王鳴盛印、西莊居士、甲戌榜眼、光禄卿章。

周易參同契注解〔一〕 二册

魏伯陽撰。

藏印：鄭杰之印、鄭氏注韓居珍藏記。

〔一〕此條天頭有藍圈。

杜工部艸堂詩話 十册

蔡夢弼集録。

藏印：讀杜艸堂、温暘世家、鄭氏順明、臣印斌孫、松月堂、耳聲、一笏齋。

陶靖節集 批點本 先文恭公所度評用藍筆 一册

陶侃〔二〕著。

藏印：十畒之間、椎李、運弘、蒼育、翁斌孫印、翁同龢收藏、明清風我、翁印同龢、叔平。

題記：丁巳四月得是本于廠肆書攤，朱墨筆評點，不知出何人手，尚爲精謹。己未七月二十七日，夜坐無事，因録《義門讀書記》于上方。龢志。（藍筆。）

七月廿七日夜録《義門讀書記》，燈炧目昏，方竟此册。

〔一〕整理者按：原文如此。

道德經　先倚雲公藏本　一册

呂真人注。

藏印：翁印信標、深山□流、翁斌孫印、虞山翁弢夫珎藏印。

題記：倚雲公諱信標，朔州公之孫，子澈公之子，吾上杭府君兄弟行也。邑諸生，事蹟無可考。同龢輯家譜，僅記其博學多聞，及門甚衆而已。此本爲公點定，圖記爛然，凡鈎題處皆矜慎，蓋得力于此。前數年斌孫得于家鄉書肆，庚寅五月廿有三日，出以眎余，乃謹記數字于後。同龢。

姑蘇集詠　有闕葉　二册

論語詳解〔二〕　萬曆刻本　八册

郝敬編。

〔一〕此條天頭有藍圈。

太平經國之書 四册

鄭伯謙節卿撰。

藏印：鄭氏注韓居珍臧記、鄭杰之印、稼臧寶玩、翁印斌孫、昌英珍祕。

祇洹館五種

《通占大象曆星經》《握奇經》《丸經》《耒耜經》《五木經》。

藏印：香生祕玩、秦漢十印齋、充菴、逸齋珎臧。

松雪齋文集 二册

趙孟頫撰。

藏印：黄任之印、莘田氏、秦漢十印齋印、翁斌孫印、斌。

東坡外制　一册

藏印：曾文之印、紱卿。

楊炯集　唐靈一詩集　一册

藏印：梁園書畫之印、天樂道人真賞、夾梁園珍藏書畫之章。

唐皎然詩集　貫休詩集　一册

古文苑〔一〕　二十一卷　宏治奉新本　六册

唐失名編。

藏印：華山馬仲安家藏善本、稽瑞樓、華山中氏、紅藥山房收臧私印、翁斌孫印。

〔一〕此條天頭有藍圈，「庚」字印。

元豐類稿〔一〕　五十卷　嘉靖本　顧抱沖臨何義門校本　十册

曾鞏子固撰。

藏印：稽瑞樓。

題記：康熙戊寅良月，假傳是樓宋本校。屺瞻。

此本何批全録，即顧東巖本及何氏《讀書記》亦曾對過。壬子閏月廿三日。抱沖記。

〔一〕此條天頭有藍圈，「庚」字印。

春秋經傳集解〔一〕　明重雕岳板　朱秋厓臨惠松厓校本　十五册

藏印：海昜朱敬輿校正善本、秋厓居士、滋蘭堂臧書印。

題記：北宋本《正義》三十六卷。

經、傳、正義都計一百四萬八千五百三十字。

假錢氏景開所得南宋本畧校一過。南宋本誤處甚多，其岳本是而南宋本實誤者，皆去而不録，疑似參半者以朱別之，釋文乃宋本所無，故亦缺如。甲辰三月廿三日校畢志。

秋厓邦衡。朱印邦衡　敬興

合唐石經及涫化本《正義》、陸氏《釋文》〔三〕、許氏《説文》、《六經正誤》、康成所引《左傳》彙粹，參校南宋本《正義》，校數弖三十，帀月而畢。松崖惠棟。

乾隆戊申三月下浣門人朱邦衡校正。秋厓

〔一〕此條天頭有藍圈，「庚」字印。

〔二〕整理者按：「釋文」原誤作「説文」，今訂正。

世説新語〔一〕　袁氏嘉趣堂刊本　嘉靖乙未刻　馮己蒼校　三册

王義慶撰〔二〕。

藏印：稽瑞樓、至樂居、僅初、翁斌孫印、冰香樓、葉樹廉印、石君、古愚、默庵藏本、文端公遺書、翁印同龢、馮氏藏本、殷鋒、上黨、空居閣藏書記。

題記：此書予家青氊也，近以閶閻馬生掩爲己有，幸而復之。時洪武九年也。吴郡俞彦春題。

茂苑馬騤重整。意欲匿此書，後歸之。馬，閶閻小民子也。至今匿《群書百攷》三册，王普《官曆刻漏》一册在彼，不還。馬乃舍弟妻家之鄰也。春記於此。

〔一〕此條天頭有藍圈，「甲」字印。

〔二〕「王義慶」，底本如此，按當作「劉義慶」。

楚辭〔一〕　正德間刊本　五硯樓校　三册

王逸注。

藏印：稽瑞樓。

題記：丙寅七月九日甲寅以宋本校起。五硯主人。

嘉慶十一年初秋，借黄蕘翁新得宋刊王逸注《楚辭》校此本，原缺七弓，第六至第十五。

以《補注》本配入，亦宋刊也。別校于汲古閣翻雕本，上後有《釋音》一卷、《廣騷》一卷，則名本所無。手自景抄附裝于後，廿七壬申勘畢。袁廷壽記於五硯樓。

〔一〕此條天頭有緑圈，「乙」字印。

宋學士文粹〔一〕　洪武初印本　四册

宋濂撰。

藏印：稽瑞樓、竹素齋圖書印、馮氏三餘堂攷臧、馮印文昌、子儋、茅齋玩賞、許□號青□□稱自笑老人、孝悌清白傳家、高陽氏、武進許維埏、武邑邑印章。

紙墨印刷極佳。

〔一〕此條天頭有緑圈，「乙」字印。

史通〔一〕　嘉靖本　十弓　錢湘雲校　四册

唐劉子玄撰。

藏印：稽瑞樓、陸燦之印、調運丝、惟善。

題記：乾隆壬戌九月在安定書院燈下展閱，隨所見記録，時宿疾加劇，又携書不多，未能細勘也。

晁氏《讀書志》有《史通析微》十弓，唐柳璨昭之撰，璨以劉子玄《史通》妄誣聖哲，評湯之德爲僞跡，論桀之惡爲厚誣，謗周公曰不臣，褒武庚以殉節，其甚至於彈劾仲尼。因討論其舛謬，共成五十篇。蕭統云：「論則析理精微」，故以爲名，乾寧四年書成。《唐史》云：「璨，公綽孫，少孤貧好學，著《史通析微》，時或稱之。起布衣，爲相不四歲。」按《唐紀》，相璨在天祐改元，則書成猶未仕也。

予初得《史通》，觀之，怪其中多紕繆，何以見重古今？觀《讀書志》所記，方知唐人已有攻之者。惜乎璨書之不得見也。戊辰十一月十六日，艮齋峻記。

右陸氏刊本《史通》，鐵牛道人手臨，牧翁批校，爲陳丈存初所臧。文孫子準又以王艮齋侍御所評，屬予臨之。侍御評價王損仲本與陸本互有得失，至《補注》《因習》《曲筆》《鑒識》四篇則大爲異同。時予將有秣陵之行，匆匆未及校改，暇時當與子準再取各本，細爲勘核也。若其濃圈密點，決非侍御手筆，存之以便誦讀亦無不可。

嘉慶戊寅正月六日，吴卓信志。

〔一〕此條天頭有緑圈，「乙」字印。

三國志　萬曆二十四年馮刻本　魏志第二頁先文恭公寫補　十二册

先文恭公點閱書簽。

歐陽文忠公集〔一〕　嘉靖十六年本　不全　卷一百三十三、五頁後有缺葉，破損　十册

歐陽修撰。

藏印：錢印孫保、錢昆之印、求赤氏、天啓甲子、匪庵、彭城、看藏、常熟翁同龢藏本。

居士集　卷三至十六　三十一至三十九

書簡　卷一至卷五

外制集　卷一至卷三

内制集　卷一至卷八
奏事録　一卷
濮議　四卷
于役志　一卷
歸田志　二卷
河東奉使奏艸　二弓
外集　卷九至廿五
　坿録五卷。

〔一〕此條天頭有藍圈。

道德經釋辭　萬曆本　一本

王一清撰。

三先生詩〔一〕 明宣德本 有闕葉兩頁 四册

朱紹編。

藏印：稽瑞樓、文瑞樓、金星軺藏書記、蓮涇、太原叔子臧書記、徐本以道。

題記：此系予出守閩郡，道過常州，郡司訓戴君所贈云。成化乙酉秋菊節題。季方

高、楊、包三先生詩集共若干卷，凡三册。致政古薊岳公所惠也。時成化乙丑中秋。竹軒識。

（高季迪、楊孟栽、包師聖三先生。）徐氏以道 東海徐氏家藏圖書

〔一〕此條天頭有緑圈，「庚」字印。

翦勝野聞 嘉靖本 一册

徐禎卿撰。

藏印：古陶唐氏。

漢雋〔一〕 十二卷 萬曆本 末本受潮互粘，應治理 二函共八册

宋林越輯。

藏印：翠香閣印、翁斌孫印、耆英印信、大宗伯章、廷衡印、樞卿、子璞寶玩、一笏齋、玉牒廷衡平生珍賞、長白覺羅廷衡字景伊號星門學書畫詩詞臧金石文字之印。

〔一〕此條天頭有藍圈。

唐人詩集 十册

劉長卿、張濱、《毘陵集》、鄭嵎、權文公、孟東野、王建。缺東野詩首三卷。

藏印：常熟翁同龢藏印、翁斌孫印、翁同龢長壽印信、均齋祕笈、虞山翁同龢印。

題記：此十册有虞山攬秀堂翁氏藏印，蓋鐵庵公舊藏也。先公收儲珍弆。庚申粤寇，吾家圖籍焚燬略盡，而此册獨完，猶子曾榮于餘燼〔二〕中拾得之，記於册尾。今日展觀，不

勝篙木之感焉。光緒癸卯中秋前一日，同龢記。時大病初起。

紙墨精雅，相傳爲南宋刊本，以予所見，不啻十餘種。疑明時仿刻耳。此七家十卷缺東野首册。

此弓係文端公所藏本，庚申浩劫已遭兵燹。余於癸亥秋返里重獲之，而他編皆缺失。斯集獨完，特坿數語于後，幸其碩果之僅留焉。曾榮謹志。丙寅八月。

〔一〕「燼」，原作「盡」，今改。

青陽先生忠節附録〔一〕　弘治本　二册

余闕撰。

藏印：雲間陸氏山珍臧書籍。

〔一〕此條天頭有紅圈。

顏魯公年譜　王百穀臧本先文恭題簽前序爲王百穀手寫　一册

留元剛編。

藏印：咸中、復聖四十四代孫悦印、振藻堂印、□同游、懶龍、吴越劍俠、汝南周氏賞鑑圖書、姜啓周、百穀、希言、四顥之一、□禪、穉登、復聖四十四代孫顔恒之印、天泰、均齋祕笈、虞山翁同龢印、函三閣圖書印。

題記：舊刻《顔魯公年譜》，明人王伯穀所藏。前序是其手録。首半葉佚去。原記、年譜一帙，舊史一帙，補遺、碑銘一帙，行狀一帙，南有堂重裝。今所存惟此帙耳。宋諱缺筆，紙墨疎古可愛。均齋翁同龢記。

此明錫山安國活字本也。《顔魯公集》久佚，宋敏求掇拾重編，得十五弓，至南宋又佚三卷，留元剛爲蒐輯補完，並訂正《年譜》，附於末。安氏所刻即留本也。南有堂所臧已無文集，此又四種中之一種〔二〕，是明賢手跡，故入均齋祕笈。顔崇槐有重刊安氏本，惜無由對勘。光緒癸卯中秋。龢再記。

〔二〕「一種」，原作「一重」，今改。

宋蘇文忠公寓惠録〔一〕　嘉靖五年本　四弓　二册

蘇軾撰。

藏印：常熟翁同龢臧本、星伯臧書印記、翁斌孫印、季振宜藏書、好學爲福齋臧、菊齡、蘇齋墨緣。

題記：方綱昔按試惠州，訪求此書，不可得見。茲星伯太史購得此本，持以見示。追憶前遊白鶴峰拓井欄銘時，四十餘年矣。是書蓋後人所輯録，此又其重刻者，不能盡執先生全集，以訂正其編次也。然其中有從先生原稿録出者，第以此寓景仰遺墨之懷，挹其神韻，以作臘筵筍脯之佑觴可尔。嘉慶十三年秋八月廿二日，方綱識。有隣硯齋

下缺《參寥惠楊梅》《擷菜》《題惠州靈惠院壁問醉僧》《縱筆》《睡起》《題毛女真》《謝都事惠米》《過以山芋作玉糝羹》《寄郭功父觀余舊畫雪鵲》《復官北歸再次前均》凡十首。

此二册蘇齋舊藏，故應珎襲。

同治元年夏，得于廠肆。同龢記。

〔一〕此條天頭有藍圈。

文中子中說〔一〕　十卷　四冊

阮逸注。

内《文中子世系》及抄配一頁均先公筆。

〔一〕此條天頭有藍圈。

文心雕龍　十卷　萬曆本　序缺一葉　二冊

劉勰彦和撰。

藏印：鄧烜之印、峰孫氏、鄧烜字峰孫一號西□、翁斌孫印、虞山翁弢夫珍臧印。

白虎通〔一〕　萬曆本　有虫損處　二冊

漢班固撰。

藏印：周統之印、伯揆、檇李曹溶、彝尊私印。

題記：第一册尾：

本十卷有分四卷者，此又止作上下卷。丁酉七月五日，抱經氏校。二十五年前曾校《叢書》本一過，即四卷者是。

第二册後：

丁酉七月廿二日，東里盧文弨弓父校。吾鄉有墓祭用樂，殆未攷此。甲辰九月二十九日，以小宋本、元大德本覆校，悉以諸書所引及異同録此本上。抱經氏。

〔一〕此條天頭有緑圈。

酉陽雜俎〔一〕　二十卷　八册

唐段成式撰。

藏印：吴江翁綬琪藏書記、翁綬琪、印若。

〔一〕此條天頭有藍圈。

李杜詩集　東澗老人臧本　嘉靖本十六卷　有蝕損　八册

李白、杜甫撰。

藏印：陶晋印、復全、翁斌孫印、牧翁蒙叟。

卷首有余手摹河東君象兩幅。意記。

申鑒　正德本　一册

荀悦撰。黄省曾注。

藏印：彝尊私印、檇李曹溶、十印齋印。

三蘇先生文集〔一〕　成化本　四十三弓　六册

藏印：常熟翁同龢藏本。

〔一〕此條天頭有藍圈。

柳子厚集　四十三弓　附別集、外集、附録　原裝　六册

藏印：翁斌孫印。

第一册：七卷，第二册：八至十五弓，第三册：十六至廿五卷，第四册：廿六至卅五卷，第五册：卅六至四十二卷，第六册：四十三卷、別集上下、外集上下、附録一卷。

西事珥〔一〕　八卷　二册

魏濬撰。

藏印：鹿原林氏臧書、鄭氏注韓居珎臧記、蔣香生秦漢十印齋收臧記。

卷首有魏濬自序，卷尾有魏錫蝦題字五行。

〔一〕此條天頭有紅圈。

文選〔一〕 萬曆本 十二卷 一函 六册

梁昭明太子蕭統選。

藏印：瞿印式耜、起田氏、畊石齋□、稼軒、翁斌孫印、虞山翁斌孫收藏之印、稼軒居士。

題記：先大父稼軒公于是書自壬申歲始披閲，加墨未竟，跋涉公車。自行篋亡去，故未署公間二十餘年。同邑王子自都門旋里，途遇故戚某，屬王以是書攜歸瞿氏，言已而渺。噫，豈公之精靈不欲散佚耶，抑鬼之重公手澤力爲呵護耶？然而九年淪没，世竟無知者，一旦使鬼之執璧返趙亦奇矣。雖然微王子，吾何能寶此，王子名晋字子登。孫男昌文謹識。［瞿印昌文］［壽明氏］

錦函之簽題字：「瞿忠宣公手批文選 道光戊子四月孫原湘題 □」

〔一〕此條天頭有帶點紅圈。

周易傳義〔一〕　二十四卷　崇禎庚午本　四册

宋程頤著傳，朱熹撰義。明汪應魁句讀。

藏印：瞿印式耜、起田氏、稼軒居士、家在虞山之麓尚湖之濱號□樵子、翁斌孫印、虞山翁斌孫收藏之印。

題記：先大父稼軒公于書無所不讀，硃墨手批不下數十種，而與《易》猶研心，吉凶消長之理，進退存亡之道，多所發明前人之遺。昌文每讀遺經而瞻手澤，想見當年用心之勤，起敬起肅。康熙四年秋，孫男昌文沐手謹誌。

右瞿忠宣公批本《易傳》四册，取前人之説而申以己意，與程朱稍有異同。其于君臣之分，治亂之幾，君子小人進退消長之故，詳哉乎其言。之蓋公經世大猷所從出也。批字有小譌，乃他人移寫，非出公手。是本爲吾兄子紱卿所珍弆，紱卿早世，故題其後以付斌孫，當研求之，爲徒爲口耳之資也〔二〕。同治十二年閏月二日晨起謹筆。同龢。□

錦函簽上題字：「瞿忠宣公手批程朱周易　道光戊子四月孫原湘題　□」

〔一〕此條天頭有紅圈。

〔二〕原文如此，疑「爲徒」當作「非徒」。

列仙傳 九卷（《有象列仙傳》，汪刊） 八册

王世貞輯。汪雲鵬校梓。

紙墨古雅，圖亦精美。

戰國策〔一〕 萬曆九年本 八册

鮑彪校注。吴師道重校。

藏印：香叔。

題記：《戰國策》，喜寅題署。祥符周氏祕笈善本。

辛酉秋得之福州南後街。辛未十月望日重裝訖付與。寅子癸巳人記。

此蓋重刻至正吴氏本也。紙墨剞劂甚工，明季槧本之至精者。元本反不如也。與寅

子各校一過，悉著同異于帙，元本之佳處盡在矣。此本遂爲篋衍第一，珍之勿失。

顧先生爲黃氏校刻此書用剡川姚氏本，高注更勝於此，劄記尤詳，與程侍郎《地理考》皆讀此所必備也。

辛未十月十八日讀起，廿八日竟。周星詒記，時在汀。

〔一〕此條天頭有藍圈。

事文類聚　殘損處多　二册

楚辭辨證　一本

資暇集　集異記　一册

先公題簽：顧氏十友齋覆宋本，《顧氏文房小説》四十種之二，不可多得。

卷後蔣香生題：「顧氏文房小説四十種本之一，臧于秦漢十玉印齋。黃蕘圃先生深歎顧氏刊本之善，實與宋本無異。近予在閩偶得此書。殘縑斷璧，猶足珍重，況此一册之中《集異記》、《資暇集》兩書完全無缺，宜多多保護耶。光緒乙酉荷花生日香生記。」

宋名臣言行類編〔一〕 止録庚、辛、壬三集　殘本　三册

先文恭公書簽。

庚集：卷四至卷七；辛集：卷四至卷七；壬集：卷一至卷三。

鍾堯俞撰。

藏印：陳氏家藏、卓峰、朱氏珍玩、守器。

每半葉十二行，行二十一字。紙墨頗古。

〔一〕此條天頭有紅圈。有朱筆眉批：「趙萬里君定爲元本。」

録寫匆促，有將明刊書列入舊刻或他類中者，今將書名葉數補寫如左備查〔二〕：

花間集　二册　三六八

國語　惠棟校　六册
兩漢紀　嘉靖本　十二册
歐陽文粹　二册
四六法海　六册
水經注箋　萬曆本　八册
素書　一册
庚申外史　一册
崇正辨　三册
輟耕録　四册
齊民要術　二册

〔一〕按此下數條各有藍、紅、緑圈，今簡述如下：

天頭有藍圈者：「黄山谷詩」、「百川學海」、「文藪」、「水經注」、「國語」、「兩漢紀」、「歐陽文粹」、「四六法海」、「水經注箋」。

天頭有紅圈者:「薩天錫詩集」、「歐陽行周集」、「雅頌正音」、「二皇甫集」、「屏山集」、「南嶽唱酬集」、「山堂肆攷」、「素書」、「庚申外史」、「崇正辨」、「輟耕録」、「齊民要術」。

又:「艸堂詩餘」、「南嶽酬唱集」二條,底本即有「」符號,今予以保留。後《藏書艸目》倣此。

天頭有緑圈者:「白虎通」、「王無功文集」。

〔二〕此條天頭有眉批:「已丑售去」。

常熟翁氏藏書記三

鈔本

明寫本北堂書抄〔一〕

凡一百六十卷，二十册。半頁十二行，每行十八字。藍格紙。楷法工整，兹將各家題跋録後：

（一）《北堂書抄》百六十卷，明人影宋抄本。雖文字譌舛，然是虞氏原書，可寶也。世南此書成于隋代，故《隋志》及《舊唐志》皆已著録，惟作一百七十三卷，與此不同。《玉海》引《中興書目》則云：分一百六十門。弖數相符，知非後人刊落之本。《玉海》又稱二館舊闕，惟趙安仁家有本，真宗命内侍取之，手詔褒美，則自宋代已珍祕云。以校今陳禹謨刊本，知禹謨所稱是書未經剞劂，傳寫譌脱幾不可讀者即是此本。舊本所引古書今或亡佚，禹謨無從校正，則删之；或引書與今本不同，則據僞本增充之。所引謝承《漢書》、《東觀記》之類，又以今本易之。陳本之謬甚矣。錢曾稱嘉禾收藏家有原書，疑即此本所由傳抄。後人守之勿失。星衍記。

四庫書未收得此本，但存陳禹謨本。此書譌舛，俟手校一過，抄存佳本，彙以進呈。或募好手刊刻，務須寶之。嘉慶六年四月，用白金□□購得於吴門。夏至日星衍又識，在金陵五松書屋。

（二）同治乙丑正月，周君季貺新從福州陳氏得此本，假觀一過。戴望記。

（三）星詒昔讀嚴鐵翁《漫稿》，知此本歸之福州陳氏。庚申歲以府同知分發福建候補，即留意訪求，乃居會垣三年，訊之故家舊族，絶無知者。癸亥九月來官邵武，去福州幾千里，意不復可覯，甚邑邑然，未嘗一日忘也。甲子秋中譚仲儀以書告，有舊家陳氏富藏書，求售者不可得。知予癖書，宛轉達仲儀道意，因觸舊事，且以其姓仝也，函致仲儀訪之。因在初索價白金千五百兩，録副本亦須二百四十兩，書十往返，仲儀盡力爲道地，乃以兼金七百成議，于次年正月，命力士彭辰魁往齎以來，于是遂爲詒有，榜所藏書之室曰

「書抄閣」以企之。稍稍得暇，當檢諸書，正其訛誤，精録一本。屬侍御兄進呈祕閣，完淵如先生志也。乙丑三月廿六日星詒記。

（三）嘉慶七年正二月，又屬王石華兄手校一過。春分後一日，星衍記于五松書屋。（朱筆。）

（四）孫星衍觀於吴門。（篆書。）

（五）光緒丙戌，長洲葉昌熾從香生太守叚觀。

（六）宣統辛亥，江甯鄧邦述觀。

（七）周星詒觀于昭武。

（八）鄧邦述觀于吉林。

（九）同治三年甲子十有一月，譚獻閲。

（十）右明抄《北堂書抄》一百六十弓，孫氏五松書屋故物。孫氏暨高郵王氏、臨海洪氏均嘗校勘，卷一至卷廿六、卷一百卅二至卷一百六十又經烏程嚴鐵橋年丈覆校，其《鐵橋漫稿》載有是書。書後云：「陽湖孫淵如得《書抄》原本，卷首有雲章閣及紉佩齋收藏印，不知何許人。淵如作跋尾，别紙夾置卷首。其書中用丹筆改字者，王石華也。卷首用墨筆録錫鬯《類要跋》者，亦石華也。書中校語用墨筆者，余與洪筠軒也。」又稱：「淵如藏本後爲何夢華元錫所得。夢華棄世，其子以售于秀水令陳振之。振之，閩人，罷官，本今入閩。」按孫跋及收藏兩舊印今書中具在，惟《類要跋》失去。陳大令名徵芝，非振之，嚴氏得之傳聞，故音同字誤。同治乙丑，大令之孫以是書出售，予友周季貺太守損七百金得之。予以耆輯傅子晋諸公敘讃及鶡觚、中丞、光禄各集屢從借觀，留齋中先後幾及三載，繙帋循覽數過，謹就所載先世雜著芟訂衍奪，録入《傅氏家書》，餘衹點勘一二。伊余腹笥單疎行卷，又未能多携書籍，不克通體審定完。嚴氏未竟之業，良用恧然，嚴氏嘗謂《書抄》原本，孫氏而外，當時江浙尚有四本。今去嚴氏又三十餘年，江淛均經兵火，恐不免皆爲昆明池下物矣。近時儲藏家如豐潤丁氏、歸安陸氏亦各收得一本，然均出後來傳抄，且未經讎校，譌脱尤夥，則論《書抄》於今世，不能不推此爲最初最善之本矣。季貺其珍祕之，尤願周氏世世子孫永寶之。光緒丁丑孟冬下浣，大興傅以禮識。

收藏印若干方，玆略記於後：

祥符周氏瑞瓜堂圖書、周印星詒、季貺、帶經堂陳氏藏書印、紉佩齋清賞印、孫印星衍、費君直、頌魯眼福、万中立印、閩中韜廣陳氏珍藏、孫氏伯淵、雲章閣攷臧圖籍印、陳印徵芝、少唐煙雲過眼之物、仲嶧眼福、三十有三萬卷書屋、翁斌孫印。

每册之首均有先公小象。憙注〔二〕。

〔一〕此條天頭有藍圈。本條中各題記序號爲底本原有，今保留。

〔二〕此行用硃筆寫。

方輿紀要〔一〕　精抄　十夾　六十册

顧炎武撰〔二〕。

藏印：南昌彭氏、知聖道齋臧書、遇讀者善。

題字：商邱宋氏緯蕭艸堂寫本。南昌彭氏知聖道齋重校。（硃字。）

〔一〕此條天頭有藍圈。

〔二〕原本如此，按《方輿紀要》爲顧祖禹撰。

馬貴興經籍考〔一〕　抄本　先文恭公書簽　四册一函

經：五十頁。序三頁，四部便覽七頁。　史：五十一至一百六十頁。

子：一至一百廿五頁。　集：一至一百四十二頁。

藏印：常熟翁同龢藏本。

〔一〕此條天頭有緑圈。

人物志　抄本　一册

魏廣平劉邵著。

藏印：翁斌孫印。

玉唾壺〔二〕　抄本　一册

臨淄令王一槐著。

藏印：乾隆三十八年十一月浙江巡撫三寶送到范懋注家藏玉唾壺一部計書壹本、翁印同龢、翁斌孫印。

〔一〕此條天頭有緑圈。

友會談叢〔一〕　抄本　一册

華陽上官融撰。

藏印：壽潛室手校、翁斌孫印、寧喜、季貺、星詒印信、祥符周氏瑞瓜堂圖書、甲寅人、茚子讀過。

題跋：《友會談叢》三卷爲世罕見，四庫館開，未經呈進。阮文達撫浙日乃以貢焉。此趙晋齋先輩抄校本，蓋即當日轉寫者。予借福州陳氏藏舊刻校之，補完首弖脱葉並譌字。陳本傳是宋本，予少從里中書攤買一刻本正相同。劫後尚在，兄子歸試攜來，審是明正德以前槧也。巳翁詒。

〔一〕此條天頭有紅圈。

明代遺事　抄本　一册

先公書簽並題字云：此册前有缺葉，不知其名，或即明人國朝典故之一種，當再攷之。

商子　抄本　一册

孫星衍、孫鳳翼同校。

藏印：茂苑香生蔣鳳藻秦漢十印齋祕藏圖書。

萍洲可談　抄本　一册

五代史闕文[二]　抄本（顧千里校）　一册

宋王禹偁撰。

藏印：祥符周氏瑞瓜堂圖書、季貺、星詒印信、季蒠之印、翁斌孫印。

題跋（硃筆）：乾隆丁未從程氏蓉江寓館抄得此二種，大約與汲古毛氏及近日伍子田所刊脱誤同耳。後從白華師借馮知十家藏抄本校一過，遂多補正。家兄抱沖曾用以讎毛本，謂不啻如風庭掃葉也。讀未見書齋中插架略備，而此尚未有宋槧名抄者，爰輟是册爲贈，源流所自，未失虞山宗派，姑以充數，或庶幾焉。嘉慶元年十二月小除夕燈下閱並記。

澗蘋顧廣圻。

〔一〕此條天頭有緑圈。

資治通鑒釋文　景宋抄本　二册

史炤撰。

藏印：稜石山房圖籍、鼃江林氏珎藏、翁斌孫印。

唐摭言〔一〕　抄本　二册

周後人翊聖。

藏印：平江黄氏圖書、遂甯堂印、笄邨、翁斌孫印。

題記：甲子冬季，以二金得此于福州後街，今年在余府巷檢讀一過。丁卯三日記。于卷中檢得顧千里、黄蕘圃兩先生手跋一帋，裝入卷尾。又記。卷葉中有標題，某卷幾葉字及校勘小籤，皆復翁筆也。詒見其手跡最多，是以識之，後之得者勿輕棄也。星詒又記。

是書經顧、黄二公閱過，而誤脱仍多，未嘗正補。惜無盧刻及他本一爲讎對耳。悵惋悵惋。三月晦夕覽訖記。季貺内子李氏同坐。

丁卯三月二十九日，葆酚李蕙讀過。

《太平廣記》引用諸條，凡「恒」字此本皆改作「常」，蓋避宋諱也。可證是天水舊槧，特表出之。

辛未夏日校鮑氏集訖，以此遣日。用嘉靖本《太平廣記》略校，《廣記》所采與本書更有詳略，未敢盡改。但正舛誤脱落不可通者，疑則缺之，以示謹慎。十一日癸巳人星詒記。

雅雨堂開雕是書無嘉定辛未跋，亦足本也。第十弓有云：「白頭花鈿滿面，不若徐妃半粧。」屢讀不見其誤。此本獨作「臼頭」，尚未謂然，徐悟出《列女・辨通傳》，乃指無鹽耳。夫開雕如雅雨堂之是書，精矣。然猶遠遜舊本，况惡刻耶。蕘圃出此見示，舉以共欣賞。他處殊多，不悉及云。嘉慶丁巳九月燈下閲一過記。顧廣圻。

此抄本《唐摭言》，余于丙辰春得諸書肆中，取其卷末，有宋人跋，或從刻本景抄，較盧雅雨本有異同耳。近顧澗蘋以此參校，果多勘正處。勿以世有刻本而薄抄本爲不必觀，其信然哉。嘉慶丁巳秋九月廿八日黄丕烈書。

壬申五月廿有二日，新收得雅雨堂刻本《摭言》，「臼頭」已不誤，當經補校修板故也。復翁又記。其去獲此時又隔十五年矣。

乙亥中秋前二日，五柳主人新收洞庭山上人家書一單，中有惠松崖先生藏舊抄本，向爲毛子晋家藏者，與此殊不同，因並收之，是舊抄又添一本矣。時光荏苒，回憶得此書時忽忽廿年，老之將至，可□也夫。廿□醒人記。

〔一〕此條天頭有緑圈。

河圖〔一〕　抄本　四冊

殷元王〔二〕立卿甫原輯。陸明睿文玉氏增訂。

藏印：翁斌孫印。

題記：此書世無刻本，丁丑春兒子紹寅于陳恭甫太史家廢簏中檢得，並太史與令子喬樅集録《經緯殘稿》一捆同爲所棄，因從予乞六千錢買之。予方爲三國文獻會㝡繙檢《書抄》《類序》諸書，因並收集緯書補正，此與孫氏脱漏舛誤□。此書中有朱墨增訂諸條，爲太史父子手筆。予曾見兩先生書蹟，能別識之，故悉著以示後來知寶貴焉。戊寅三月廿二日燈下。星詒。

〔一〕此條天頭有藍圈。

〔二〕王，底本如此，然當作「正」。

甲申核真略〔一〕　坿南行日記　賀宿紀聞　抄本　一冊

楊士聰撰。

先公書籤：「周季貺舊藏，傅茆子校。」

藏印：翁斌孫印、印若、以禮審定。

題記：光緒庚子七月朔在沙頭鎮避暑，讀此時拳匪與夷人爲仇，析津已陷，都城告警，觸目驚心，能不慨然。僉于氏記。

《賀宿紀聞》乃陳尚在〔二〕《簪雲樓雜記》中之一則，載吴震方《説鈴》。近人刻《荆駝逸史》，談〔三〕以此則爲一種，改題「《懿安事略》，賀宿撰」，殊不知此則後半皆陳氏之言，並非賀氏原文。此書亦沿其訛，殊爲失攷。戊辰仲冬，大興傅以禮識于三山寓邸。

〔一〕此條天頭有藍圈。

〔二〕「在」，原文如此，當作「古」。

〔三〕「談」字疑衍。

昭代纂攷　抄本　二册

先公題記：此疑是不全本，以其爲金風亭長舊物漫收之。壬寅八月九日，笏齋記于金陵烏衣巷。

藏印：山陽丁晏藏書、小長蘆、朱彝尊錫鬯印。

授經圖〔一〕 抄本 二册

汴上睦㮮撰。先公題簽。

〔一〕此條天頭有「戊」字印。

劍掃〔一〕 明抄本 上函四册、下函四册

松陵陸紹珩湘客父選。

藏印：吴興陝郡世家、謙牧堂藏書記。

題記：宣統三年辛亥冬月翁斌孫收於京師。

〔一〕此條天頭有「己丑售去」四字。

英華朝采　抄本　一册

藏印：文端文勤兩世手澤同龢敬守、翁斌孫印。

題記：此册先公舊藏，與張子和先生手抄駢體文並置一夾。同龢入翰林，先公以是賜之。字跡與張抄不類，前後皆無圖記，僅篆書首頁署曰鼓瑟齋，疑是吾鄉鮑叔冶先生手筆也。同龢于家世故事多所遺忘，今老矣，謹以所聞告斌孫，願斌孫無忘先志。庚辰六月初七日積雨乍晴，客來如織，書此數字凡三閣筆。同龢題記。

國初事蹟〔一〕　抄本　一册

明劉辰撰。

題跋：《國初事蹟》一卷，明劉辰撰。按辰字伯静，金華人。太祖起兵之時，以署典籤使〔二〕方國珍，國珍飾二姬以進，叱却之。李文忠駐師嚴州，辟置幕下。建文中，用薦擢監察御史，出知鎮江府。永樂初，李景隆言辰知國初事，召至預修《太祖實録》，遷江西布政使司參政，後坐免官。十四年，起刑部左侍郎。致仕，卒，年七十八，詳見《明史》本傳。是書分繫，類乎案牘之辭，蓋即預修《實録》時所進事略草本。有明一代之史乘，多採取之。故其説各散見于他書，似無異聞之足徵。然辰所見舊事皆真實，而其文亦質直無所忌諱，有古良史之風。此本近日流傳甚少，偶從吴中書肆見之，係故家屬爲裝潢者，亟借歸倩人抄録，凡三日而畢。手自校讎，而書其原委于後。嘉慶十六年閏三月望日，渤海陳鱣記。

〔一〕此條天頭有「丙」字印。

〔二〕「使」，原作「史」，從《明史·劉辰傳》改。

少陵詩抄　寫本　一册

歲寒三友除授集〔一〕　抄本　一册

臨江吴必大萬叔撰。

藏印：古潭州袁卧雪廬收藏、翁斌孫印、壺中天、逍遥游客、馮知十讀書印、翁同龢觀。

題記：崇禎七年春盡日得此于書賈吴老店。書雖不經，悶倦時亦可遣懷，因爲緝之。而此卷前失若干葉，未得假録全之，棄之又不忍，因並附末云。海虞馮彦淵識。

〔一〕此條天頭有紅圈。

寧極齋稿〔一〕 抄本 一册

宋陳深撰。

藏印：謙牧堂藏書記、翁斌孫印、雲之君子、笏齋小印。

〔一〕此條天頭有藍圈。

水經注摘抄〔一〕 抄本 馬半槎手録 一册

藏印：看山樓、半槎、玲瓏山館、竹西馬氏書畫印、先文勤公收藏印、祖庚在軍中所讀書〔二〕。

題記：爲《水經注》之學者當取故書雅記，互相檢覈。明人讀古書，大率撏撦爲詞章之用。黄梨洲笑鍾伯敬《水經注抄》之滅裂，深中明人之病，然酈注敘述山水，工于語言，實在柳子厚上。吾虞馮巳倉先生，世所雅善讀《水經注》者，嘗炤柳僉影宋本、謝尔伯所見宋本，與朱欝儀本手自參校，而于書中佳言諱句悉爲標出，固與伯敬異趣，不盡如梨洲所譏也。此册乃竹西馬氏半槎手纂雋語，鑒裁既妙，書法復精，于宋本異字亦爲注出，可謂知言之選矣。咸豐七年二月三日，常熟翁同書識。

〔一〕此條天頭有紅圈。

〔二〕底本於此條藏印下用朱筆補：「竹西馬氏書畫印、小天籟閣主人、新安項源漢泉氏一字白芝房印記、翁斌孫印。」

後梁春秋　抄本　一册

海鹽姚士粦撰。

先文勤公藏。先公題簽。

國朝典故[一] 抄本 一册

《青溪暇筆》二弓，《寓圃雜記》二弓，《病逸漫記》一弓。

先公題記：原書凡一百十弓，此殘本也，然是明抄本，亦尚可珍。笏記。

曾見明代抄本《國朝典故》，共一百一十卷，此不過其中三弓耳。且訛舛頗多，非校勘不可讀也。癸丑七月二十一日。斌孫記。

〔一〕此條天頭有藍圈。

勿軒易學啓蒙圖傳通義 景元抄本 一册

建安鰲峰熊禾去非撰。

藏印：季貺、周印星詒、翁斌孫印。

周季貺題簽：

「《勿軒易學啓蒙圖傳通義》七弓一册，影元抄本，書抄閣藏，計七十三番。」

汪水雲詩　抄本　一册

水雲汪元量字大有撰。

藏印：長洲蔣氏十印齋臧書、秦漢十印齋藏、塵、茅堂書印、香生珍賞、翁斌孫印。

題記：《題宋汪水雲詩集》陳裴之著：「馬上青蛾去，江頭白雁來。風塵暗吴會，雨雪上燕臺。故國鍾儀淚，悲歌庾信才。黄冠湖上過，愁見老梅開。」六月七日見遺集手稿，録出，附于集内。香生蔣鳳藻書於滬寓。

定陵注略〔一〕　抄本　四册

竺塢遺民文秉撰。

藏印：周印星詒、翁斌孫印、曼嘉、祥符周氏瑞瓜堂圖書。

題記：乙丑五月端一日閲，越三日而竟。時方奉檄采辦漳南各營兵米羽檄，旁午于文書堆中完此。曼嘉。

是書《千頃堂書目》始著録，《汲古閣祕本書目》亦載之，傳本極少，予從福州藏書家以重價，脱簡訛字觸目都是，苦無善本對勘，僅改其□知爲誤者，暇當再□□（以下虫蝕）訪求善本，無從補也。今方有赴會垣之行，倚裝匆促無暇及也。□初四日，燈下閲竟記。

初四日粗繙此弓以對勘。華亭尚書□□□。

鉤黨之禍，自漢以後，享國稍長者無不有之。若群邪踞結，元黄交戰，皂白不分，公然無忌，則未有如明定陵一朝之盛者。此弓所記量復尚有政□，百世之後閲之，猶當駭詫也。

〔一〕此條天頭有藍圈。

律吕正義　抄本（有虫蝕處）　四册

藏印：翁斌孫印、弢夫、常熟翁斌孫藏。

定山堂詩餘　抄本　有虫蝕處　一册

淮南龔鼎孳孝升著。

藏印：傳忠堂藏書印、敖雲後身、周廉潤印、秦漢十硯齋藏、翁斌孫印。

惜抱先生校録書録[一]

抄本　書鈔閣祕册　有虫蝕處　一册

題記：庚午春，屬稼孫借寫得紀文達纂《四庫全書總目》，卷帙繁重，誠不無訛舛，然識高學正，瑕不勝瑜也。惜抱擬是書題，空言多，實徵少，其學異趣，採用入《提要》者不及什四，此爲流傳稿本。重是先輩遺文，故屬寫之。若卧老跋言蔣府尹襲餘唾，揚此抑彼，未可據也。書少傳□，見者珍之。十二月廿一日。祥符後生周星詒誌。次日校勘一過。用墨筆。

此書從梅伯言處假鈔。曩在京，偶與伯言談《四庫書提要》多係紀文達手筆，其間議論乖剌甚多，可歎。伯言曰：「當日姚惜抱亦在館，與編校之列，所存底稿論正而音雅，後見同事者多非是，不欲與争，乃奉身而退。其稿見存篋，力未能刻也。」閔因假歸，抄存此本。伯言久歸道山，恐原稿或散佚，此遂爲海内孤本矣。江右新城楊希閔識。

同治庚午六月，從楊舍人丈假鈔此本並校一過，凡今抄譌字徑改，原抄之疑譌者校于

眉間。十六日，雨窗識。[雀廬]

校理祕文必如劉子政、曾子固，斯爲稱職，紀文達公庶幾不愧，惜抱豈其倫耶。世傳惜抱在四庫館請業於戴東原先生，先生拒之，以是反戈，並及當時諸大師。其徒方植之至以洪水猛獸爲比，豈非喪心病狂邪。所謂其父行劫，其子必至殺人邪。今有刊《儀衛堂集》以揚其頽波者，蠹經害道，莫此爲甚，安得有人焉，起而斧斯其板，爲吾道折城哉。長洲葉昌熾。

〔一〕此條天頭有緑圈。

百夷傳〔一〕 卷尾有題，録上 一册

先公手寫。先文恭公書簽。

〔一〕此條有眉批：「歲甲午，法人與我立約，畫車里土司盡隸于彼。其時譯署諸公不知車里之先已屬英也。于是兩國使臣交訌于署，朝廷爲之撤主議大臣，卒畫湄江爲界。書生不習邊事，而圖經不著土司疆域，故有此誤。雖然，彼兩國者何緣而競效封豕長蛇也。余爲小京官時猶見暹羅朝貢人，戴負巾，衣錦袍，踖踧班行之東，今

胡可覩耶。讀此編不禁三歎。光緒庚子二月，松禪老人記。」

五國故事〔二〕　一册

先公手寫　先文恭公題簽。

〔二〕此條下有小字批注：「卷尾文恭公題：鮑氏叢書所刻《五國故事》從華氏劍光閣舊抄出，特爲精審，吴長元跋謂：以文以家臧本未善，故請而刊之云云。此在未刊之前，經淥欽一再勘定，不得謂非善本。其『劉巖傳又名湥』一條已經刊本訂正。然如楊行密之字化源，『金鈴破之』作『金陵』，『許州』作『許昌』，其他多出數字處似校勘本爲勝也。注與正文字大小一等，雖朱筆尖出，尚有未到處，當補尖之。此笏齋手抄，松禪取讀因記。時庚子二月。□」

穆天子傳　一册

先公手寫。盧弓父校本。先文恭公題簽。

儀禮〔一〕　八册

袁氏貞節堂精抄本。

藏印：五硯樓、翁斌孫印、廷檮之印、袁氏又愷、五硯樓袁氏收藏金石圖書印。緑格紙。有虫蝕處。

〔一〕此條天頭有藍圈。

備忘集〔一〕　抄本　四册

明海瑞撰。

藏印：吴興姚〔二〕氏邃雅堂鑑藏書畫圖籍之印、詩龕墨緣、□氏藏書。

〔一〕此條天頭有「丙」字印。

〔二〕「姚」，底本原作作空格，今補。

駢體探珠

張子和先生手抄本　三册

題記：此《駢體探珠》三册，吾鄉張蕘友先生手書。先生名燮，字子和，自號蕘友，能詩，與同邑孫子瀟、席子侶諸先生齊名。乾隆癸丑登進士第，由庶常改部曹，官至浙江寧紹台道。其館課《夾竹桃賦》、《木牛流馬賦》，英思壯采，咄咄逼人。知其得力于是編深矣。予姑丈陸子儀先生廷錻爲張氏宅相，舊藏是編以贈先文端，憶寓直澂懷園之樂泉西舫，常置案頭也。叔平弟屬識數語，俾後人知留遺所自，爰摩挲昏眼而記之，于是距文端易簀之辰朞年矣。歲月如流，痛忍言哉。同書。

右先兄文勤公題字，在同治二年臘月，時斌孫才四齡，今斌孫倖列詞曹，繼家聲矣。雖然，不更有進于是者乎，因書此以勖勉之。庚辰六月七日燈下。同龢。

題簽「駢體探珠」字，先文端公手跡。别有《英華朝采》一册，同爲先公所珍弆，並記之。

藏印：張燮、蕘友氏、翁斌孫印、常熟翁同龢藏本。

韓文抄　抄本　臨何義門評點　一冊

先文恭公題簽。

藏印：翁印同龢、救虎閣主、叔平、王印凝楷、朗山。

題記：戊午十二月十八日，于厰肆見李榕村先生批本《韓文》，假歸臨校一過。李氏說不過數條，大氏義門何氏之說居多。時予妻病瘵累年，至是氣僅如縷。篝燈夜讀，意境不堪，悠悠此中，孰知余悲也。二十二日臨畢因識。同龢。

同治戊辰九月，扶護先文端公及先兄文勤之喪，由潞河南還臨清，無水，乃出陸，復自張秋入舟，憂傷憔悴中點讀一過。別以小艇載亡妻匶，相望於煙波浩渺間也。是月四日，微山湖中，同龢記。

柳先生集〔一〕　刻本　六冊

何義門先生手批本。

藏印：稽瑞樓、海岱惟青州、翁同龢印、常熟翁同龢藏本。

題記：憶得此書時自外攜歸，俞荔峰適在坐，問何人所批，余曰：「義門先生也。」荔峰瞠目曰：「汝得寶矣。」繙前後無義門印記，則又曰：「於何徵之？」予曰：「以印文『海岱惟青州』知之。」則相與歡笑。回首五十年，忽忽如昨日，而荔峰殁已久。幸兩子皆循謹，能世其學，有孫魁然繼起矣。荔峰，予姐夫〔二〕，薦舉孝廉方正，有名于時。光緒甲午四月，偶抽架上書，記此。缾生翁同龢。

此何義門手批本，朱憲卿表兄爲余自稽瑞樓陳氏購得，時余十五，喜而賦詩。光緒庚辰七月十日，翁同龢記。

「桐城不喜柳州文，庭訓持平夙所聞。深博無涯韓子語，李翺張籍豈同論。」書中夾此詩，補録于後，以留少作。龢記。

〔一〕此處天頭有一「△」符號。

〔二〕「姐」字原脱，今補。

宣和畫譜　抄本　有虫蝕處　二册

藏印：黄印丕烈、蕘圃、吾師老莊、陳氏瑹本、不埽室、秦漢十印齋、陳琦家藏、平江黄氏圖書。

題記：二十卷裝二册吴黄蕘圃、陳□□兩家藏舊抄本。丁卯冬買之福州，辛未十月重裝。祥符周氏書抄閣題記。

經籍考〔二〕　精抄本　三十四册

嘉定陸元輔纂集。

藏印〔三〕

題記：《續經籍考》十册爲抱經堂寫本，卷中識語、添注、圈點皆召弓先生手跡也，予于乙丑冬得之于福州陳氏。書無卷數，莫知其全否，當俟暇日考著之也。星詒按：嘉定陸翼王先生元輔曾撰《續經籍考》，以補馬氏之遺，見竹垞太史《經義考·著録門》，窮年抄撮，積數十册，未經删定而殁，然元明遺籍索隱抉微不少。此書先題陸□□纂輯，每書後間有「陸輔案」。《經義考》各書下采有陸氏案語甚多，而此部經類寥寥，數書中又有國朝雍、乾人撰述，爲陸氏所不及見者，餘三部亦然。又往往間有召弓先生案語，則似非陸氏原書也。通部無序跋目録，册數更爲裝治者雜亂，部份舛混，莫從竟其原。弟著録諸書，詳於明人，而宋、元、國朝爲略。若宋以前著述，僅至十數，或疑爲召弓先生抄録陸氏原書而欲補其遺漏者。然《抱經堂文集》未嘗言有此著，《群書拾補》中《補四史藝文志》又與此體例不同，其國朝撰述已見《四庫全書提要》不少，召弓先生時已開館纂撰，又載此書，莫明名義。意若欲續《四志》而補《明志》，則尤不應及此。至陸氏原書，或爲召弓先生有所删汰，或爲陳氏遺佚。抱經堂抄補各書或全與否，當求先哲之熟舊聞者詳訊之也。

此書中有重葉錯簡，疑原未裝釘而爲陳氏所得耳。抱經先生生平于古書校録最詳慎，斷無删削陸氏原書之理。陳氏售書于予頗無賴，疑以原書蛀損亂其原次、晦其殘缺。爲此當訪求陸氏原書乃能明也。（硃筆，似周星詒先生字。）

〔一〕此條天頭有緑圈。

〔二〕底本即缺藏印。

南宋院畫録　抄本　四册

錢塘厲鶚太鴻輯。

藏印：蔣香生秦漢十印齋收藏記。

刊謬正俗　一册

先公手抄本。

翁覃溪學士手抄書畫録〔二〕　五册

先文恭公題簽面。蘇齋手稿不易得。凡五册。

乙未秋黄生紹憲贈。瓶生記。

題跋：蘇齋手録卞氏《書畫攷》四册，汪氏《珊瑚綱》一册。南海黄紹憲贈。翁同龢藏。

黄生紹憲，廣東南海人。爲予考試八旗教習所得士。能畫，好收藏名蹟，詩亦迷峭。于張樵野爲中表昆弟，而不相能。丙申夏在籍，以事近遊，暴病死于舟中，清才不遇，可傷也。瓶生。

藏印：葉志銑、東卿過眼、常熟翁同龢藏本。

第五册後有覃溪先生自跋。

〔一〕此條天頭有「丙」字印。

契丹國志　抄本　四册

宋葉隆禮撰。

藏印：裕經堂、吴省欽印、沖之、翁斌孫印、秦漢十印齋印。

第四册末兩頁先公補抄。

荔門詩録　抄本　二册

張馨秋芷父著。

藏印：柏臺清暇、阮元私印、癸卯年政八十。

題記：《荔門詩録》九弓，張馨著。馨字秋芷，陝西臨潼人，乾隆十年錢維城榜進士，官翰林院檢討，改監察院御史。其弟張坦字松坪，乾隆十七年進士，亦與館選。秋芷之詩，明秀雅潤，而才力亦富。此蓋其稿本，尚未付梓。目録後有阮文達公題字一行。後之得是編者宜護持珍祕，勿以近人所撰而忽之。咸豐丁巳仲春之月，海虞翁同書志。

館姻晚生阮元讀。

苕溪集〔一〕　秀埜草堂抄本　五十五卷　五册

藏印：長洲蔣氏十印齋藏書、秀埜艸堂顧氏藏書印、俠君、閭丘小圃。

〔一〕此條天頭有緑圈。

弇山堂别集　抄本　五弓　二册

王世貞元美撰。

藏印：新安汪氏、啓淑印信、雲間、存雅樓藏書之章。

夢粱録〔一〕　抄本　二册

宋吴自牧撰。

藏印：翁斌孫印、秦伯敦印、秦印恩復、石研齋秦氏印。

題記：此從柳大中抄本録出，猶存宋刻舊式，蓋江都十研齋秦氏物也。與知不足齋刊本小有不同，草檄之暇，取而對勘之。同書記。

錢曾《讀書敏求記》曰：「往予讀南濠文，見其跋吴自牧《夢粱録》，凡臨安時敘、土俗、坊宇、遊戲之事，無不畢載。蓋繼元老《夢華》而作者，私以竊慕之，而末由覯其書。斧季從輦下還，解裝出書一百餘帙，邀予往視，皆祕本也。因笑曰：『僕傾遊南昌，空橐抵里，途次作得詩三十餘首，每詫于人，此行可謂壯遊矣。彼飾竿牘，問苞苴，纍纍若若者，誠不以易我奚囊中物也。子今搜奇覓異，捆載祕書而還，視予幾句窮途酸語，不已遼乎？』斧季歎曰：『浪跡兩年，未嘗遇一真好書人，歸而求之，于子有餘師矣。當悉索以供繕寫，毋煩借書一瓻，但視世之夢夢粥粥，假牧兒之蓋，而乞鄰女之光者。我兩人好尚之異同爲何如邪！』予因次第借歸，自春徂秋，十抄五六，《夢粱録》亦其一焉。嗟嗟。近代藏書家推章丘李氏、江都葛氏，王孫則西亭之萬弓堂。汴亡後，竹居文史，盡隨怒濤去矣。灰劫之餘，未知江都圖籍猶有存焉否？今斧季所購乃中麓祕藏之物，予不敢忘所自，遂牽連書之如此。」咸豐七年閏五月廿三日祖庚手録。

《曝書亭集》題跋云：「曩從古林曹氏借鈔《夢粱録》，乃楊禮部南峰節文，止得十弓，後留京師。聞棠邨梁氏有足本，其弓倍之，亟録而臧諸笥。歲辛巳，寓居昭慶僧樓，取而卒讀之。嫌其用筆拖遝，不知所裁，未若泗水潛夫《武林舊事》之簡而有要也。雖然，自曾端伯編《説郛》〔三〕，皆千百而取一，説部之完書存焉者寡矣。因贊徐舍人鏤板于吴下小長蘆。彝尊書。」廿五日録。

〔一〕此條天頭有紅圈。

〔二〕原文如此，按「説郛」當作「類説」。

朱竹垞集　抄本　一册

朱彝尊撰。

藏印：錢淵曾觀。

七閩攷　抄本　一册

藏印：翁斌孫印。

姑蘇名賢小記　抄本　一册

明文震孟撰。

題記：光緒癸未，長洲蔣孟生太守梓行是書，此其所從出之本也。辛酉九日翁斌孫記。

碧雞漫志〔一〕 抄本 一册

宋王灼晦叔撰。

藏印：漢唐齋、蘭陵繆氏珍藏、曰藻、文子、秦漢十印齋、錢印天樹、吴越錢氏鑑賞書畫、馬玉堂、笏齋、翁斌孫印、項墨林收祕笈之印、元汴、文休承、蕭閒館、心慕手追、翰墨奇緣、文嘉、復姓堂印。

題記：枝山先生留心音律之學，故手録是書，藏于家。其老而勤劬如此。先生殁，此書復藏文休承家，故前後用三印識之，不知者謂出休承氏手筆，相去何啻千里計。正德己卯，休承尚在童稺，不應作此老筆也。昔年曾見先生手録倪迂續稿，精謹可喜。張丑志。

《碧雞漫志》，宋王晦叔名灼所著。灼别號熙堂。吾家舊藏祝希哲草書手録《漫志》一册，止有上中下三卷，而無卷首《揔論》。按元人陶南邨《説郛》所載，具有《揔論》，後逐加稍加删削〔二〕。當會同兩本，以全晦叔之舊文，亦一快事。記此以俟。此段載明人張青甫真跡，目録第三集内。予眠思夢想，欲得古人記載可考之品，而未能也。今幸獲此墨池鴻寶，不意顛沛之中，有是樂境。考明季先藏文文水蕭閑館，張恭懿曾經鑒過印識。又入項氏天籟閣，繼歸張米庵，標證跋明用堂名圖記。流傳至我朝，爲繆洗馬珍祕，題簽尚存，今在余寶米樓中，不知將來又屬何人也。己酉午日，百帖主人漫記。

〔一〕此條天頭有紅圈。

〔二〕「逐加稍加删削」，原文如此，疑誤。

撼龍記　疑龍記　抄本　一册

楊筠松撰。

藏印：芑詒、心翼、同龢。

題記：此本道光乙巳得之厰肆廣玉齋金書賈，以另藏各本畧校一過，注文皆不全，無從知其爲誰氏之注，但大意段落，范氏《乾坤法竅》本畧相仿佛，存以備研究。

道光二十六年，歲在丙午，四月十八日燈下，丁芑詒記。

《撼龍》《疑龍》各一卷，舊本題楊筠松撰。蓋專言山龍脈絡形勢，與《葬書》相表裏，《四庫》收之。以其言爲近理，談地理者必應讀之書也。此抄本注極簡，當不知出何人手，要非俗師術士之所能。《疑龍》有平津覆宋本，惜未得取而一校之。又《疑龍十問》，他刻皆有，此抄未録。

（以上先文恭公硃筆題跋。）

赤城詩集　抄本　二册

藏印：畢瀧真賞圖章、畢瀧之印、畢瀧寀定。

題記：歲戊申四月杪，借得明初刊本，校於孝慈堂之雨窗。蓮涇王聞遠。

江表志〔一〕　趙素門抄　一册

宋鄭文寶撰。

藏印：趙印輯寧、翁斌孫印。

〔一〕此條天頭有「己丑售去」四字。

東林同難録〔一〕　一册

題記：辛未夏日借長恩閣臧葉氏重修本傳寫。書鈔閣藏書。

又：《表忠録》，道光乙酉江陰葉氏水心齋校補本。

〔一〕此條天頭有紅圈。

巖下放言〔一〕　趙晉齋抄本　一册

石林翁葉少藴撰。

藏印：季貺、星詒印信、祥符周氏瑞瓜堂圖書、秦漢十印齋藏印、周印星詒、翁斌孫印。

〔一〕此條天頭有「己丑售去」四字。

知非堂集　略有虫蝕處　三册

元何太虛撰。

南朝史精語　抄本　二册

鄱陽洪邁撰。

藏印：開基私印、史印體仁、寶雞閣藏書。

題記：辛亥十一月杪，以十金收于海王村。笏記。翁斌孫印

北遷録　舊抄　一册

《南燼紀聞》《竊憤録》《竊憤續録》《阿計替傳》〔一〕。

（先公書簽。熹誌。）

〔一〕此四書書名原作小注，注於「舊抄」二字下，今移正。

山谷書簡　抄本　先文勤公批本　一册

黄庭堅撰。

題記：庚申十月八日被酒後點讀一過。同書。

是夜飲酒不滿三蕉葉，徑醉矣。幕中士愳余之醉也，招之飲輒辭，予于是斷酒。十七日又記。

幕中士能飲者饒雲舫刺史家琦也，然予不招雲舫飲。所招者桂履真中行、賀又邨緒藩，皆小户也。天下惟能飲者可不與飲，亦惟不能飲者不可不與飲，流俗烏足以知此。㽔齋漫書。

庚申嘉平朔日，閲邸報，知鄧子久前輩放貴州巡撫。子久，予壬辰同年同房，又皆南皿官卷也，後同使嶺南，同官滇黔，今同爲畺吏。其蹤跡之相近若此耶。㽔齋又識。

臘八日後得大雪，時以紳練不和，同室操戈，殊悶人也。

山谷題跋　抄本　先文勤公批點本　二册

黄庭堅撰。

題記〔一〕：魯直平生自負，子瞻而外，無肯低首者。觀其題跋語，筆墨蕭遠，脱去町畦之外，此豈世之肉食者所能仿佛其萬一哉？予從軍日久，心緒惡劣，屏書不觀，猶喜此庸峭語湔祓塵俗，命童子抄之，因讀一過。庚申夏五之廿五日雨窗記。同書。（以上硃筆。）

〔一〕此處天頭有眉批：「第一册後題：庚申十月九日遣張學雲、戴成龍兩弁齎折入都，附家書，是日閲此。」

山谷尺牘　抄本　先文勤公批點　二册

黃庭堅撰。

題記〔一〕：咸豐十年十月八日點畢，是日拜表賀長至令節。

十二月三日，炳燭擁爐讀一過。

蘇黃尺牘雖艸艸數語，無不耐人尋味。此由天資學力俱勝，不可强也。往時喜倦圃曹先生尺牘，只是近人語耳。祖庚漫識。

〔一〕此處天頭有眉批：「第一册後題『庚申嘉平朔日閲邸報，知鄧子久前輩放貴州巡撫。子久，予壬辰同年同房，又皆南皿官卷也。後同使嶺南，同官滇黔，今同爲疆吏，其蹤迹之相近若此。龢齋又識。臘八日復得大雪，時以神練不和，同室操戈，殊悶人也。』（山谷書簡）上題重複寫此。」又有小字批語：「第一册尾題字：霜紅龕真山妙墨。霜紅龕者，太原傅山先生所居室也。先生書脱盡世俗氣，嘗見所書謝安、王羲之二傳，風神散朗，爲光山胡仁頤所藏。」

唐詩類選　抄本　四册

河東何東序類輯。

藏印：子孫保之、和靖家風、翁斌孫印。

説學齋稿〔一〕　抄本　二册

危素太樸著。

藏印：翁同書字祖庚、借一瓻館。

題記：此《説學齋稿》乃危太樸自書，震川先生録諸吴純甫氏，然已軼其半，僅有賦、頌、贊、記、序一百三十五首，其餘碑誌、書傳之屬無有也。憶道光丁未在都中見明人舊抄全帙，名流題識甚多，末有金星軺跋。予直十千，不售。翌日訪之，則爲他人所得矣。今見此震川所録殘本於廣陵，卷端有印文曰：「朱十彝尊錫鬯」。知爲曝書亭臧本〔二〕，亟抄而收之，行篋案中祕所儲，亦即此本。蓋雖不獲窺全豹〔三〕，究出於太樸所自定，較勝其後人所編十四弓本耳。而京師所見金星軺本益往求予懷矣。咸豐七年立秋日。常熟翁同書跋。

〔一〕此條天頭有紅圈、「辛」字印。

〔二〕「曝」，原作「暴」，今正。

〔三〕「雖」，原作「雅」，今正。

墨志　抄本　先公書簽　一册

麻三衡孟璿纂。

三藩紀事本末〔一〕　抄本　先公書簽　一册

楊采南撰。（楊陸榮。）

題記：癸丑八月二日展讀一過，不知涕淚之何從也。冰楞居士記。

〔一〕此條天頭有藍圈。

然脂百一編　寫本　一册

傅以禮輯。（茚子。）

三家宫詞　抄本　一册

鶴樵輯。

藏印：一笏齋。

湖山類稿〔一〕　先兄壙庵抄　先公書簽　一册

藏印：翁之潤藏、澤之祕笈。

〔一〕此條天頭有「辛」字印。

錢牧齋先生年譜 抄本 一册

藏印：冰楞、一笏齋、翁印斌孫。

奉天靖難記 明抄殘葉 一册

首頁有姚鼒題記。

沈文起蘇詩補注〔一〕 未刻稿本 三册

藏印：徐渭仁印、紫珊、翁斌孫印。

題記：此沈文起《蘇詩注補正》手稿三弓，世無刊本，舊藏上海郁泰豐宜稼軒。今春得諸，以藏十印齋，因誌歲月云。光緒庚辰秋八月，蔣鳳藻香生氏識於滬上。

客冬香生太守以是册見示，零纖碎楮，理董一過，稍可讀矣。尚有數處漫闕，當檢所引書補之。歸後屬陸康伯録副本。辛巳陬月十八日。此校訖時在吴淞舟中。皷卿王頌蔚〔二〕。

〔一〕此條天頭有紅圈。

〔二〕「頌蔚」，原作「頃厨」，今正。

開天主教禁紀略〔一〕　抄本　一册

先文恭公書簽。

〔一〕此條天頭有藍圈。

翰林要訣〔一〕　舊抄本　一册

〔一〕此條天頭有「辛」字印。

乾隆聖訓　一册

周櫟園賴古堂尺牘新抄目録〔一〕　一册

先文恭公書簽。

〔一〕此條天頭有緑圈。

康熙十八年鴻博姓氏録　舊抄本　一册

先公書簽。

仲將一點　舊抄　一册

先文勤公書簽。

香光題跋　一册

先文恭公手寫。

過眼録 先文恭公手寫　二册

識小録 咸豐十一年七月至同治十三年十二月　五册

先文恭公手寫本。

文恭公所見舊書字畫記 二册

先公手寫本。

皇朝編年備要〔一〕 精抄本　二十册

宋壺山陳均撰。

藏印：鞠園、温陵張氏藏書。

〔一〕此條天頭有「庚」字印。

學海類編目録〔一〕 一册

先公與先叔又申公手抄。

〔一〕此條天頭有藍圈。

三家村老委談 抄本 一册

徐復祚陽初父纂。

藏印：簪花閣、翁斌孫印。

又〔一〕：卷首有先公書《徐復祚傳》一頁，卷尾《陳丞公傳》五頁。

題記：予既命童子抄《委談》畢，偶閲建溪魏濬《西事珥》，得此兩條，以其足相印證，因手録之。

辛丑六月朔日，笏齋記。

〔一〕「又」，原頂格，獨佔一行，今正。

貍膏集 抄本 一册

山舟居士撰。

藏印：墨樵、陳鎔心賞。

古杭夢遊録 抄本 一册

藏印：秦漢十印齋、一笏齋。

宋灌圃耐得翁著。

慶湖集 抄本 壹册

曹六圃選。先公書簽。

東觀集〔二〕 同上 一册

先公書簽。

〔一〕此條天頭有「辛」字印。

洛陽伽藍記校録　一册

今水經〔一〕　精抄　一册

先文勤公校注，先文恭公題簽。

〔一〕此條天頭有「丁」字印。

雞肋集〔一〕　精抄本〔二〕　四函　共卅二册

濟北晁無咎撰。

〔一〕此條天頭有「丙」字印，並有批語：「己丑九月售于姚氏」。

〔二〕此處有朱筆批「似明抄」三字。

隸續〔二〕　先文勤公書簽　一本

藏印：松禪居士、聲父、翁同書字祖庚、虞山翁同龢印、竹垞、秀水朱氏潛采堂圖書、雪邨鑒藏。

題記：此本與吴繡谷焯手校《隸釋》俱得之廣陵市中，皆名流插架之珎，而延津劍合，尤愜所願。願後之人勿易視之。咸豐丁巳五月十一日，常熟翁同書識於揚州蔣王廟軍營。

昔桂未谷因竹垞跋《寶刻叢編》，言「卷中《隸續》諸條，予嘗取以補原書廿一卷之闕」，遂疑此非《隸續》原文，乃朱氏取陳書補綴者。覃溪先生駁之，謂如果朱氏已補，豈有前第四弓韓勑、孔林别碑俱未補入諸跋，而專補後弓者乎？且劉子山碑闕其後半，宗俱碑陰闕其前半，自是原寫本如此，非出朱氏所補也。今觀此本，竹垞手跡從毛氏汲古閣舊抄傳録，矜慎之至，豈稍有補綴者耶。讀者多疑亦是一弊。

光緒庚辰十一月十七日，翁同龢記。

《隸續》二十一卷，藏書家止存七弓而已。予客吴閶購得琹川毛氏舊抄本，雖殘闕居多而猶存其彷佛，因亟録之。正如零圭斷璧，亦可寶也。康熙癸未秋九月，小長蘆金風亭長書于慧慶僧舍，時年七十有五。金風亭長 朱彝尊

〔一〕此條天頭有藍圈。

隸釋〔二〕 十册

藏印：虞山翁同龢印、松禪居士、同書、寶瓠齋、瓶華主人。

題記：偶得舊抄《隸釋》，缺五弓。更數年從家石倉插架見萬曆朝揚州刊本，遂得補録成完書。其間字畫鉤矩，刊本亦無精繕法，故未經改正也。隸書世人傳習者少，又各有宗派，磔如鄭谷口議之者衆矣，況其他乎。

雍正甲辰清和十又一日燈下書，吴焯。繡谷

黄蕘圃所臧崑山葉氏舊抄殘本及貞節堂袁氏抄本、周香巖家隆慶四年錢氏抄本皆十

行廿字，與此本同出一原，其遇宋諱缺畫亦同。錢唐汪氏刻本則九行二十字。同書記。

予既得此本，暇日以黄蕘翁《隸釋刊誤》對勘一過。黄所校者，汪氏刻本；其所據者，崑山葉氏抄本、貞節居袁氏抄本、周香巖錫瓚所臧隆慶四年錢氏抄本也。其所取證者，婁機《字源》也。予悉取其校語箸于上方，間亦附管見云。竹醉日又記。

〔一〕此條天頭有藍圈。

惠民漢事會最寫本〔一〕　周星詒書簽有題記　廿四册

東吴惠棟撰。

藏印：秦漢十印齋印、温陵張氏臧書。

〔一〕此條天頭有藍圈。

常熟翁氏藏書記四

善詩文畫徵名人記 二册

題記：此編所記，自國初至乾隆中年止。

「此皆國朝畫人，頗資攷證。著書者名庚，自稱白苧村桑者，未詳其人。」

張庚原名燾，自稱白苧桑者，秀水人。乾隆丙辰舉鴻博。著《畫徵録續》，即此書也。

（以上先文恭公筆。）

小倉山房尺牘 二册

紅樓夢圖詠 克齋抄 一册

雲煙過眼録〔一〕 二册

周密公撰。

藏印：秦漢十印齋印、翁斌孫印。

題記：右《雲煙過眼録》二弓、《續録》一弓，二册全。丙寅十月廿一日，以白金十兩購之福州帶經堂陳氏。季貺星詒記于福州楊橋巷寓齋。

前以都元敬《鐵綱珊瑚》校一過，六月一日補記，下一弓同。乙未十一月十一日，依靈時講本改正。（硃筆。）

〔一〕此條天頭有紅圈。

唐風集〔一〕 二册

杜荀鶴撰。

藏印：秦漢十印齋印、帶經堂陳氏臧書印、葉氏菉竹堂臧書、茅堂書□、水邨□福□祕箋、翁斌孫印。

〔一〕此條天頭有紅圈。

藥房樵唱〔一〕 一册

吴景奎著。

藏印：嘉蔭簃藏書印、謙牧堂藏書記、朱印彝尊、秀水朱氏□采堂圖書〔二〕。

〔一〕此條天頭有緑圈、「辛」字印。

〔二〕底本如此，缺字當是「潛」字。

濟美集 一册

元李士瞻撰。

藏印：嘉蔭堂臧書印、笥河府君遺藏書記。

徂徠文集〔一〕　二册

石介守道撰。

〔一〕此條天頭有「辛」字印。

吾吾類稿〔一〕　二册

吴皋舜舉撰。

藏印：東武鎦氏味經書屋臧書印、愛日精廬臧書〔二〕、劉、燕庭藏書、張印月霄、味經書屋。

〔一〕此條天頭有「辛」字印。

〔二〕「日」，原作「鳳」，今正。

唐秘書省正字先輩徐公釣磯文集〔一〕　一册

唐徐寅撰。

藏印：東武劉喜海燕庭所臧、燕庭臧書。

〔一〕此條天頭有「辛」字印。

馮緡雲文集〔一〕　一册

宋馮緡雲撰。

藏印：南昌彭氏、知聖道齋臧書、遇讀者善。

〔一〕此條天頭有「辛」字印。

雪山集〔一〕　石研齋精抄李南澗本　先文勤公題簽　四册

宋王質撰。

藏印：祖庚在軍中所讀書、秦伯敦印、臣恩復、石研齋秦氏印、翁同書字祖庚、同書、寶瓠齋。

題記：《四庫》所輯《雪山集》十六卷，今得舊抄本，合古文詩詞僅十二弓，又缺第二弓，有李南澗收藏印記，中缺青祠一類，與《四庫》刊本合，而天申、會慶諸疏及修造榜文又悉載無遺，不知據何本抄出者。予爲別録一通，並增補目録，庶令閲者了然。南澗本改正錯誤處不少，尚有不能盡改者。世間或有四十弓全集，此則嘗鼎之一臠耳。嘉慶戊辰驚蟄後一日，秦伯敦父題後。

〔一〕此條天頭有紅圈、「辛」字印。

麟溪集〔一〕 二册

鄭太和輯。

〔一〕此條天頭有紅圈、「辛」字印。

石初集〔一〕　一册

元周霆震撰。

藏印：長白敷槎氏堇齋昌齡圖書印、嘉蔭簃臧書印、棟庭曹氏藏書。

〔一〕此條天頭有紅圈、「辛」字印。

白蓮集〔一〕（此集，汲古閣毛氏曾刊入《唐三高僧集》 喜海）　一册

後唐釋齊己撰。

藏印：嘉蔭簃、劉印喜海、燕庭藏書、文正曾孫文清從孫文恭冢子、笥河府君遺藏書畫、嘉蔭簃臧書印。

〔一〕此條天頭有「辛」字印。

貢禮部玩齋集〔一〕　三册

元貢泰甫撰。

藏印：吴慶長印、延陵慶長、蓮邨居士。

〔一〕此條天頭有「辛」字印。

圭齋文集　三册

元歐陽元撰。先文勤公題簽，弓首有先文勤公手録《四庫全書總目提要》關于《圭齋集》一則。

丁鶴年集〔一〕　一册

藏印：翁心存字二銘號遂庵。

題記：《四庫》所收《丁鶴年集》及通行本皆一卷，予近得半繭園葉氏舊抄本，亦祇《海巢集》一卷。此册爲士禮居所藏，元刻六卷足本，洵人間罕覯之書也。族叔雨松先生録置篋中。先生場後手抄各種皆化爲雲煙。今者鄉國淪胥，恐郡中舊家所藏圖籍皆付之浩劫矣，可勝感痛。咸豐庚申臘八日，翁心存識。

家雨松叔名岳封，家貧，授徒自給，兼爲人傭書，焠掌厲勤，昕夕不懈，每見祕笈，輒録藏之。惜其皆作掌大小本，以便取携，盡失元書之舊耳。此册偶存予行笈中，時一展閲，彌深梁木之感。

卷末有雨松公跋尾一頁。（時道光六年。）

〔一〕此條天頭有藍圈、「丙」字印。

觀象玩占　應重裝　有虫蝕及缺頁　六册

劉基撰。

藏印：臣劉永松、曾經劉筠川讀。

題記：此陳恭甫太史家藏舊抄本也。光緒乙酉夏五月，林香叔孝廉以是書並《播芳大全》來售，爰出臺番三十七元得之，蓋兩書皆精抄本耳。時予奉委東沖局務，匆匆起身，倚裝記此。長洲蔣鳳藻書。

道園續稿〔一〕　一册

雍虞集伯生撰。

藏印：嘉蔭簃臧書印。

〔一〕此條天頭有「辛」字印。

楊誠齋集〔一〕　殘本　先文恭公題簽　汲古閣抄　四册

楊萬里撰。

藏印：季印振宜、滄葦、常熟翁同龢臧本、均齋祕笈、翁同龢校定經籍之記。

題記：予年十四應童子試于崑山，時試院在崑山，學使者三歲必兩莅焉，百貨雲集，屋者棚者謂之節街。予與兄子紱卿携百錢躑躅破書堆中得此殘本，歸寓以詫同試者，今忽忽六十年矣。紱卿早殁，予老病頹唐，近又遭菉卿姪之戚，秋夜獨坐，涕泗交集。壬寅重九燈下，松禪老人記。

〔一〕此條天頭有紅圈。

張光弼詩〔一〕　一册

元張光弼撰。

藏印：續古艸廬、南昌彭氏、知聖道齋臧書、遇讀者善〔二〕、金星軺臧書記、小毛公、毛晉私印、一字子九。

題記：卷末有趙清常跋一頁。

〔一〕此條天頭有緑圈、「辛」字印。

〔二〕「遇」，原作「偶」，今正。

徐常侍集〔一〕　四册

宋徐鉉撰。

藏印：嘉蔭簃臧書印、西圃蔣氏手校抄本、笥河府君遺臧書畫、張世進軼本氏臧書。

〔一〕此條天頭有紅圈、「辛」字印。

珊瑚木難〔一〕　書鈔閣臧書　八册

明朱性父撰。

藏印：璜川吴氏收藏圖書、翁斌孫印。

題記：朱先生《鐵網珊瑚》世有刻本，獨此則寫本僅傳耳。手稿聞在吴中寇難後不知存亡矣。兩書所録，十同七八，曾以刻本對勘數篇，往往此詳彼略，所以分合之例莫窺也。先生贈袁氏詩在《静春雙卷》中，藏予處三十年，今屬之湖州陸氏儀顧堂。閲此每憶及輒惋惜云。

戊辰六月將赴邵武，購之陳氏，爲價一金。鈔本甚舊，書法端好，中有朱校亦精核，不妄改，不知出何人手，爲憾耳。星詒誌。

戊辰正月廿七日將自邵武赴福州。撿整書篋，披閱一過，審其書跡，與予所藏《徐騎省集》、《希澹園集》同出一手，校字亦同。二書爲朱先生之赤藏書，此亦當屬先生校本也。先生休甯人，久客江右，精天文術數之學，藏書極富，爲學極博。與彭躬庵、魏叔子諸君交，躬庵集中有爲其母夫人墓志，極推重之。卷首有璜川吴氏一印，蓋自朱氏流轉入吴門耳。周星詒季貺甫又志。

初赴邵武在丁卯，誤書戊辰並記。廿八日閱一過。卷中改字又似枚庵詩老者，或先經古歡堂收企耶。

〔一〕此條天頭有藍圈。

竹懶畫媵　第二弓全　有虫蝕處　一册

李日華撰。

藏印：古歡書屋、趙印輯寧、翁斌孫印。

題記：此趙某泉手寫，知不足齋臧未刻本也，不知何時流轉入閩。乙丙之際，予陸續買素門藏書十數種，皆其父子手跡也。多半秘笈，爲世罕見。是時天子右文，士林好事，風流文采，盛極千古。此風寡寂殆五十載，于此殘編，不禁有東京夢華感矣。巳翁。

《竹嬾畫賸》予家有刻本，前無自序，不分弓數，且未審誰人所刻，較之此本無一字同者，老友鮑菉飲所藏。是本首題曰二卷，必是殘本無疑。抑刻本乃第一弓耶？因命長男之玉録而存之。嘉慶〔一〕癸酉中秋後五日，素門趙輯寧書于古歡書屋之北窗。□趙□□

《畫賸》刻本予舊得之□州常賣家，寫刻甚精，後爲譚仲脩借與丁藍叔，遂爲乾没以去。丙寅□□自建州來福州，購此于帶經堂陳氏，惜不得其本録成完帙也。（朱筆。）

〔一〕「嘉」字，底本原描摹虫蝕痕跡，故空缺，今據文意補。

竹軒雜著 二册

宋林季仲撰。

藏印：秦漢十印齋印、翁斌孫印。

題記：《竹軒雜著》十五弓，《直齋書録》著録，《四庫全書》從《大典》輯出，《提要》作六弓，浙刻本。《簡明》作十弓，坊刻本。卷帙不符。此本轉録文淵閣本，卷數與《提要》合。苦地僻陋，無從得他本對勘。書之全否，疑莫能晰。壬申正月，孫琴觀察書屬抄寄，因爲讎對，繙閲一過，並記如右，以待訊訪。元宵巳公星詒。（硃筆。）

后紀 先公藏印 有虫蝕處 一册

楊繼禮撰。

知聖道齋讀書跋尾〔一〕 一册

先公題：辛亥冬日見此于廠肆正文齋，惜上弓闕如，迺携歸，令童子巴石抄而藏之，冀他日或爲延津之合也。

笏居士志。〔翁斌孫印〕

〔一〕此條天頭有緑圈。

營平二州史事記 一册

顧炎武撰。

藏印：古潭州袁臥雪廬收臧、翁斌孫印。

急就篇 先公書簽 殘損殊甚 四册

史游撰。

欽定四庫全書漁墅類稿〔二〕　四册

宋陳元晋撰。

藏印：翰林院印。

題記：右集假趙靈均處吴岫本，命兒童依樣分手印寫，字極醜惡，原本典型未失也。岫本先有，校字左方，予亦依寫，今細校尚未可爲據。兹復取馮氏曹甲抄本再校一過，又改增若干字，略可讀。曹甲抄本爲吴文定公藏書，傳寫者中多闕文，此本亦有闕處，今兩本互録，並爲補完。余三訂此蓋亦勞矣。古書艱得，善本難求，吾後人其寶之。戊子十月初九日巳刻，林宗記于寶稼軒。

葉氏本爲庚午年所抄，曾屬予净寫一本，諾之而未暇也。□□年林宗不幸，遺書散落，此本留林宗弟石君處，故得存。丙午秋日，因假歸映録，至丁未四月三十日寫完，蓋兼采吴岫、曹甲本長處録之者也。世或有善本，不妨更爲校勘重寫耳。閏四月三日，孫潛夫志。〔孫潛〕

五月十二日又用原抄覆勘。庚申二月初五勘完，驚蟄後一日也。

〔一〕此條天頭有「辛」字印。

黄子年譜　一册

洪思浩士述。

題記：此三山陳氏舊抄《黄先生年譜》一册，予以先賢事寔所關，爰得而臧之，旋見蘭水曾氏重雕龍溪林氏校本，互有增删，假歸屬付朱岳欽兄硃筆録補，復用墨筆抄曾跋、賴譜，附入其中，各存兩本面目云。至先生疏議各一篇，原抄所有而未刻者，意多違礙，故本集所删，陳氏坿録存此。千古忠義之心歟，尤可寶焉。光緒八年五月十五日，蔣鳳藻記。

余舊藏黄梨洲手録先生戊寅召對狀，爲楊嗣昌奪情廷争事，暇日當附録。其中見此公義所在，無一毫私意。奸佞讀之，千載後猶有寒心也。乃亡國之君卒不一悟。吁，可歎也夫！林氏校本攷先生萬曆十三年乙酉歲二月己卯九日庚戌係丑時云，復稱諸本或以酉年爲卯者，乃月支之混以年干也。又攷先生諱道周，字幼玄，一字細遵，號石齋。或作字幼平者，皆筆誤耳。敬附志于後，足證《明史》列傳之誤如此。鳳藻讀畢又記於三山寓次。

魚睆集〔一〕　虫蝕多處　二册

吴焯撰。

上本卅頁。下本卅四頁。

〔一〕此條天頭有紅圈。

洛陽九老祖龍學文集〔一〕　一册

祖無擇撰。

藏印：嘉蔭簃藏書印、喜海、吉父、大興朱氏竹君藏書印。

〔一〕此條天頭有「辛」字印。

青谿漫稿〔一〕 四册

明倪岳撰。

藏印：吴興姚氏、東卿過眼、姚氏臧書。

〔一〕此條天頭有紅圈、「辛」字印。

常談 一册

宋吴箕撰。有先公印章。

杜工部詩年譜 一册

魯訔撰。

芻言　三卷　一册

宋崔敦禮撰。

友林乙稾[一]　凡百七十首　一册

史弥宁撰。

藏印：陸焦畇臧閲書。

〔一〕此條天頭有紅圈、「辛」字印。

可傳集[一]　一册

袁華撰。

藏印：大興朱氏竹君藏書之印。

〔一〕此條天頭有藍圈、「辛」字印。

宋學士徐文惠公存稿〔一〕 一册

徐矩山撰。

藏印：南昌彭氏、知聖道齋藏書、遇讀者善〔二〕。

〔一〕此條天頭有「辛」字印。

〔二〕「遇」，原作「偶」，今正。

則堂集〔一〕 六弓 一册

宋家鉉翁撰。

劉燕庭抄校本並題書耑。

文瀾閣《四庫》本從《永樂大典》録出。道光戊申重九日，燕庭志于浙藩公署蓬巒軒。

〔一〕此條天頭有「辛」字印。

草莽私乘〔一〕　有虫蝕處　一册

陶宗儀輯。

藏印：翁斌孫印。

〔一〕此條天頭有紅圈。

南部新書　有先公臧印　二册

錢後人希白。

説郛〔一〕　會稽鈕氏世學樓舊抄本　一百卷　七十册〔二〕

陶宗儀纂。

藏印：稽瑞樓。

〔一〕此條天頭有「丙」字印，並有批語：「己丑售去」。

〔二〕底本于「七十册」三字旁批：「共十夾，每夾七本。」

草堂雅集〔一〕　八册

顧瑛類編。

藏印：雙清館、查瑩、燕庭臧書、暎山之印、竹南臧書、顧崧之印、維岳、聽雨樓查氏有圻珎賞圖書、喜海、吉父、枝安堂圖書印、物鮮意誠、文正曾孫、劉印喜海、燕庭。

題記：寫本書恨多脱誤，此獨少難通語，且「樂」字不從俗作「互」，知其從善本出也。紙墨亦極古，當是勝國士夫家傳録，得者珍之。丁卯四月望日，書抄閣記。季貺（硃筆。）

所載多與孫氏《北夢瑣言》相出入，可取以互勘也。季貺又記（硃筆。）

辛巳八月初五日以校張氏刻本，此多勝處，補正張刻不少，此有誤者亦據彼本正之。巳翁星詒記。（墨筆。）

〔一〕此條天頭有藍圈、「辛」字印。

儀禮疏〔一〕 士禮居影宋刊寫本 十四册 不全

藏印：秦漢十印齋印、翁斌孫印、黄丕烈印、復翁。

〔一〕此條天頭有批語「己丑售去」四字。

書訣〔一〕 先文恭公書簽 一册

明豐坊撰。

藏印：翰林院印、古潭州袁卧雪廬收藏。

題記：近人何蝯叟論書，推倒一世，獨于豐氏，斥其經説而偉其書律，可謂知言。瓶居士。

豐坊議大禮爲時詬病，詹氏小辨，稱其人軼出法紀，而於八法最精。《四庫》著録此書，謂工於執筆，不虚也。列詆時人，未免太過，然所采極博，頗多異聞。叔平記。

乙酉正月購於廠肆。袁漱六之子以書易官，傾篋無餘也。

〔一〕此條天頭有緑圈、「丙」字印。

國初事蹟〔一〕　明抄本　一册

劉辰撰。

〔一〕此條天頭有紅圈、「丙」字印。

唐史論斷〔一〕　明善堂抄本　先文恭公書簽　略有虫蝕處　一册

宋孫甫撰。

藏印：明善堂覽書畫印記。

〔一〕此條天頭有「丙」字印。

喻鳧詩集　一册

題記：右《喻鳧集》共詩三十三首，計七葉。借帶經堂陳氏舊刻本，命門僕影寫。丙寅九月望夕。星詒。

唐秦隱君詩集 一册

題記：右秦噿君系詩共八葉，借福州陳氏帶經堂臧毛斧季手校本，命門僕影抄，而自臨校識圈點，一如其舊。丙寅九月望夕，星詒記。

原本呂序首頁有「璜川吴氏收臧圖書」朱文方印，蓋蘇州吴企晋家藏書也。並記。

林外野言〔一〕 一册

郭翼羲仲撰。

藏印：燕庭藏書。

〔一〕此條天頭有「辛」字印。

揭文安公詩抄〔一〕 二册

揭傒斯撰。

藏印：大興朱氏竹君藏書之印、海虞翁氏陔華館圖書印、翁心存字二銘號遂庵。

題記：是集有元刻本，目曰「揭曼碩詩」，分四弓，標門生前進士燮理溥化校録，至元庚辰季春日新堂印行。内府藏影抄本，曾校一過。芸楣記。庚戌夏五。

以王浩本、朱氏本、顧選本、祠堂本校，從其善者。壬戌夏五。

咸豐庚辰冬，得此本于諸城劉氏，朱笥河先生家物也。明年夏，兒子同龢復得南昌彭氏本，行款筆跡與此如出一手。彭本經文勤公手校，尤爲精審，爰命同龢度于此本之上。辛酉立秋前十日，拙叟翁心存志。時年七十有一〔二〕。

〔一〕此條天頭有紅圈、「辛」字印。

〔二〕此下底本有空方框一，疑是印文，惜未知印文内容。

漢蔡中郎集　六册

蔡邕撰。

耕學齋詩集[一]　二册

明袁華撰。

藏印：葉氏菉竹堂藏書。

〔一〕此條天頭有「辛」字印。

鄱陽先生文集[一]　四册

宋彭汝礪撰。

藏印：謙牧堂藏書記、朱彝尊錫鬯父、杲會里朱氏潛采堂藏書、北平謝氏藏書印。

〔一〕此條天頭有「辛」字印。

方壺存稿〔一〕　二册

汪莘叔耕著。

藏印：番湖盛氏區書、曾經劉燕庭讀。

〔一〕此條天頭有「辛」字印。

張右史文集〔一〕　八册

題記：以研石齋秦氏本粗校一過畢。

咸豐辛酉正月廿二日，遂盦。

張文潛集曰《柯山集》者，凡一百弓；曰《張龍學集》者，凡三十弓；曰《張右史集》，凡七十弓。此皆宋時所行之本也。今《四庫》所儲《苑邱集》七十六弓，其卷數又與前數本不合。余駐師邗上，購得《右史集》十五册，末有吾邑趙琦美跋，知此本係琦美攟拾而成，脱落已甚。原闕二十二弓至二十四弓及三十三弓，今又闕第十二册五十弓至五十三弓，案胡應麟《筆叢》言，嘗見《文潛集》于臨安僻巷中，明旦訪之，則夜來鄰火延燒，此書倏煨燼矣，然則此本幸存，詎不當愛護邪？首册有一印曰：「海虞陵秋家藏」，蓋吾邑士人從清常道人家傳録者，適落吾手，亦宿緣也。咸豐七年五月十一日，常熟翁同書識于揚州城南蔣王廟軍營。

〔一〕此條天頭有「丁」字印。

待清軒遺稿〔一〕 附《竹居詩》、《順適堂吟稿》 一册

宋潘音撰。

藏印：大興朱氏竹君藏書之印。

〔一〕此條天頭有「辛」字印。

居竹軒詩集〔一〕 四弓 四册

元成原常撰。

藏印：姚氏藏書、謙牧堂書畫記。

〔一〕此條天頭有「辛」字印。

李氏得月樓書目〔一〕 先公手抄 一册

李鶚翀輯。

〔一〕此條天頭有緑圈。

唐詩五律讀本〔一〕 先文恭公手抄 一册

〔一〕此條天頭有「丙」字印。

藥房樵唱〔一〕 一册

吴景奎文可撰。

〔一〕此條天頭有「辛」字印。

麐臺故事　影宋寫本　一册

程俱撰。

題記：甲戌四月十日孫琴西廉訪自皖寫寄。巳翁星詒在福州志。

襄陽耆舊傳〔一〕　五卷　一册

習彦威撰。

題記：《襄陽耆舊傳》五弖，晉滎陽太守襄陽習鑿齒彦威撰，此見諸《書録解題》者也。後來藏書如絳雲，曾一載于目。世多未見古本。頃晤簡莊，云新得一書刻本，板甚古雅，當是明代刻。携歸見卷上有「晋習鑿齒」一條，並羅列唐五代人物，則此書之僞顯然矣。然猶不知僞自何人。適與友携一彙刻本至，不分卷，無重校字樣，而末有紹熙改元初伏日襄陽守延陵吴琚識語，以爲係右漕司舊有，此板歲久，漫不可讀，于是鋟木□□郡齋，庶幾流以遺跡，來者易考焉〔二〕，則此書殆僞自宋人乎？云重校者，殆襲習書之名而實匪其書尔。古書無傳本可質，聊備覽尔，不可以爲據也。敢以是質諸簡莊，簡莊以余言爲然。丙寅立夏後一日，蕘翁。

此本欠葉，因第十八葉與彙刻本文理不對，未敢以十七葉所欠者照彙刻本補之。倘欲便于卒讀，可取彙刻本補之。然予究以爲不可信，聽之亦無妨也。又識。

〔一〕此條天頭有「甲」字印。

〔二〕「考」，原作「老」，今正。

水心先生别集〔一〕　十六弓　有虫蝕處　十册

龍泉葉適撰。

藏印：蔣香生秦漢十印齋收藏記。

〔一〕此條天頭有藍圈。

慶湖遺老詩集〔一〕　九卷　味經書屋校抄本　二册

賀鑄方回撰。

藏印：喜海、吉父、味經書屋。

題記：右賀方回《慶湖遺老集》。道光癸未仲秋，假葉東卿所臧長白敷槎氏寫本抄出。東武劉喜海印識。

〔一〕此條天頭有「辛」字印。

草澤狂歌〔一〕　五弓　二册

王恭安中撰。

藏印：劉印喜海、曾在鮑以文處、知不足齋鮑以文臧書、嘉蔭簃臧書印、文正曾孫、燕庭、劉印喜海。

〔一〕此條天頭有緑圈、「辛」字印。

春渚紀聞〔一〕　明人寫本　先公書簽　二册

何薳撰。

藏印：士禮居、西畇草堂收藏、仲遵、翁斌孫印。

題記：《春渚紀聞》姚叔祥止半部，先君購得抄本十弓，欣然付梓。後得宋刻尹氏本，命德兒校之。九弓中，抄本脱一葉，家刻仍之，蓋前輩抄書板心、書名、數目俱不寫，往往致有此失。急影寫所缺，並目録八紙，裝入家刻，以存宋本之典型如此。嗟乎，據叔祥跋語，方其得之也。句抹字竄，朱墨狼藉，質釘不啻再三。而先君所得抄本又益其半，就其半而校之，則或益一葉，或益五行，因爲大快矣。而九弓缺文，直至宋刻而始全。只此一書，幾經辛苦，是則凡留心校勘者，其可不廣搜祕笈，精詳考訂哉！惜其板歸叔兄，今質他所，不得即爲補刊，與天下好事者共之，爲深惜耳。汲古後人毛扆。

此毛斧季得宋本以校其家刻者。友人張興宗得其書時，案每本子祇以素紙逐條書之。余假歸二載，未經校改。丙午二月廿三日，取予所藏舊抄，對度一過，並補九弓缺葉一張。余本與宋本同者尚多，所改不及其半，尚屬善本也。雨窗吴翌鳳燈下誌。（以上朱筆。）

毛斧季手校本在虚白堂楊氏，予曾借校並補脱葉及目録。今夏復收得此，目録仍闕如，遂手補之。至所校與毛校有異與否，尚容續勘也。甲子冬日，蕘翁記。蕘翁

鳳

枚庵先生收藏多祕本，往往手自抄校，雖天寒暑無間也。數年前先生歸之楚，以所藏書盡寄于姻家馬氏。不意馬氏子以先生書皆作酒資，故散落於坊間。余得其所藏書亦數十種矣。此書歸於黄蕘翁，蕘翁今冬以此書又歸于予。爰從楊遠思假毛斧季本重爲校勘，始知此本之佳，又經蕘翁以宋本攷訂，當勝于毛本矣。敬謹寶藏，乃識其源于卷末。

嘉慶甲戌腊月十又六日，仲遵跋。壿印

「盧文弨題一段。」

右跋見《抱經堂集》中。先生刻《群書拾補》，即據此帙枚庵手寫葉也。予既得枚庵校

本，因屬所生抄先生跋，夾置卷中，以識源淵之出云。辛未秋初，季貺記。

〔一〕此條天頭有緑圈。

遼金小史　一册

楊循吉撰。

藏印：秦漢十印齋藏書。

題記：徐補桐方伯照題云，此書世不多見，能得遼三世九十年之事爲一篇，文止八千餘言，其述金者亦僅四倍之，而首尾百餘年事備焉。以帙少，故名「小史」。然所舉皆大綱，非雜綴瑣事者比。讀史者庶知《正統論》之不謬。

右乙酉春二月，嚴子苕門在方伯署所寄贈者，因録原跋藏之，付階兒。是歲夏五曝書，記于詩境之南軒。

千頃堂書目〔一〕　十七册

黄虞稷撰。

題記：《經義攷》多引俞邰言，此本多未載。盧抱經學士云：「《千頃堂書目》注語多爲坊賈删節，不全。」此即其本也，當訪求足本補正之。季貺志。

〔一〕此條天頭有緑圈。

千頃堂書目〔一〕　味經書屋抄本　九册

藏印：嘉蔭簃臧書印、劉印喜海、燕庭、文正曾孫、東武劉氏味經書屋藏書印、御賜清愛堂、喜海。

〔一〕此條天頭有緑圈、「戊」字印。

又〔一〕　另一抄本（見後）　十七册

〔一〕此處天頭有緑圈。

史纂通要後集〔一〕　二册

董鼎季亨撰。（元人。）

題記：鄱昜董鼎季亨括宋金兩朝事蹟，繫以論斷，纂成三弓，以續胡一桂之書，名曰《後集》。見錢曉徵《元史藝文志》，《愛日精廬書目》亦有之。

丁巳初秋，翁同書志于軍中。

〔一〕此條天頭有「乙」字印。

姓氏遥華韵〔一〕　四夾　十六册

洪景脩撰。

題記：張金吾《愛日精廬藏書志》曰：「是書以姓繫均，共一千一百八十九姓。忠臣、孝子、義夫、烈婦，相業、將略、家法、官箴，有益民彝世教者，必加詳録。其名賢詩文及風流逸事可資談助者，亦間及焉。戊集王姓末附載董更生《王烈女傳》一篇，備録全文，與全書體例不符。是蓋褒揚忠烈，使後世知宋社淪亡，抗節捐生者，自文文山、謝疊山諸人外，宮禁中尚有一烈女其人也。而賣國降臣如傳中所列張晏然、陳奕、范文虎輩讀之，亦可稍愧矣。是殆洪君微意所在，故特表出之。洪君自題臨川布衣，意者入元不仕，以勝國遺民終歟。其所引《元和姓纂》多有出今本外者，是亦足資參攷也。《文淵閣書目》著録。按《愛日精廬藏本》係從天一閣舊抄景寫，此本出秦敦夫家，意亦從天一閣傳抄者歟？案頭祕笈當以此爲冠。咸豐七年，歲在彊梧大荒駱竊月，常熟翁同書識於邗上。

翁同書字祖庚

〔一〕此條天頭有藍圈、「甲」字印。

永樂大典〔一〕　十四册

藏印：桐城姚伯印氏臧書記。

〔一〕此條天頭有緑圈、「庚」字印。

皇朝編年〔一〕　十六册

壺山陳均撰。

藏印：石菴、劉墉之印。

〔一〕此條天頭有藍圈、「庚」字印。

大唐開元占經〔一〕　應重裝　先君檢過　十四本，不全

瞿曇悉達等撰進。

〔一〕此條天頭有藍圈。

樽前集〔一〕　一册

藏印：秦漢十印齋印、黄印丕烈、復翁、季貺、翁斌孫印。

〔一〕此條天頭有緑圈。

白雲許先生文集　三册

元許謙益之撰。

藏印：帶經堂陳氏臧書印。

應重裝，有缺頁。弓一：五十九頁；弓二、三：四十八頁；弓四：廿九頁〔一〕。

〔一〕本行原小注于題下，今移正。

玉山草堂名勝集〔一〕　二十六卷　校閱本　五册

顧仲瑛輯。

藏印：秦漢十印齋印、古香樓、休寧汪季青家臧書籍、翁斌孫印。

〔一〕此條天頭有紅圈。

劉涓子遺方〔一〕　先文勤公題簽　一册

龔慶宣撰。

藏印：長生安樂翁同書印、祖庚在軍中所讀書、文端文勤兩世手澤同龢敬守。

題記：此書本名《劉涓子鬼遺方》，見錢遵王《讀書敏求記》，云：「是書極奇祕，收藏家罕見之。予别有《劉涓子治癰疽神仙遺論》一弓，與此同是宋鈔，皆宜録副本備之。」今此本第四卷乃有《九江黄父癰疽論》，豈合爲一書耶？予所得乃從天一閣傳寫者，惜無别本互勘之。古方日遠日少，以是爲帳中祕可矣。咸豐戊午二月，翁同書識于江浦軍中。

〔一〕此條天頭有紅圈、「丙」字印。

圖解素問要旨論〔二〕　一册

劉守真撰。

藏印：同書、祖庚在軍中所讀書、長生安樂翁同書印。

〔二〕此條天頭有紅圈、「丙」字印。

別號録　應重釘　四册

葛萬里輯。

野谷詩稿〔一〕　二册

趙汝鐩明翁撰。

藏印：謙牧堂藏書記。

〔一〕此條天頭有「辛」字印。

何潛齋先生文集〔二〕　四弓　二册

〔二〕此條天頭有「辛」字印。

金奩集　應抄補重釘　一册

温飛卿廷筠。

題記：寶瓠齋主人。不全。

猗覺寮雜記　先公補抄目録　一册

朱翌新仲撰。

藏印：翁斌孫印。

東觀奏記〔一〕　共三十四頁，首尾兩頁補口稍修　一册

裴庭裕撰。

〔一〕此條天頭有紅圈。

學古編　一册

元吾丘衍子行述。

藏印：季貺、星詒印信、翁斌孫印、冕嘉〔一〕、祥符周氏瑞瓜堂圖書。

〔一〕「冕」，疑當作「曼」。

武林舊事逸　二弓　一册

四水潛夫輯。

藏印：秦漢十印齋印、翁斌孫印。

河南穆公集〔一〕 四弓 張芙川、曾吟軒同抄 一册

穆修伯長撰。

藏印：蓉鏡私印、琹川張氏小瑯嬛仙館藏書、斌孫印信、芙川、蓉鏡珎藏、臣印斌孫、穀齋觀。

〔一〕此條天頭有「辛」字印。

白石道人歌曲〔一〕 六弓 一册

藏印：秦漢十印齋印、項伯子印、項易庵、石菴、劉墉之印。

題記：書之顯晦不時，有前人所未見而今人轉易得之者。此《白石詞》亦其一也。國初朱竹垞先生竟未及見，當日此本項氏抄之，宜如何珎重矣。聞汪閬原曾得舊刊本，照目録全。今藏吴平齋處，我甥曾見之，詞旁尚有圈仄，想爲音節起見云。

此檇李項易庵舊抄也，項氏手藏甲于江浙，不少祕本，此蓋易安手録，尤足珎重云。

小除夕，香生蔣鳳藻志。□

宋詞最著者姜夔、周密、張炎。汲古閣毛氏曾編刻《宋六十名家詞》，《白石詞》已刻入。此係名鈔據善本校勘者，卷目後有項易安圖記，故疑爲手抄。從其字跡甚似耳。至卷後有俾它人抄録，故多誤字云云。蓋後十一年之跋，即至正十年之後十一年也，當據陶氏舊本附録，非易安自謂云。

香生又識於滬上寓齋。

〔一〕此條天頭有紅圈。

静軒文抄〔一〕 一册

汪舜民撰。

藏印：笥河府君遺臧書記、碧巢、汪森私印。

〔一〕此條天頭有紅圈、「辛」字印。

檜亭詩稿〔一〕　九弓　有虫蝕處　一册

丁復仲容撰。

藏印：嘉蔭簃藏書印、謙牧堂臧書記、朱印彝尊、秀水朱氏潛采堂圖記。

〔一〕此條天頭有紅圈、「辛」字印。

甫里先生集〔一〕一册

陸龜蒙撰。

藏印：大興朱氏竹君藏書印、朱印錫庚。

〔一〕此條天頭有「辛」字印。

綱山集〔一〕　八弓　先文恭公題簽　一册

林亦之月魚撰。

藏印：大興朱氏竹君藏書之印。

〔一〕此條天頭有紅圈、「辛」字印。

東觀集〔一〕 一册

魏野仲先撰。

藏印：嘉蔭簃藏書印、笴河府君遺臧書記、大興朱氏竹君藏書之印。

題記：道光乙酉初冬，漢昜葉志詵借讀一過。東卿

〔一〕此條天頭有「辛」字印。

天禄琳琅書目〔一〕 十册

《書目》五册，《後編》五册。

藏印：御賜清愛堂、東武鎦氏味經書屋臧書記。

〔一〕此條天頭有緑圈、「戊」字印。

鼓枻稿〔一〕 一册

元虞堪撰。

藏印：姚氏藏書、姚晏。

題記：虞堪字克用，一字勝伯，宋丞相雍公八世孫，家長洲。洪武中爲雲南府學教授。方勝伯避兵笠澤時，吴興施縉爲刱義塾，延以爲師。趙群、蘇大年、會稽姜漸爲紀其事，又力購雍公遺文刊行。一時名士若遂昌鄭元祐、吴群、沈右、吕楨、王謙、周砥、鄒奕，豐城余詮、魏文彝，會稽韓友直、陶澤，高平范成、張緯、王廓，臨邛魏奎，河東王瑕，薊丘聶鏞，大樑申屠衡，蜀王立中、黄夔，咸賦詩美之。今雍公集終無傳，惜矣。集中《題松雪畫》一絶，特工。

己亥孟春，閱《静志居詩話》，偶題簡端數語以代小傳。

毛印孝光

〔一〕此條天頭有藍圈、「辛」字印。

菊磵小集　踈寮小集　萬柳溪邊舊話〔一〕　共一册

《菊磵小集》，高菊磵撰。《踈寮小集》，高似孫撰。《萬柳溪邊舊話》，尤玘撰。

〔一〕此條天頭有「辛」字印。

林霽山先生文集〔一〕　一册

宋林景熙撰。

藏印：嘉蔭簃藏書印、休陽汪氏裘杼樓藏書印〔二〕、碧巢祕笈定本、大興朱氏竹君藏書之印。

〔一〕此條天頭有紅圈、「辛」字印。

〔二〕「裘」，底本手寫作「怀」，按此恐是錯識「裘」爲「褱」，遂誤爲「怀」，今正。

雲臺編〔一〕　一册

鄭谷撰。

藏印：南齋、半查、臣璐私印、扶風、南昌彭氏、知聖道齋臧書、遇讀者善。

〔一〕此條天頭有紅圈、「辛」字印。

帝系考〔一〕　二册

〔一〕此條天頭有「丙」字印。

列聖欽定書〔一〕　各種進呈書序略　史部各種紀載略　先文恭公書簽　四册

〔一〕此條天頭有緑圈、「丙」字印。

稽瑞樓書目〔一〕 精抄 三册

陳揆編。

〔一〕此條天頭有緑圈、「辛」字印。

酒邊隨録 先公題簽 二册

邵盅友撰。

高常侍集〔一〕 二册

高適撰。

〔一〕此條天頭有紅圈。

臺閣集〔一〕　一册

李嘉祐撰。

藏印：士禮居、汪印士鐘、閬原□□、丕烈、蕘夫、金德鑑印、保三、均齋祕笈、虞山翁同龢印、鏡汀書畫記、庚申以後所得、保三鑑臧、翁同龢校定經籍之記。

題簽：唐人集二種。士禮居藏舊抄。瓶生珍祕。

〔一〕此條天頭有紅圈、緑圈。紅圈在緑圈之上。

夏峰先生兼山堂集〔一〕　十四弓　十四册

孫奇逢撰。

〔一〕此條天頭有藍圈、「辛」字印。

影宋鈔玉臺新詠[一]　先文端公手鈔　二册

藏印：遂盦珎臧、陔華吟館、翁心存字二銘號遂庵。

題記：嘉慶辛未，余館于山塘涇李氏，長夏無事，借得陳氏子準表兄藏本，手自影臨，凡三閱月乃畢，頗自詡纖悉逼肖。今忽忽已卅載，子準久歿，稽瑞樓臧書都化爲雲煙，而余亦目力昏眵，隤然老矣，不禁感慨繫之。道光庚子小除夕，遂盦記。

〔一〕此條天頭有「乙」字印。

竇氏聯珠集[一]　景宋鈔　一册

竇常撰。

〔一〕此條天頭有「乙」字印。

劉賓客文集〔一〕　二册

劉禹錫撰。

藏印：南昌彭氏、知聖道齋藏書、毛扆之印、斧季、遇讀者善、白堤錢聽默經眼。

〔一〕此條天頭有紅圈、「辛」字印。

藏春詩集〔一〕　知聖道齋抄本　一本

商挺孟卿類集。

〔一〕此條天頭有「辛」字印。

尚書要義〔一〕　四册

宋魏了翁撰。

題記：此同年生何竹香司馬所贈也。字畫拙劣且譌謬，幾不可讀。震無咎齋中藏書十餘萬弓，多精抄本，何相去天淵若是？蓋其紀綱知爲贈人之物，故覓此最庸下之鈔胥潦艸搪塞耳。噫，官事刓敝，可勝歎哉。辛酉四月拙叟記，時年七十有一。

〔一〕此條天頭有藍圈、「丁」字印。

周易要義〔一〕　四册

題記：道光己酉春正月，予將辭墓出山，同年生何竹薌司馬士祁以《周易要義》、《尚書要義》兩書贈行。攜以入都，行笈中無他書，立秋日始取阮刻《注疏》互勘一過，先校《尚書》，次校《周易》，冬十月十日乃竣。時予方再爲祭酒，三直三天，退食從容，劉覽墳籍，祁淳甫、陳子鶴兩樞密過予澂懷直廬，歎爲清福。迨嘉平月杪，超擢卿貳，旋任劇職，時事日艱，補苴乏術，而予亦衰病龍鍾，廢書不讀久矣，追唯疇昔，良用慨然。

咸豐辛卯夏四月，拙叟翁心存。

〔一〕此條天頭有藍圈、「丁」字印。

范忠貞公難中自序〔一〕 先澤之兄手鈔 一册

〔一〕此條天頭有「丁」字印。

桐江集〔一〕 四册

元方回撰。

藏印：御賜清愛堂、燕庭藏書、劉印喜海、文正曾孫文清從孫文恭冢子、曾經燕庭校勘。

劉燕庭題：嘉慶乙丑閏六月，借維揚石研齋秦氏所藏弘治十四年范文恭手録本校補，凡改正數百字，補缺者數千字，始爲善本。去乾隆庚寅借振綺堂汪氏藏本抄録時忽忽三十六年矣。掩卷爲之憮然。廿八日志。

〔一〕此條天頭有藍圈、「辛」字印。

劉蜕集　先公題簽　二册

明吴衆香輯本。

六十家名賢小集（二）　十二册

藏印：南昌彭氏、知聖道齋藏書、遇讀者善。

題記：陳起芸居于臨安府大街睦親坊設陳解元書鋪，收刻海内詩人小集，雖數什亦名一家，命曰《江湖集》。蓋一時舉場遊客炫名之資，並名公貴人小巷間及北宋所遺皆登梨棗，本無一定家數、卷數，後以「夜月梧桐皇子府，春風楊柳相公橋」之句爲史彌遠羅織，起從遺戍，書亦官燬，而零落之餘彌形珍重。好事者各就所得，掇拾成書，彼此出入不同。近錢唐吴尺鳧彙爲六十四家，盡汰北宋人，定名《南宋群賢小集》，作跋自詡完善。予所藏有二本。此本購自馬氏叢書樓，較吴集少七家（許棐、樂雷發、劉過、林同、姜夔、周文璞、僧紹嵩），多楊甲、陶弼、何耕三家。又一本三十二家，與此本同者二十家，其十二家：北宋魏野、蔣堂、洪炎、高登；南宋王阮、王銓、趙汝鐩、姜夔、周弼、樂雷發、羅公叔、黄希旦。書估云從徐氏傳是樓抄出者。兩本可並存。當更抄吴氏所有七家補之。而四庫館有《兩宋名賢小集》，百五十七家，則更鉅觀。此兩本已有七十家，即全鈔亦未爲大碩，難售也。嘉慶丁巳閏六月廿六日，身雲居士記。

厲樊榭作《宋詩紀事》，于此諸家集外頗有所搜補，多從説部、志書攟摭，其勤可尚，一一抄入，不似《宋詩存》徒從是編乞生活，且選落多未愜也。七月朔日又記。

〔一〕此條天頭有藍圈、「辛」字印。

圭塘欸乃〔一〕 劉氏抄本 一册

藏印：味經書屋、文正曾孫、劉印喜海、嘉蔭簃臧書印。

〔一〕此條天頭有「辛」字印。「欸」，原作「款」，誤，今正。

河東先生集〔一〕 二册

藏印：徐之銘印、太史氏、徐新齋所藏金石書籍記。

〔一〕此條天頭有「辛」字印。

重續千字文〔一〕 精抄本 二大册

葛剛正撰。

藏印：稽瑞樓。

〔一〕此條天頭有「乙」字印。

會典摘記〔一〕 先文恭公手録 一册

〔一〕此條天頭有帶點紅圈、「丙」字印。

陶壺摘抄〔一〕　先文恭公手録　一册

〔一〕此條天頭有「丙」字印。

道光年間歲入歲出册〔一〕　十一册

户部北檔房本。

〔一〕此條天頭有藍圈、「乙」字印。

祖庭廣訓〔一〕　精抄（影元抄本）　四册

孔元措重編。

〔一〕此條天頭有「乙」字印。又題下小注「四册」二字上有「即《孔子實録》」五字。

盤州文集〔一〕　十册

藏印：文端公遺書、臣印心存、遂盦珍臧、翁印同龢。

題記：此近時傳抄本也，譌誤處頗多，朱筆校改亦甚艸略，它日當叚精抄本覆勘一過，乃可讀耳。

道光丁未六月十四日，遂盦記。是日大熱，揮汗如雨。

此書世無刻本，毛氏景宋抄本已歸内府天禄琳琅中，外間莫得見也。今海内流傳者多從四庫書館藁本及閣本傳抄，輾轉譌誤，誠所不免。安得臧書家精校本是正之？丁未八月十一日，遂盦又識。

〔一〕此條天頭有藍圈、「甲」字印。

傳是樓書目〔一〕　味經書屋校抄　十册

徐乾學編。

藏印：劉印喜海、文正曾孫、燕庭臧書。

題記：嘉慶戊寅醉司日，得徐氏《傳是樓書目》四册于都門琉璃廠萬弓堂書林，爲涿郡孫氏問字堂所藏，云是畢秋帆先生貽本。分類頗雜亂。別集自明嘉靖始，以下皆佚，疑非完本。道光丙戌借得北平謝氏珊嶠所藏查氏隱書樓抄本過録，對勘所載，所佚與畢本同，惟查本以焦弱侯《國史經籍志》體例分隸之，無者亦標其目而空一行，亦疑其必非原本也。是年冬日，道出武林，訪汪小米同年于振綺堂，寫得《傳是樓宋元板書目》一册。逾年返都門，又于葉氏東卿平安館藏舊抄本借歸細校。其分類以千字文分格，而宋元板書目同，蓋用明《文淵閣書目》例也。所載多至太半，且別集自漢唐迄國初一無缺佚，其爲徐氏當日原本無疑。急付鈔胥録出，裝成六册，臧之笥中，以爲定本。而以舊臧畢氏、查氏兩本別著録焉，備參攷尔。因思善本書之難購，即一近時人書目尚積十載之久，始得見其真面目，況古書祕本哉！庚寅七夕後七日曝書，偶撿藏書，有傳是樓印六種，撫于簡端，並序予得此書目之顛末于右。東武劉喜海識於味經書屋。□□

文正曾孫　劉印喜海　燕庭

〔一〕此條天頭有緑圈、「戊」字印。

金石録〔一〕 不全 四册

趙明誠德父撰。

先公題云：《金石録》三十弓。此舊抄本，不全，僅有八弓。《讀書敏求記》云：「馮硯祥有不全宋槧本，刻一圖記曰『金石録十弓人家』。」視予之僅得抄本八弓，蓋遠勝矣。斌孫記。

〔一〕此條天頭有紅圈。

征南録〔一〕 明抄 一册

滕甫撰。

藏印：翰林院印、翁斌孫印。

〔一〕此條天頭有緑圈、「甲」字印。題下小注「明抄」二字用緑筆寫。

譜雙〔一〕 一册

〔一〕此條天頭有「甲」字印。

藏書紀要〔一〕 先文端公抄 先文恭公題簽 一册

〔一〕此條天頭有緑圈、「甲」字印。

誠齋詩話 趙某泉手抄 一册

楊萬里撰。

藏印：趙印輯寧、素門、翁斌孫印。

書鈔閣雜鈔〔一〕 一册

周季貺舊藏。卷尾有周氏手跡五行。

〔一〕此條天頭有藍圈、「甲」字印。

疑辨録〔一〕　先文勤公題簽　三本

周洪謨撰。

藏印：吴城、敦復。

〔一〕此條天頭有紅圈、「甲」字印。

洞天清禄集〔一〕　愛吾廬抄本　一册

〔一〕此條天頭有「戊」字印。

敖波圖〔一〕　二册

元陳椿撰。

藏印：燕庭藏書、劉印喜海。

題記：是書四十八圖，圖繫以詩，元刊久佚，世罕傳本。此《四庫》著録者，《提要》載「政書類」中，《簡明目録》無之〔二〕，偶有脱漏也。上元後一日，王江涇舟次，燕庭又志。

書分上下二弓，《提要》作一卷，亦筆誤也。

〔一〕此條天頭有紅圈、「戊」字印。

〔二〕底本「簡明」二字旁批「邦計之屬」四小字。

盡忠録〔一〕　知聖道齋抄　一册

宋陳東少陽撰。

藏印：東武劉氏味經書屋臧書印、北平謝氏藏書印。

題記：予獲見季滄葦所臧正德年初印《盡忠録》，尚無補録二弓，有滄葦手跋。其夫人唐氏乃毘陵孝廉孔明父之女，荆川四世孫也。以是書見貽，朱墨皆荆川筆。細閲書中絶無批評，但有圈抹，不得其讀書之意。既取荆川右編勘之，圈者皆入右編，勾抹者節去，始知即其纂右編時腳本，滄葦之言益信。因以校竟，漫識如右。時嘉慶戊午大暑節，炎歊甚烈，盆中末麗盛作香，揮汗書之。身雲居士。

此本爲彭文勤公所收藏，朱墨紛披，皆公手自校也，然訛誤特甚。予得而讀之，又爲校補十五字，校改二十七字，其不可知而不敢著筆者尚多也。

嘉慶丙子五月十一日，珊嶠記。

謝寶樹印　珊嶠

〔一〕此條天頭有紅圈、「戊」字印。

玉堂雜記〔一〕　一册

宋周必大撰。

藏印：嘉蔭簃藏書印。

〔一〕此條天頭有「戊」字印。

丙丁龜鑑〔一〕　一册

宋三衢柴望輯。

藏印：劉印喜海、東武鎦氏味經書屋藏書印、清愛堂、南昌彭氏、北平謝氏臧書印。

題記：宋以火德王，故有大忌丙午、丁未年之説。徽宗信術士，遂于乙巳偺春。讖緯之學，侈誕之爲，豈所謂遇災而懼哉？卒之靖康元二之變，禍敗已極，南渡不振，至理宗而國勢愈岌岌，草茅之士有怵心焉。故敘列朝之事以爲是書。夫少昊、唐堯皆以甲辰即位，少昊八十四年，堯七十載，皆再遇丙午、丁未，究無減於五帝之亞。不録可法者，而徒録可戒者，反若此爲天運之必然，諉諸無可奈何。是書以爲因時納忠則可矣，非立言之正也。壬辰冬芸楣記。（朱筆。）

此本乃自明陳眉公《寶顔堂祕笈》中録出。道光壬辰春日㝷于北平謝氏，距彭文瑞公跋尾時已花甲一周矣。燕庭記。

〔一〕此條天頭有藍圈、「戊」字印。

胡雲峰先生文集〔一〕　一册

藏印：姚氏臧書、長白敷槎氏堇齋昌齡圖書印、楝亭曹氏臧書、聽雨樓查氏有圻珎賞圖書。

〔一〕此條天頭有「辛」字印。

測圓海鏡〔一〕　元抄本　二册

李治撰。

藏印：丁印授經、丁印傳經、頋鳳翼印、述古堂、牧齋、揚州阮氏琅嬛仙館臧書印、金華宋氏景濂、文登□、蘇、先蔭氏、挺生印、陸印以誠、青山、衎𠫭、文端文勤兩世手澤同龢敬守、仙史、湯蘇之印、若霖。

〔一〕此條天頭有帶點紅圈、「乙」字印。

讀書敏求記〔一〕　許蒿廬先生評閱　四册

錢曾撰。

藏印：松均齋、涉園主人、宗橚之印、一字思嵒、古鹽張氏、秦峰、樂是廬。

〔一〕此條天頭有藍圈。

莊靖先生遺集〔一〕　二册

金李俊民撰。

藏印：劉、燕庭臧書、謙牧堂臧書記、朱彝尊錫鬯父、杲會里朱氏潛采堂臧書。

〔一〕此條天頭有紅圈、「辛」字印。

玉照新志〔一〕　明抄　二册

王明清撰。

藏印：賢印 希聖、劉郎、四麐、書慁、周印星詒、翁斌孫印、墨禪、旉嘉。

題記：數載前偶得吴一袁別駕《陶齋遺書》，不下數十册，内有《玉照新志》後三弓，以其不全，久置齋閣。丙戌秋頤山周見心來，爲設榻留宿，因話及前書，遂獲全本，乃手録足成之。内《廣汴都賦》文多訛舛，至不可讀，聊以存疑耳。是歲腊月朔日，雨窗漫識。西岩山人

《玉照新志》一册，宋寧宗時進士王清明所撰。載徽、欽、高、孝時事甚悉，雖類小史，實足以裨史館。此書前半□□王□□□秦公手録，後爲吴岫藏書，博學之士多罕見之，宜留别本於□，以廣其傳耳。岷自校畢坿記。孫□之印 珉山人 姑蘇吴岫家藏 瑨山人枝聞

辛丑穀日□閲一過。希聲氏記。賢印 希聖 劉郎 子逸

此書元人録本，臧頤氏小讀書堆，予亦曾藏影摹元人録本。是册又從骨董鋪劉家得之，始以爲齋中乙本。今景摹本歸諸他室，是册雖兩半部凑合而成，然經酉巖、方山、珉自諸公手跡所及，居然名書祕笈矣。吾友吴枚庵、張訒葊皆傳録一本，己卯花朝訒菴録畢完

書，因著其原委如此。宋廛一翁。

〔一〕此條天頭有緑圈。又題注「明抄」二字，底本用緑筆寫。

穆參軍集〔一〕　三弓　劉燕庭抄校本　一册

穆修撰。

藏印：劉喜海、燕庭藏書、燕庭、文正曾孫、東武劉氏味經書屋臧書印。

〔一〕此條天頭有「辛」字印。

説學齋稿〔一〕　劉燕庭題簽　二册

危素撰。

藏印：嘉蔭簃臧書印、味經書屋、文正曾孫、劉印喜海、燕庭。

〔一〕此條天頭有紅圈、「辛」字印。

瀔川集〔一〕 八号 二册

吴沉濬仲撰〔二〕。

藏印：新安汪氏、啓淑信印。

〔一〕此條天頭藍圈。

〔二〕「仲」字原脱，今補。

臣軏序 一册

藏印：祕册、秦漢十印齋、簡莊所录、紫微講舍、翁斌孫印、得此書費辛苦後之人其鑒我。

柴氏四隱集 一册

柴望撰。

静春堂詩集[二] 一册

袁易撰。

藏印：陳仲魚家圖書、翁斌孫印、邾主借觀。

題記：《静春遺墨弓》向藏吾郡袁氏，袁之婿徐某歿後，袁之女出篋臧遺物，盡售諸賈人。是弓亦在其中。想袁後無人，故歸犨家。後卒爲吾友海寧陳君所得，甚珎之。予從五硯樓見有《静春堂集》舊抄本，因向簡莊借《静春遺墨卷》核之，多取校正。而簡莊復出此册，屬爲勘對其舊抄之勝于是者。八弓之目尚合，詩則四卷後失之。當年流傳抄寫想因詩不全，故並目去之。失彌甚矣，況金華家先生撰墓銘，本云有《静春堂集》八卷，今傳録者並宣其格，俾後人昧于卷數，豈不大可恨乎。向之著録者未詳及此，故記此以質簡莊。至於詞句之間無甚異同，不及爲之手校云。

庚午四月二十有三日挑鐙聽雨書。復翁。〔蕘翁借讀〕

右《静春堂集》四弓，坿一弓爲陳簡莊徵君寫本。魏稼孫錫曾以予臧有《静春詩翰》雙卷，故爲代購之。海鹽馬氏漢晋齋者也。詩翰爲五硯樓舊物，後歸簡莊，簡莊身後遺書半屬馬氏。雙卷則爲黄蕘圃主事購去，有《四詩紀事》坿録卷中，並屬潘榕皐户部一再跋之。不知何時轉入毛君叔美慶善紅豆樓中。手書所佚吴文定跋語補入，珍惜甚祕不示人。叔美于壬子歲去世，其子不肖，盡以所藏佳書、名畫、舊籍、名抄償夜合博負之資。予因以卅金並《隨園十三女弟子湖樓雅集圖》同購得之。辛酉越州被難，《雅集圖》爲傅莭之司馬借失，雙弓本隨予入閩，得免刦火之焚。予嘗欲仿汲古閣刻《金台集》例，以詩集重付手民，盡鉤諸公墨蹟登板。顧以鮑氏所刻不全爲憾。今讀蕘翁手跋，知五硯樓藏書亦非足本，則恐海内更無全書矣。蕘翁臧書爲福州陳氏購得不少，《帶經堂書目》著録抄本四弓，不知即是跋中所稱舊抄本否？當向借校，以證異同。倘得補完後四弓目録，則豈非一快事耶。（以上爲周星詒筆。）

〔一〕此條天頭有藍圈。

陵陽先生詩　四弓　一册

韓駒撰。

藏印：秦漢十印齋印、翁斌孫印。

道園遺稿〔一〕　六弓　三册

雍虞集伯生撰。

先公題云：宣統三年四月，見此景元抄本于太原，直昂不能收，總迫録一本，並景摹數頁以存其式。笏志。

予于簿書堆中寫數頁，餘令清兒及侍僮分寫之。

〔一〕此條天頭有「辛」字印。

二十一都懷古詩[一] 一册

柳得恭撰。

〔一〕此條天頭有紅圈。

梧溪集[一] 七号 三册

王逢撰。

藏印：小山主人、汪印士鋐、退谷、笥河府君遺臧書記、嘉蔭簃臧書記。

〔一〕此條天頭有紅圈、「辛」字印。

洛陽九老祖龍學文集[一] 十六卷 四册

祖無擇撰。

〔一〕此條天頭有「辛」字印。

國史經籍志〔一〕 應重釘 五册

藏印：秦漢十印齋印、明善堂覽書畫印記。

〔一〕此條天頭有藍圈、「戊」字印。

謝宣城詩集〔一〕 精抄 四弓 一册

謝朓撰。

藏印：王氏禹卿、芝庭、胡蜨秋齋、澹園、翁斌孫印。

〔一〕此條天頭有紅圈。

紹興十八年同年小録〔一〕 精寫 一册

藏印：南昌彭氏、知聖道齋臧書、遇讀者善。

〔一〕此條天頭有「乙」字印。

月川類艸〔一〕　十弓　末卷跋文，似少一葉　三册

夏浚撰。

〔一〕此條天頭有「辛」字印。

雲莊文集〔一〕　十二弓　微有虫蝕處　六册

劉爚撰〔二〕。

藏印：劉印喜海、北平謝氏藏書印、燕庭、文正曾孫。

〔一〕此條天頭有藍圈、「辛」字印。

〔二〕「爚」字底本原空，今補。

廣陵先生文集〔一〕　十六弓　有虫蝕處　六册

王令撰〔二〕。

藏印：華綺、天和、查氏暎山珎臧圖籍印、雙清館、菉筠閣。

〔一〕此條天頭有藍圈、「辛」字印。

〔二〕「令」字底本原空，今補。

攻媿先生文集〔一〕　十弓　一册

樓鑰撰。

藏印：曹溶、鉏菜翁、大興朱氏竹君藏書之印、維中、宗耀之印、嘉禾曹氏、龍舒。

〔一〕此條天頭有「辛」字印。

海巢集〔二〕　一册

丁鶴年撰。

藏印：半繭、味經書屋、文正曾孫、劉印喜海、葉氏臧書、嘉蔭簃臧書記印。

〔二〕此條天頭有「辛」字印。

蜕菴集〔二〕　曹秋岳看本　一册

元張翥撰。

藏印：嘉蔭簃臧書印、曹溶之印、潔躬、文正曾孫、劉印喜海、永以爲寶、笥河府君遺藏書記。

〔二〕此條天頭有藍圈、「辛」字印。

虚谷評五謝詩〔二〕　三册

藏印：祥符周氏瑞瓜堂圖書、海虞毛晋子晋圖書記、星詒、錢印天樹、季貺、曾藏錢夢廬家、翁斌孫印、喜寅、星詒長壽、穀士、味夢軒、太守之章。

〔一〕此條天頭有紅圈。

知非堂稿〔一〕　一册

何中太虚撰。

藏印：劉印喜海、文正曾孫、嘉蔭簃臧書印。

〔一〕此條天頭有「辛」字印。

吴韞玉先生集〔一〕　有虫蝕處　一册

藏印：平陽臧書、敬翼堂印、休陽汪氏裘杼樓臧書印〔二〕。

〔一〕此條天頭有紅圈、「辛」字印。

〔二〕「裘」，底本手寫作「怀」，按此恐是錯識「裘」爲「褢」，遂誤爲「怀」，今正。

思庵先生文粹　先文恭公書簽　缺第一至第四卷　一册

吴訥撰〔一〕。

藏印：常熟翁同龢藏本。

〔一〕「訥」字底本原空，今補。

初學集〔一〕　精抄　六册

〔一〕此條天頭有藍圈、「辛」字印。

有學集〔一〕　十册

錢謙益撰。

〔一〕此條天頭有藍圈、「辛」字印。

參寥子詩集[一] 精抄 十二弓 四册

藏印：祕册、宋本、秦漢十印齋印、黄印丕烈、復翁、張印月宵、士禮居臧、平江黄氏圖書。

〔一〕此條天頭有紅圈。

翰苑群書[一] 一册

宋洪遵撰。

藏印：謙牧堂藏書記。

〔一〕此條天頭有藍圈、「戊」字印。

授經圖[一] 一册

明宗正撰。

藏印：嘉蔭簃藏書印、東武劉氏味經書屋藏書印、劉印喜海、文正曾孫、朱華白萼。

題記：右《授經圖》二十弓，從黄俞邰刊本過録者。俞邰刻是書時多所增益，頗失西亭之恉，識者譏之。異日當訪得西亭原本，一爲改正也。東武劉喜海志。丙戌中元。

《四庫》著録亦即此本。喜海又志。

〔一〕此條天頭有藍圈、「戊」字印。

林泉高致〔一〕　凡二十二頁　一册

郭思撰。（郭熙之子。）

藏印：蔣香生秦漢十印齋臧、士禮居臧、翁斌孫印。

〔一〕此條天頭有紅圈。

異苑　明抄本　二册

劉敬叔撰。

題記：戊子歲余就試臨安，同友人姚叔祥、吕錫侯詣徐賈撿書。廢册山積，每抽一編則飛塵噎人。最後得劉敬叔《異苑》，是宋紙所鈔。三人目顧色飛，即罄酒資易歸。各讀一通，隨各證定訛漏，互録簡端。未幾錫侯物故，叔祥遊塞，予亦兀兀諸生間，此書遂置爲蠹叢。又十年爲戊戌，下第南歸，與友人沈汝納同舟。出示之，復共證定百許字，遂稱善本。余問語叔祥，何當令錫侯見之，不更快耶？相與泫然久之。考《南史》、《宋書》，通無敬叔傳，因彙其事在散在史書者爲小傳，俾録者有考焉。己亥六月望，武原胡震亨識。

先文恭公題云：《異苑》極可玩。武溪蠻人捕鹿一條與《桃花源記》仿佛，吾欲採數條注《世説新語》，今不暇爲此。何如《四庫》所收十卷，此只五卷？從宋本出，非宋鈔。所輯小傳與卷内字相類，最顯者「帝」字全仿文體也。　胡震亨名，他處見過，似明末人。

（以下題記在第一册内。）

藏印：汲古閣、蘭饒堂藏書章、硯薌珍藏、毛晋宲定、翁斌孫印。

題記：壬寅正月，趙蘊之副車以此見示，審從宋本抽出，紙墨至可愛，爰收得之。排遣病魔，亦足以喜。二月二日，笏居士記於塔下。

宣和書譜　顧復節抄　一册

藏印：翁斌孫印。

松雪齋集　四弓　四册

趙孟頫撰。

藏印：一笏齋、翁斌孫印。

也是園藏書目[一]　一册

錢遵王撰。

藏印：閩中琅邪王氏圖書。

〔一〕此條天頭有緑圈、「乙」字印。

五國故事〔一〕《五代史闕文》附　一册

藏印：稽瑞樓。

〔一〕此條天頭有紅圈、「乙」字印。

古虞文録〔一〕　楊儀著　一册

藏印：雲外軒、臣卓信印、項儒、茂緑𢆯、吴印卓信、立峰、宗印來復、九初氏、一池秋水浸芙蓉、居敬窮理。

〔一〕此條天頭有紅圈、「乙」字印。

景定嚴州續志〔一〕　嘉蔭簃精抄本　一册

宋鄭瑶、方仁榮同撰。

藏印：劉喜海、燕庭、御賜清愛堂、燕庭臧書、嘉蔭簃。

〔一〕此條天頭有「戊」字印。

唐史論斷〔一〕　知聖道齋抄本　一册

孫甫之翰撰。

〔一〕此條天頭有「戊」字印。

海鹽澉水志〔一〕　嘉蔭簃抄本　一册

宋常棠撰。

藏印：御賜清愛堂、劉喜海、燕庭、嘉蔭簃。

〔一〕此條天頭有「戊」字印。

三家詩拾遺〔一〕 二册

范家相撰。

藏印：燕庭臧書。

〔一〕此條天頭有「戊」字印。

絳雲樓書目〔一〕 先文恭公書簽 一册

吴枚庵手批。

藏印：常熟翁同龢臧本。

〔一〕此條天頭有緑圈、「戊」字印。

元朝秘史〔一〕 精抄本 四册

《元祕史》十五卷提要 阮元 祖庚在軍中所讀書

「不著撰人名氏，其紀年以鼠兒、兔兒、羊兒等，不以支干，即國人所録。明黃虞稷《千頃堂書目》著録十二弓，明《文淵閣書目》『字』字號云：『《元祕史》一部五册，又一部同。』又云：『《祕史續稿》一部一册，又一部同。』並闕佚之本。此依舊抄影寫，國語旁譯，記元太祖、太宗兩朝事蹟，最爲詳備。案明初宋濂等修撰《元史》，急于蒇事，載籍雖存，無暇稽求。如是編所載元初世系，孛端叉兒之前，尚有一十一世。《太祖本紀》述其先世，僅存孛端叉兒始。諸如此類，併足補正史之紕漏。雖辭句俚鄙，未經修飾，然有資攷證，亦讀史者所不廢也。」咸豐七年二月翁同書手寫。翁伯子

嘉定錢氏譏《元史》傎到複沓，而亟稱是書之得。實世間傳本絶稀，予從廣陵臧書家購此精抄本。案此書中祕所無，阮文達始以進呈。乃手寫文達提要語于弓首，而什襲藏之，莫謂軍幕中無驚人祕笈也。翁同書。翁同書字祖庚

〔一〕此條天頭有紅圈、「乙」字印。

翁素蘭集〔一〕　一册

翁孺安撰。

〔一〕此條天頭有「乙」字印。

宣和書譜〔一〕　二十弓　有虫蝕處　六册

藏印：朱臥庵收藏印、孫氏志周、朱印之印〔二〕、伏符、月潭、臥庵所臧、江東方外士、正氣堂、彭臧中子寀定、遯世全真。

〔一〕此條天頭有紅圈。

〔二〕「之印」，底本如此，疑當作「之赤」。

火龍神器陣法〔一〕　先文端公手抄　一册

止止道人撰。

題記：道光庚子，海上兵事起，時承平久，民不知兵革，而戎器亦不脩矣。吾邑處江海之交，六月夷舶突福山港，兵未登岸而市井一空。先公奉母家居，手無斧柯，常自嗟憤。寇退，從邑舊家假此書，手自鈔寫，蓋有無窮之思焉。六十年來海疆多故，由庭户而堂奥而幾榻，騒騒乎不可收拾也。敬繹先公思患豫防之意，流涕記之，以告來者。光緒二十有六年五月六日，男同龢謹記。

〔一〕此條天頭有藍圈、「甲」字印。

籤檔〔一〕　先文恭公手寫　一册

〔一〕此條天頭有藍圈、「辛」字印。

文選舉正　二册

陳少章撰。（景雲。）

題記：《文選注》以李善爲善，李善注本以尤袤本爲善。然六臣本載善注與學行本互有短長，即尤本與他本亦是非互見，非宏覽方聞之士末由諟正。本朝何義門、陳少章兩家攷定，特爲精審。少章所校及，據汲古閣初印本與諸本對勘，其子東莊手録其校勘語爲一鉅册，名《文選舉正》，即此本也。先藏朱文斿家，後爲顧澗蘋所得〔二〕，及澗蘋爲胡克家校勘尤本，悉取少章校語，編入《考異》中。第澗蘋聞有去取，又有尤本不悮而他本誤者，多從删汰。是陳氏《舉正》一書，當别刻孤行，以留原書面目。况此册爲東莊手寫，澗蘋以己意增正，援引賅博，朱書爛肰，手跋再三，甚自矜重。譚選學者，當以此爲無上祕籍矣。予佐戎旃于邗上，聞仙女鎮有此書，急遣人物色之，餅金購歸，朝夕把玩。又以是册細字艸書，添注塗乙，卒不易讀，乃屬同邑周大令鎮别繕樣本，而令袁江李鎮安以楷書重録，録畢爰識崖略。時咸豐七年二月二日也。常熟翁同書。

先生諱景雲，字少章，先世家常熟，代有聞人，所謂河東陳氏也。生而穎異，既長，從何義門先生遊學，遂大殖，補吴縣學生。嘗再至京師，館舊邸三年。其爲學如饑渴之於飲食，終日丹鉛不離手，著有《讀書紀聞》十二弓，《綱目訂誤》四弓，《兩漢舉正》五卷，《國志舉正》四卷，《韓集點勘》四弓，《柳集點勘》四弓，《文選舉正》六卷，《通鑑胡注舉正》十弓，

《紀元要略》二卷、文集四弓，是爲《文道十書》，雷鋐嘗爲作序。然惟《綱目訂誤》、《紀元要略》、《韓集點勘》、《通鑑胡注舉正》四種刊行。予得此書，亟爲傳録副本，詳見前跋中。咸豐七年秋日，以此傳録本寄至京邸，先文端公見而愛之，恒鐍藏祕笥。予在揚州方輯《選學叢書》，後寫一本。及赴皖北，則《叢書》本與東莊手録原本俱毀於兵燹，幸京邸藏本完好無恙。今予將有西域之行，繙閱故書得此，念邘上迻寫時如在目前，自痛僨事獲罪，上累先人，不覺泫然涕下，因復識數語，使吾弟叔平謹藏之，以俟他日刊布焉。同治三年倉龍在甲子花朝後二日，同書再跋。

〔一〕「蕡」，原作「濱」，據下文改正。

北宋通鑑長編紀事本末〔二〕　一百五十弓　廿四册

宋楊仲良撰。

藏印：東壁圖書、翁同書字祖庚。

題記：是書曾經阮文達公繕寫進呈，此即其底本也。校改之跡一一具在，尚可見原書面目。丁巳春日翁同書。

按楊仲良著是書亦見《玉海》。藥舫又記。

〔一〕此條天頭有藍圈、「乙」字印。

祕閣元龜政要〔一〕 明抄本 十六册

藏印：翰林院印、曾在李鹿山處。

〔一〕此條天頭有藍圈、「乙」字印。

太上老君實録〔一〕 七弓 野竹齋校定本 七册

謝守灝撰。

藏印：周春、松靄、稽瑞樓、子孫世昌、松靄藏書、著書齋。

〔一〕此條天頭有藍圈、「乙」字印。

稷山論書詩　底本　凡五十五頁　一册

陶濬宣撰。

藏印：陶濬宣。

先公題：「稷山論書詩　陶稷山同年濬宣著」

庚開府集　姚伯昂藏本　一册

藏印：姚氏臧書、姚印淳顯、慕庵。

文章指南〔一〕　歸震川選　點閱本　二册

詹仰庇輯。

藏印：小漁圖書、翁伯子。

〔一〕此條天頭有「庚」字印。

賢良進卷〔二〕　先文端公手鈔　一册

葉適正則撰。

藏印：海虞翁氏陔華館圖書印、翁心存字二銘號遂庵、翁心存印、二銘、不改其樂。

題記：行款、字數一依舊抄本，惟目録、第一頁元本每半頁十行，次頁前半頁十一行，後半頁以下皆十二行，不知何以疏密參差，今均改作十二行，以歸劃一。遂菴記。校理祕文

亦種竹軒《水心先生文集》二十八卷、《拾遺》一卷，明正統中黎諒重編，今世通行本是也。又有《別集》十六弓，前九弓爲制科進弓，後六弓號「外稿」，皆論時事，末弓號「後總」，論買田贍兵。吾邑愛日精廬張氏曾有是書，已爲世所罕見。此《進弓》單行本，則尤海内絶無僅有之書。嘉慶辛未，余方弱冠，讀禮家衖，偶過邑中孫小樓書齋，見此影宋舊抄本，後有歸震川印，歎爲奇絶。蓋孫氏之書多得諸魚開封後裔云。因亟假歸，手自影抄，未卒業，旋以塋先大夫窀穸，請程東埜師續成之。自第四卷第五頁以下，皆吾師筆也。吾友陳子準

復傳鈔一本，孫氏聞之頗愠，亟索元本去。今孫氏已式微，其書不知流落何所。子準歿後，稽瑞樓圖籍亦化爲雲煙，獨予手抄本弆置行篋，未嘗暫離。道光戊子，粵東使還，經十八灘，舟觸石碎，幾爲龍宫攝去。爰裝潢成册，傳示子孫，倘有善讀書者多抄副本，亦足廣其傳。噫，書之傳否不可期，未知終能逃水火刀兵之刼否也。

咸豐八年戊午十一月冬至，常熟翁心存識。時年六十有八。〔翁心存印〕〔大學士章〕

〔一〕此條天頭有「乙」字印。

廣異記選　餘冬録選　一册

藏印：翁斌孫印。

隨筆抄可　一册

藏印：翁斌孫印。

元祕史略　有虫蝕處　二册

萬光泰撰。（乾隆間人。）

藏印：翁斌孫印。

金薤琳琅　日本鈔　八册

都穆撰。

藏印：翁斌孫印。

識遺　十卷　一册

宋羅璧撰。

藏印：澤存樓、立齋校臧、銀薇仙館臧書之印、吴城、翁斌孫印。

題記：（前略）宋以前考據之書，著録《四庫全書》者，數十年來頗欲收弆，惟此種先世無遺本，外間無刊本，耳其名而不獲一見久矣。辛秋新涼，適友携此相畀，惜訛漏甚多，未能假善本校正，恭録《提要》弁首。本係吴氏瓶花齋舊藏，間有評語，亦不著姓氏，殆即吴氏所評也。道光辛卯中秋日，立齋陳昱識。陳昱

方山吴岫題此書云：「考據碻而精，論斷宷而正。」而錢遵王《敏求記》亦云：「孔子生卒歲月辨，潛溪之論最精鑿，子蒼所記適與之合。即此一則觀之，可槩其餘。」其爲前人推服如是，余生數百載後，何敢以管窺蠡測之見妄加辨駁？毋乃不自量乎。然讀書各有所得，拘泥古説，通人不取，參互觀之，未知孰是。

乾隆甲申六月初五日，吴城書于瓶花齋。復敦

此《識遺》十弓，錢唐吴氏瓶花齋影寫，姑蘇山民吴方山先生舊鈔本也。近余盤桓滬上，醉六堂書賈吴申甫兄携以見示。喜其罕覯，爰出白金八餅購之。歸而置之專篋，添一祕册，庶不虚此一行矣。

光緒丁亥新秋，挑鐙展讀，蔣鳳藻記于鐵華館中。

唐大詔令〔一〕　一百三十卷　一至六缺　六册

先文勤公書簽、評閲。

〔一〕此條天頭有藍圈。

常熟翁氏藏書記五

書史會要〔一〕　九卷　六册

陶宗儀撰。

藏印：秦漢十印齋印、賜硯堂圖書印、竹南藏書、雙清館臧、聽雨樓查氏有圻珍賞圖書、查瑩之印、韞輝、聽雨樓。

〔一〕此條天頭有藍圈。

明季遺聞〔一〕　不全　四册

鄒漪撰。

藏印：節子手校一過。

題記：乙卯佛日坐池生春艸軒校勘一過。節子記。傅以□茂臣氏之印信。

訛字尚多，當覓善本再勘。斌記。翁斌孫印

〔一〕此條天頭有藍圈。題下「不全」二字用朱筆寫。

湖山類稿〔一〕　一册

汪元量撰。

藏印：大興朱氏竹君藏書之印、嘉蔭簃藏書印、朱印錫庚。

〔一〕此條天頭有「辛」字印。

謝恩摺稿〔一〕　一册

先公題云：此方柳橋舊藏，予于甲辰收得。笏居士記。

〔一〕此條天頭有藍圈。

秋崖先生詩集　二册

方岳撰。

藏印：小山堂書畫印、寶瓠齋。

題記：秋崖集四十卷，浙江鮑士恭家藏本。

宋方岳撰，岳字巨山，號秋崖，歙縣人。紹定五年進士，淳祐中爲趙葵參議，官移知南康軍，以杖舟卒忤荆帥賈似道；後知袁州，又忤丁大全，被劾罷歸。其集世有二本，一爲《秋崖新稿》，凡三十一卷，乃從宋寶祐五年刻本景鈔；一爲《秋崖小稿》，凡文四十五卷、詩三十八卷，乃明嘉靖中其裔孫方謙所刊刻。今以兩本參校，嘉靖本所載較備。然寶祐本所有而嘉靖本所無者，詩文亦尚有各數十首。又有别行之本，題曰《秋崖小簡》，較之本集多書札六首。謹删除重複，以類合編，併成一集，勒爲四十卷。岳才鋒淩厲。洪焱祖作《秋崖先生傳》，謂其「詩文四六不用，古律以意爲之，語或天出。」可謂兼盡其得失。要其名言儁句，絡繹奔赴，以駢體爲尤工，可與劉克莊相爲伯仲。集中有《在淮南與趙葵書》，舉葵馭軍之失，辭甚切直，亦不失爲忠告。至葵兄范爲帥失律，致襄陽不守，所係不輕，而其罪亦不小。岳以居葵幕府之故，乃作書，曲爲寬解，載之集中，則未免有媿詞矣。此本凡詩三十四卷，與嘉靖本合。咸豐丙辰臘月六日，海虞翁同書祖庚氏識于廣陵軍中。

省齋文稿　校閱本　一册

周益撰。

李五峰集　一册

元李孝光撰。

藏印：琴集齋、西圃蔣氏手抄校本。

説郛[二]　明抄本　缺卷一、三、七、八、廿二、廿三、廿四　五十册

陶宗儀輯。

藏印：日華、常熟恬莊楊氏善慶堂書畫記、周鑒齋削漢劍魏尉斗主人、希世寶、曾藏張

蓉鏡家。

題記：吴郡趙氏珍藏。

天啓乙丑六月，藕花初放五日，瀏覽十六册，因志。竹懶兩題。古吴趙氏珍藏，子孫保之。

〔一〕此條天頭有藍圈、「丙」字印。

陵陽集〔二〕 四卷 一册

韓駒撰。

藏印：朱十彝尊錫鬯、程瑶田鑒定、王猷定、畢沅珍玩。

題記：曝書亭舊藏鈔本多在廣陵人家，遭寇後稍出市上，此亦其一。收藏印章有竹垞及王于一、畢秋帆、程瑶田諸家，良可珍玩。因屬袁江、李鎮安寫《四庫》本《提要》于卷端，俾展讀者詳焉。咸豐丁巳正月，翁同書識于蔣王廟軍營。

晨起大風雨，點筆校正十餘字。丁巳正月十二日，祖庚記。

〔一〕此條天頭有「庚」字印。

賓退録〔一〕　十卷　一册

宋趙興時撰。

藏印：王鳴盛印、西莊居士、甲戌榜眼、光禄卿章、古潤陳氏藏書、翁同書字祖庚。

題記：此册爲西莊王先生舊藏本，有人用朱筆點勘，卷末有臨安府睦親坊南陳宅經籍鋪印一行，當是從宋刻鈔出者。翁同書記。

〔一〕此條天頭有紅圈、「庚」字印。

玉臺新詠〔一〕　馮鈍吟先生手抄　四册

藏印：上鄙馮氏私印、文選樓、上鄙、揚州阮氏琅嬛仙館藏書印、班、二痴、、寳瓠齋藏書、保、祖庚曾讀、文端文勤兩世手澤同龢敬守、李鬳、錢唐嚴杰借閲、吴紹澯字澂埜號蘇泉藏書印。

題記：册中「上鄙馮氏私印」、「上鄙」二字小印、「班」字印、「二癡」印皆鈍吟先生所鈐記也。象形龍内有「士」字者，蓋同校之何士龍也。「文選樓」墨記及「琅嬛仙館藏書」朱記，則皆阮氏印也。「錢唐嚴傑借讀」印，杰從阮氏得觀也。己未五月，翁同書識。翁同書印　祖庚翰墨

壬申二月初七日，馮偉節勘于胥門客舍。班

壬辰仲秋，校于南軒碧梧陰下。五湖漁郎。（篆文。）

甲午如月晦日，枝指生讀一過，時爲院試被黜，同友人趙甲共勘。葉裕

己巳之冬，獲宋本于平原趙靈均，因重録之如右。是書近世凡有三本：一爲華亭楊玄錀本，一爲歸安茅氏本，一爲袁宏道評本。茅、袁皆出於楊書，乃後人所删益也。是本則其舊書矣。後人有得此者，其宋之□□常。李庯

己巳冬方甚寒，燃燭録此，不能無亥豕。壬申春，重假原本，士龍與予共勘二日而畢。凡正定若干字，其宋板有誤則仍之云。

馮斑再記於磚菴之北窗。斑

余十六歲時嘗見五雲溪館活字本于孫氏，後有宋人一序，甚雅質。今年又見華氏活字本于趙靈均，華本視五雲溪館頗有改易，爲稍下矣。然較之楊、茅則尚爲舊書也。聞湖廣李氏有別本宋板甚精，交臂失之，殊爲悵恨也。班又識。班

定遠此本甚善，較之茅、袁兩刻之謬，可謂頓還舊觀矣。但索借頗多，遂爲俗子塗改，中間差誤，已失抄時本來面目。又不能不爲定遠惜，亦不能不爲俗子悲也。書此以戒世之借人典籍而擅以無知之識爲盲瞎識字者。崇禎十七年七月晦，籛後人容菴識。

忠孝之家□（印）　錢孫艾印

明寒山趙宧光嘗得嘉定乙亥永嘉陳玉父本，影寫授梓，足以亂真。今之書賈以宋刻欺人者皆是物也。二馮先生曾就靈均手抄世有行本，默庵一跋，定遠一跋。定遠跋與此不同，而可以互證。蓋當時所抄非一本。又有籛後人一跋，並錢孫艾印，豈即錢孫愛歟？藏書家最重常熟派，定遠與陸勅先尤喜手抄。二百年來典型具在，兵燹之餘復歸吾

邑，楚弓楚得，豈非幸事也哉。咸豐九年五月二十四日，常熟翁同書志于皖北定遠縣軍營。

卷首有二痴印，二痴即定遠。又記。長生安樂翁同書印

乙未五月二十四日手跋此書，閲兩日而賊至，衣裝書册盡爲劫灰，獨此書得脱於厄，異哉，二馮先生之靈實式憑之歟。是歲九月六日，同書復志於壽春試院，先是左臂風痺，幾不能舉，偶得醑酒飲之，遂小愈。翁同書印

〔一〕此條天頭有緑圈、「己」字印。

説郛目録〔二〕　一册

〔二〕此條天頭有藍圈、「戊」字印。

安南敕〔一〕　一册

藏印：南昌彭氏、知聖道齋臧書、遇讀者善〔二〕。

〔一〕此條天頭有紅圈、「戊」字印。

〔二〕「遇」，原作「偶」，今正。

水利集議〔一〕　一册

澮寧子輯。

〔一〕此條天頭有紅圈、「戊」字印。

玉笥集〔一〕　十卷　一册

元張憲撰。

藏印：臣恩復、秦伯敦父、文端文勤兩世手澤同龢敬守。

〔一〕此條天頭有紅圈、「乙」字印。

契丹國志〔一〕　二册

葉隆禮撰。

藏印：文端公遺書、翁印同龢、梁溪鄒氏延喜樓珎臧書畫記、翁斌孫印。

〔一〕此條天頭有「乙」字印。

淳祐玉峰志〔一〕　三卷　一册

凌萬頃撰。

〔一〕此條天頭有「戊」字印。

咸淳玉峰續志〔一〕　一卷　合訂一册

邊實撰。

藏印：御賜清愛堂、劉印喜海、燕庭藏書。

〔一〕此條天頭有「戊」字印。

大全集補遺〔一〕　一册

朱熹撰。

藏印：南昌彭氏、知聖道齋藏書、遇讀者善。

〔一〕此條天頭有「戊」字印。

兩漢刊誤補遺〔一〕　十卷　二册

吴仁傑撰。

藏印：稽瑞樓。

〔一〕此條天頭有藍圈、「己」字印。

殿座門聯〔一〕　四册

〔一〕此條天頭有藍圈、「庚」字印。

江東十鑑〔一〕　一册

李舜臣撰。

藏印：東武劉氏味經書屋藏書印、劉印喜海、文正曾孫、北平謝氏臧書印、嘉蔭簃臧書印。

題記：孝宗嘗有志恢復，高宗苦禁之，至三敗而齎之，志隳矣。宋之終失中原，魏公爲之也。舜臣乾道間進士，蓋一時議論如此，其書徒作憤發語，而毫無設施，實際視李仁父《六朝通鑑博議》遠矣。芸楣識。

嘉慶丁巳清和朔。

〔一〕此條天頭有紅圈、「戊」字印。

古唐類範〔一〕　卷數葉數　一册

己未二月，先公手抄明抄本。

〔一〕此條天頭有緑圈。又：題下小注「卷數葉數」四字原連標題，今正。

兵占奇門遁甲書〔一〕　一册

劉基撰。

藏印：吴印卓信、項儒。

題記：嘉慶甲子之歲，予來關中，客學使馬秋藥光禄署。光禄與撫軍方公交最深。公于天文、術算、風角、壬遁家言皆能曉晰，是編即公所贈。予向讀《煙波釣叟歌》，覺其中時有牴牾處，唐先生竟删去其説，約之又約，精而益精，于天乙一星可謂明白曉暢矣。據其問答，似已刊板，然予從未見也。録而臧之，仍作枕中之祕云。吴卓信識。

〔一〕此條天頭有「甲」字印。

鈔劾馮銓諸疏〔一〕　明寫本　一册

崇禎元年正月至十月間事。

〔一〕此條天頭有藍圈。

石刻鋪敘〔一〕　一册

曾宏父撰。

藏印：翁斌孫印、萇康。

〔一〕此條天頭有「甲」字印。

虞邑遺文録〔一〕　三册

陳揆輯。

題記：《虞邑遺文録》十弓、《補録》六弓，亡友陳子準集道光丁未、戊申間。命僕楊春録其副，凡得三册，寘諸行篋，未遑是正也。己酉十一月初吉，休沐之暇，始以子準手稿粗校一過。子準目短眡，作字細如蠅頭，非予殆莫能辨識，然讀之殊費目力，每終一卷，昏眩良久，恐魯魚亥豕尚未及細讎，俟他日當覆勘之。九日壬寅冬至日躔星紀之次，遂盦識于澂懷直廬之矩室。

〔一〕此條天頭有紅圈、「甲」字印。

劉左史集〔一〕　四弓　一册

宋劉安節撰。

題記：此本無留元剛序。觀集中之文類皆通達醇正，《經義》内並無《中庸》題，當時校中祕書者誤仞合而言之，「道也」爲《中庸》篇中語，遂以爲編次失序，著之《提要》。謹爲正其誤，識於册尾。時咸豐七年正月十二日。翁同書。

〔一〕此條天頭有藍圈、「乙」字印。

樊紹述集〔一〕 一册

藏印：大興朱氏竹君藏書之印、文端公遺書、同龢所藏、均齋祕笈、嘉蔭簃藏書印、翁同龢校定經籍之印。

〔一〕此條天頭有「乙」字印。

寶祐會天曆〔一〕 一册

文端文勤
兩世手澤
同龢敬守

題記：南豐劉慈民獲是編于邗上，曝書亭舊物也〔二〕。時予佐戎旃，軍吏陸某善書，遂令景寫兩本，而以其一寄吾弟叔平。咸豐丙辰十二月廿二日翁同書。

六百年來十丙辰，摩挲殘曆歲鼂春。能令異代抄書客，尚想當時對策人。科目祇應名節重，忠肝驗取性情真。書云候日渾閒事，聖瑞應知識鳳麟。

祖庚氏又題。借一瓻館

予得宋无《翠寒集》，係元人手寫本，有錢朩寶收藏印及崇禎甲戌練川陸嘉穎子垂跋，亦慈民爲我物色得之者。光緒辛巳夏，余與惇親王同值觀德殿，偶談及此，王亟欲觀，乃馳价歸，于書簏中撿得。王即就燈下手寫一葉，越七日而畢，遂以見還。王管欽天監事，晝天體如笠，卧其下，炳燭以覽日月星緯之次。其好學精專，殆非士庶所及也。是歲七月望，同龢記。

〔一〕此條天頭有「己」字印。

〔二〕「曝」，原作「暴」，今正。

龜卜玉靈經〔一〕 霅溪盧氏藏本　抄補一頁　二册

藏印：後邨居士、學古、遥看暝色下漁汀、愷君、翁印同龢、翁斌孫印。

〔一〕此條天頭有「甲」字印。

玄珠密語〔一〕　（素問六氣玄珠密語）　八册

唐王冰撰。

藏印：燕山吕氏、朱筠、虛中、大興朱氏竹君藏書之印、慶增氏、孫印从添、廣德堂吕氏珍藏書畫印、陳、漢臧、翁斌孫印。

〔一〕此條天頭有藍圈、「甲」字印。

唐音審體〔一〕　二十弓　八册

虞山錢良擇編。

藏印：執端。

〔一〕此條天頭有藍圈。

班馬字類〔一〕　二册

婁機撰。

藏印：稽瑞樓、文端公遺書、翁印同龢、翁斌孫印。

〔一〕此條天頭有「甲」字印。

城書〔一〕　有圖　一册

失名撰。

藏印：翁斌孫印。

〔一〕此條天頭有「甲」字印。

春秋集注〔一〕　景抄元至治刊本　先文勤公書簽　八册

張洽撰。

〔一〕此條天頭有藍圈、「甲」字印。

重修琹川志〔一〕　二册

藏印：劉印喜海、海虞翁氏陔華館圖書印、翁心存字二銘號遂盦、翁印同龢、燕庭臧書、遂庵珍臧、常熟翁同龢臧書。

題記：此景抄《琹川志》乃劉燕庭家藏，庚申購得之。明年辛酉，見元刊本于書肆，價極昂，乃校于此册。時先公猶能以朱字旁注，卷首數改處是也。其稱軼案云者，吾鄉屈侃甫丈所校，其書今在趙价人處。歲月如馳，識之以告後生。丙子元日，龢記。

〔一〕此條天頭有藍圈、「丁」字印。

虎鈐經〔一〕　八号　四册

許洞撰〔二〕。

藏印：翁斌孫印。

〔一〕此條天頭有藍圈、「甲」字印。

〔二〕「許」字，底本原描摹虫蝕痕迹，今補。

毛詩要義〔一〕 二十卷 十二册

藏印：翁心存印、遂盦。

題記：魏了翁《九經要義》删節注疏最爲簡當，今《尚書要義》二十卷已佚其三，《左傳要義》六十卷幾佚其半。此《毛詩要義》，《四庫》並未著録，幾於世間罕有之書矣。上海郁氏購得宋本，屬沈曉滄司馬炳垣詳加校正，録成清本，將翻刻以廣其傳。予同年友何竹薌以語予，予謂郁氏既得宋本宜影寫重雕，而别附校勘記于後乃善。聞郁氏已付手民，未知能從予言否也。竹香從郁氏假得抄出清本，倩予爲覓書手，依沈校傳寫一部。既抄寄之，予復欲照元本録其副，藏諸家塾。而抄非一手，或依元本，或仍依沈校改定之本，遂致歧異。時道光己酉初春也，予將辭墓出山，乃手校一卷，標明元本作某，沈校改某，使讀者知宋本真面目。命長孫曾文竟其事，次年郵寄入都。迨癸丑之夏，三吳震驚，曾文以籌餉防禦觸暑，勞悴死矣。此子好學能文，恂恂醇謹，冀他日必能成立，不幸一旦殀亡。展閱是書，不禁老泪之横集也。

咸豐辛卯四月朔〔三〕，知止齋學人翁心存書。時年七十有一。

〔一〕此條天頭有藍圈、「丁」字印。

〔二〕辛卯，底本如此，按咸豐僅有辛酉，「卯」當「酉」字之誤。

曝書亭詞拾遺 一册

朱彝尊撰。先兄澤之輯録。

神異經〔一〕 一册

先文端公節抄。

〔一〕此條天頭有「庚」字印。

尊堯集〔一〕　四弓　一册

陳瓘撰。

藏印：楝亭曹氏藏書、長白敷槎氏堇齋昌齡圖書記、翁斌孫印。

〔一〕此條天頭有紅圈、「甲」字印。

倚松老人詩集〔一〕　二弓　末有一頁釘倒　二册

饒節德操撰。

藏印：姚氏藏書、謙牧堂藏書記、文端公遺書、翁印同龢、謙牧堂書畫記。

〔一〕此條天頭有紅圈、「甲」字印。

補閑集〔一〕　一册

崔滋撰。

題記：嘉慶戊寅仲春羲卿郵贈。喜海藏。

藏印：喜海、吉父、所雅堂、趙寅永印、羲卿、嘉蔭簃臧書印、東武、文正曾孫、劉印喜海

〔一〕此條天頭有藍圈。

宗祀議[一]　後附户部官票一案（同治間事）　一册

〔一〕此條天頭有藍圈。

石堂先生集[一]　孫退谷手録本　先文恭公題簽　二册

宋陳普撰。

藏印：北平黄氏養素堂臧書、常熟翁同龢臧本、翰林院印。

題記：石堂先生名普，宋人，入元不仕，宗朱子之學，一代大儒也。辛丑秋又七月，讀

先生文集録六種，此其四也。北平後學澤記。北平孫氏　澤

右石堂先生《字義》一弓，《字訓》二篇。學者讀書多不識字義，它不具論。如心性二字，是一是二，茫不得解。外學以知覺爲性，是心也，非性也。故朱子曰：「佛氏不識性。」韓子曰：「『博愛之謂仁。』『仁，性也；愛，情也。』」〔二〕是以情爲性矣。韓子且然，況其他乎。篇中一百五十三字，靡一不精碻明晰，四書六經五子之學萃于此矣。先生嘉惠後學之功，何其鉅也。久知先生有此書，辛丑之秋從真定梁至立先生借此，録置几案，一日而驪珠滿紙，何其幸也。北平後學澤記。

〔一〕此條天頭有藍圈。

〔二〕按「韓子曰」至「愛情也」，實爲程子語，見《二程粹言》卷上。

牧齋書目〔一〕　先文恭公書簽　一册

先文恭公題字：此與《絳雲樓書目》詳略迥殊。

〔一〕此條天頭有緑圈。

汲古閣所刻書目〔二〕 先文恭公題簽 一册

先公題記云：此本系十三歲于里門書肆得之。斌記。

藏印：翁斌孫印。

〔一〕此條天頭有緑圈。

萬歲壽譜〔一〕 明抄 有虫蝕處 六册

陳束撰。

藏印：掃石山房、子孫保之、文氏家藏、錢印謙益、□農讀殘□□。

〔一〕此條天頭有藍圈、「戊」字印。

淡居稿〔一〕　一册

釋至仁行中撰。

藏印：南昌彭氏、知聖道齋藏書、遇讀者善。

題記：顧俠君《元詩選》〔二〕：「淡居禪師至仁，字行中，别號熙怡叟，鄱昜人。得法于徑山元叟瑞和尚，駐錫蘇州萬壽寺。虞文清〔三〕公稱其文醇正雄簡有史筆，宗門之子長也。判官皇甫琮編次其詩文，曰《淡居稿》，江左外史雪廬新公爲之序。」校畢因記。

〔一〕此條天頭有藍圈。

〔二〕「選」字原脱，今補。

〔三〕「清」，當作「靖」。

菊山詩集　所南翁一百二十圖詩集　合一册

《菊山詩集》（《清雋集》），鄭震撰。

《所南翁一百二十圖詩集》，鄭思肖撰。

圭塘小稿續集 又別集 一册

許有壬撰。

劉左史文集〔一〕 一册

劉安節撰。

〔一〕此條天頭有緑圈。

還山遺稿 一册

楊奂撰。

藏印：南昌彭氏、知聖道齋臧書、遇讀者善。

述聞類編〔一〕　十二卷　先文恭公書簽　四册

常熟謝晋撰。

先文恭題記：謝晋字日三，號勳廬。雍正丁巳明通榜，官碭山教諭。孝友烝烝，誨人不倦。年九十卒。子祖庚，舉人，浙江奉化縣知縣。見《常昭合志·治行》。同龢

〔一〕此條天頭有「戊」字印。

道鄉集〔一〕　四十卷　六册

宋鄒浩撰。

藏印：秦漢十印齋印。

〔一〕此條天頭有藍圈、「丁」字印。

左氏傳續説〔一〕　十二卷　四册

宋吕祖謙撰。

藏印：知止齋、海虞翁氏陔華館圖書印、翁斌孫印。

〔一〕此條天頭有藍圈、「甲」字印。

東都事略〔一〕　卷七十五—八十六殘本　一册

藏印：韵皃珍臧。

〔一〕此條天頭有「甲」字印。

玉壺野史〔一〕　十弓　有虫蝕處　四册

僧文瑩撰。

藏印：紅豆山房校定善本、五硯樓、秦漢十印齋、紅豆書屋、沁北書庫收臧、袁印廷檮、壽階、惠棟之印、定宇、翁斌孫印、五硯樓袁氏收臧金石書畫印。

題記：晁氏《讀書志》：《玉堂清話》十弓，皇朝僧文瑩元豐中撰，自序云云。玉壺，隱居之潭也。（以上朱筆。）

此二行爲又愷先生手書，詒曾見其尺牘，故能辨之。（以上周星詒朱筆題字。）

〔一〕此條天頭有藍圈。

曲洧舊聞　先兄澤之題簽　有先公臧印一册

朱弁撰。

宋本御覽所引水經注〔一〕　先文勤公摘録並題簽　一册

藏印：寶瓠齋。

〔一〕此條天頭有紅圈。

續墨客揮犀〔一〕 殘本 先文恭公書簽 一册

藏印：愛日精廬臧書、海虞毛晉子晉圖書印、均齋祕笈、毛氏圖史子孫永保之、祕册、常熟翁同龢臧本、翁斌孫印。

題記：此景宋鈔，觀「真」字缺筆可見。松禪。

此册有毛氏汲古閣、張氏愛日精廬印記。按張氏《藏書志》云：「《四庫》著録有《墨客揮犀》十卷，而續集未收。此明人抄本，後題『正德己巳歲夏日，以舊刻本摹於志雅齋』」云云。光緒辛丑二月，予從書賈得此，僅前五弓，後五弓已佚，並明人題記亦亡之矣。正德迄今垂四百年，舊抄難覯，寶此一當威鳳一毛。是月二十三日，松禪居士同龢記于西山墓廬。翁同龢印　松禪老人

〔一〕此條天頭有紅圈。

巴西鄧先生文集〔二〕　有虫蝕處　一册

藏印：白堤錢聽默經眼、翁斌孫印、校广流覽所及。

題記：嘉慶乙丑六月，從嘉定瞿木夫借得伊外舅錢辛楣先生所抄、朱文游家臧毛汲古臧明人抄本，手校一過，行款大略相同，訛舛亦復不少。辛楣校正外，尚有此善於彼者，予爲校於上方，而錢本一二佳處即録於此。書經三寫，魯魚亥豕，有同慨也。得此二本參之，略可讀矣。中脱一葉，復賴錢本足之，蕘翁丕烈志。

性父以此集與王止仲《褚園稾》同見示，鄧公何得比擬止仲，略讀一二，知其大略，因書。弘治二年二月廿四日楊循吉君謙父。

予從吴門朱文游借得《巴西集》，乃明人抄本，汲古閣所藏。予募人抄其副，略校一過，舊抄潦草多訛字，如「餘」作「余」，「釋」作「什」之類。予所傭寫手字拙而不讀書，儲之匣中，姑備一家，未可謂善本也。巴西所著曰《内制集》，曰《素殿齋稿》，今皆不可得見。此本殆後人蒐罷綴緝成之，故無卷次，然臧書家著于録者亦罕矣。乾隆丙申冬十月十三日辛亥，錢大昕改之甫書于孱守齋。嘉慶甲子九月廿日，外舅孱守翁以書見贈，萇生中溶謹識。

〔一〕此條天頭有藍圈、「丁」字印。

王蘭泉墨稿　一册

王昶撰。

藏印：秦漢十印齋印。

題記：光緒壬午二月望，祥符後學周星詒敬觀。

孫尚書内簡尺牘〔一〕　十卷　二册

宋孫覿撰。

藏印：曾在陳彦和處、香生珎賞、秦漢十印齋臧、汲古閣臧、虞山毛晋子晋圖書記。

〔一〕此條天頭有紅圈。

溪蠻叢笑〔一〕　明抄　一册

宋朱輔撰。

藏印：姑蘇吴岫家藏、姑蘇吴岫塵外軒讀一過、方山、吴岫、秦漢十印齋臧、翁斌孫印。

題字：錢遵王也是園藏書。

〔一〕此條天頭有藍圈。又：題注「明抄」二字用緑筆寫。

宋三沈集　一册

沈括、沈遘、沈遼撰。

藏印：翁斌孫印。

題記：宋三沈先生各有專集，而國朝藏書家目録中皆見諸，如《絳雲樓》《佳趣堂》等書目，張氏《藏書志》之類皆見也。廼錢唐吴氏手輯。此集何耶？特不知三沈專集佚於何時？當此兵燹之餘，尚有存于世間否耶？前賢著述輯之不易，噫！吴氏之志亦可嘉矣。

光緒庚辰九秋展閲因志。香生識於滬齋。

天啓宫中詞　一册

陳悰述。

藏印：汝南、星詒印信、傳忠堂臧書印、澧印、思閒、翁斌孫印。

題記：此本舊爲何竹香太守所藏，不知誰何携至余家，後亦不復來取，因珍弆之。歲庚戌，季貺于吴門肆中得一本，則已刊刻，紙墨精良，尤可寳愛。嗣忽爲客盜去，僅留此册矣。因緣殊可笑也。東老。雲門都講

《明悳陵實録》不傳，故四年、七年事遂尔遺佚。此集捃摭宫廷瑣語頗詳核，惜事關悳陵者寡，述客、魏者多耳。詩殊不足觀，以有關故寔存之。季貺。周印星詒

此集爲檇川秦楚方秀才著，陳悰與同里，攘爲己有。當時即鏤板行之。《明詩綜》載其事。秦名微蘭。丁巳秋日，貺公再記。

余見里中傳抄本，標陸河秦蘭微楚芳著，前有錢圓沙序，謂：「楚方有《三上集》數百篇，《天啓宫詞》百篇，予選而傳之。」又云：「見先生于踵息樓，論説今古，疏其宫詞，如鑿鬚眉。」然則此爲秦所作無疑也。陳既竊書，又改其次第，其最後二號皆指馮涿鹿，而陳竟一改顧秉謙，一改王化貞，何其謬也。涿鹿名麗，二臣，其事跡亦胡可掩哉。辛丑七月，松禪老人記。

皇元聖武親征記　一册

失名撰。

笠澤叢書　兩册

唐陸龜蒙撰。

藏印：小琅嬛清閟張氏收臧、張印定球、伯温一字韵溪、翁斌孫印、子孫寶之、赤松黄石、雙清堂、虞山翁斌孫收臧之印、曾臧張蓉鏡家、芙水。

建康實録〔一〕　有虫蝕處　八册

許嵩撰。

題記：右印宋寫本，丙寅冬得之福州陳氏。（以上周季貺筆。）

先公書簽並記云：舊抄宋紹興本，周季貺舊藏，册中硃字皆季貺筆也。斌孫記。

惜只校十數葉，訛字頗多，尚待再讎。

〔一〕此條天頭有藍圈。

文選類腋　精寫袖珍本　四册

曹協均撰。

五台山清涼傳　先公書簽　二册

唐沙門慧祥撰。

脩辭鑑衡〔一〕 有虫蝕處 一册

王構撰〔二〕。

藏印：平江黄氏圖書。

題記：王文定公《□詞鑑衡》見《絳雲樓書目》「文説類」，不載弓數。錢□□《補元史藝文志》「文史類」云二卷。頃群城賜書樓藏□書散出，中有是書舊抄本，宷是景元抄本，擬購之，而苦其索值昂，業置不復問矣。後因論他書，值未之定，必得番餅十一金，予遂撿此而□其數，往反再四，交易始諧。蓋它書或名人手校及手録，或影□精抄，皆爲世所通行之書，唯此行世稀有。《四庫》雖收，讀其《提要》，語序文缺第一頁，以致始受書于王公之劉某，不知其名，且云缺第五頁，今劉起宗之名因在，而□□□□義都全，此本居然全本矣。二弓之説，細玩□□□原作弓一，而後添爲上下者。卷下結尾弓之下無次第。展視紙本有補綴痕，或尚不止此，然案□□□所□，其次序，論詩爲首，文爲後，□□附凡一百九十餘條，今本無一失者，是可無疑其缺失也。書之希有而不敢交臂失者以此。王謚文

肅，錢《目》云文定者誤耳。□□□重陽前五日，復翁燒燭書。丕烈

原書上下卷，連序通五十六番。

〔一〕此條天頭有紅圈。

〔二〕「構」字底本原空，今補。

范德機詩集〔一〕 八卷 先文恭公題簽 一册

范梈撰。

藏印：謙牧堂藏書記、朱印彝尊、秀水朱氏潛采堂圖書、均齋祕笈、虞山翁同龢藏。

題記：朱竹垞舊藏，虞山王乃昭手抄，翁同龢藏本。

此本揭曼碩序中所稱「傅若金得其神」云云。傅集余未見，按漁洋《居易録》載：「元傅汝礪若金詩集八卷，有范德機、揭曼碩序，洪武壬戌刊本。歌行頗得子美一鱗片甲。其妻孫淑，字蕙蘭，亦能詩，見陶南村《輟耕録》。」惟彼作「汝礪」而序中作「與礪」，想傳抄之誤耳。己亥七月，松禪記〔二〕。

《居易録》又有一條云：「買得《詩法源流》一帙，乃元人傅與礪若金述范德機語也，後附杜詩律格。」然則此序與礪不誤。

安南人黎崱《送傅與礪》詩：「滄海龍飛天子詔，青冥隺下趙王臺。」是傅常奉使安南矣。

范德機七卷，《四庫》著録，已非原本十二卷之舊，汲古閣曾刊于十集中，今不可得。此本乃吾虞王乃昭手抄，缺七言絶句及七言律詩，疑非全帙矣，緣是竹垞舊藏，故收得之。同治乙丑，同龢記。

錢氏《讀書敏求記》：「《范德機詩集》七弓，至元庚辰刊于益友書堂。臨川葛雝仲穆編次。」

德機又有《詩林要語》一弓，《詩學禁臠》一卷。

〔一〕此條天頭有紅圈。

〔二〕底本於此段天頭畫一方框，旁注「原簽」二字。

吴淵穎先生文集〔一〕 孫退谷手訂本 先文恭公書簽 二册

元吴淵穎撰。

藏印：北平孫氏硯山齋圖書〔二〕、北平孫氏、常熟翁同龢藏本。

〔一〕此條天頭有紅圈。

〔二〕「齋」字，底本作圓圈，今補。

九經補韻 一册

宋楊伯嵒撰。 附《二十四詩品》，唐司空圖撰〔一〕。

先公題云：甲辰六月在頤和園直日，于老馮手買破書數種，此其一也。笏志。

〔一〕小注本括注在題下，今移正。

雪磯叢稿 五卷 一册

宋樂雷發撰。

藏印：姚氏收藏、元之、小紅鵝館、桐城姚伯印氏臧書記、常熟翁同龢臧本。

題記：

鴻寶枕中祕。

此書姚伯昂先生所藏，鈔手精謹。籤題五字，先生手筆也。先生罷官後，居京師西城鐵匠胡同，有小圃雜莳花木，若玉蘭、桂花，它處所無也。瓶生。

明謝先生手寫雜記〔二〕 二册

題記：右《雜記》一册，徐興公宋定爲謝舉人手跡，詳所題識中。舊藏陳太史家，詒以廿銀錢買得之。其書多録古書，兼及時事，亦有足廣聞見者，恨殘佚不完耳。癸巳人詒。

此乃嘉靖甲午科舉人謝啓元所抄録者。啓元爲黄門謝蕡之子，中有一段正德丙子詩夢事可證也。又有一段云「從祖瀚官吏部主事」，又一證也。崇禎丙子仲春，借林懋禮此本細閱漫記。徐惟起興公書。

啓元乃謝蒙亨之父，利仁之祖，見賢書六世科甲。

興公目此册曰抄，則皆集自古書也。然中頗多不經見者，是足珍矣。況出明人手書，氣均頗勝，齋中舊有秦四麐寫《玉照新志》，與此足稱兩絶也。巳翁。

〔一〕此條天頭有紅圈。

雜書目〔二〕　一册

先文恭公書簽。

〔一〕此條天頭有藍圈。

静思先生詩集　有先公藏印　先公書簽　二册

元郭鈺撰。

錢幣考[一] 一册

先公題記云：錢同人原本。劉燕庭抄藏。

光緒己丑除夕，偶遊隆福寺三槐書肆，得此于故紙堆中。翁斌孫識。

〔一〕此條天頭有紅圈。

復初齋詩集 二册

翁方綱撰。

六十三卷至六十五卷一册，六十八至七十卷一册。不全。

春秋列國考據 一册

失名撰。

燕薊風煙〔一〕（詩集） 一册

朝鮮人李肇源撰。先文恭公書簽。

藏印：周達私印、菊塍子。

題記：此朝鮮使臣李肇源詩，寫寄周菊塍學博者也。周君名達，松江人，道光中葉秉鐸吾鄉，跌宕自喜。嘗見其《九峰三泖圖》，黄公安濤題詩云：「君道九峰抛未得，我抛三十六峰來。」自今回溯，蓋六十年事矣。此册朱少澂以贈一笏，暇日展觀因記。時光緒壬寅立夏日。松禪老人。

朝鮮來使，每選博雅多能之士。前乎此者，金正喜、李藕舩；後乎此、爲予所晋接者，申君忘其名、金德容，皆表表者也。其詩筆較此爲勝。甲午以後，朝貢絶矣，隨國之張，夜郎之大，能無歎哉！

〔一〕此條天頭有紅圈。

別傳覺心 周公平抄 一册

元明本撰。

朝鮮紀事 一册

倪謙撰。

藏印：常熟翁同龢藏本。

能泰疏稿 先公手抄 一册

二支室雜抄 先文恭公手抄 一册

科場條例摘要 同上 一册

恭閲隨記　恭閲籤檔　二册

先文端公手書。

五七言截句選本　先文恭公手録　一册

西巖集[一]　一卷　一册

宋翁卷撰。

藏印：陔華吟館、翁心存字二銘號遂庵、海虞翁氏陔華館圖書印。

題記：道光乙未冬，心存爲奉天府府丞，實司文溯閣圖籍。第閣在大内，其鑰則將軍掌之，丞惟曝書，乃得歲一至焉。丙申秋八月，值曝書之期[二]，心存率校官數人入眂厥事，傑閣三重，瑶籤萬軸，發扃啓櫝，目眩神迷，爰屬諸校官用牘尾紙草録家靈舒《西巖集》一卷携歸，藏諸行笈。戊戌夏，乞養歸田，乃命次兒同爵繕寫成編，今忽忽又廿載矣。偶一披吟，不勝今昔之慨云。咸豐丁巳閏五月五日，常熟翁心存識。

〔一〕此條天頭有「已」字印。

〔二〕「曝」，原作「暴」，今正。

詩學禁臠〔一〕（附《翰林要訣》　精抄本）　一册

范德機撰。

〔一〕此條天頭有「已」字印。

姑蘇竹枝詞　一册

吳兆鈺撰。

宋史記〔一〕　每函五册　八函

王惟儉編次。

本紀十五弓，表五弓，列傳二百弓，志五十弓。内闕一百三十六至一百三十九計四弓，又闕第一百八十九弓以下，流水多舛，揔計傳二百一卷，此卷或未闕。

藏印：南昌彭氏、知聖道齋藏書、遇讀者善、文端公遺書、翁印同龢。

〔一〕此條天頭有「丁」字印，並有批語：「己丑九月售于姚姓」。

江南野史 殘本 第二、三册 二册

宋龔衮撰〔一〕。

題記：宋龔衮《江南野史》二十弓，今佚十弓，傳世者皆十卷本也。刻本僅有胡氏琳琅室活字本，亦不多見。此舊鈔本，第三、第五兩卷爲同邑朱少箴所贈。吉光片羽，良可珍也。辛丑十二月除夕，常熟翁斌孫記。

〔一〕「龔衮」，底本如此，按《江南野史》撰者爲龍衮。

郝文忠公陵川文集〔一〕 三十九弓 十二册

郝經撰。

藏印：藏真精舍偶得、雲心祕笈。

〔一〕此條天頭有藍圈、「辛」字印。

宋太常因革禮〔一〕 一百弓 劉氏味經堂抄本 五册

歐陽修等撰。

藏印：嘉蔭簃臧書印。

〔一〕此條天頭有藍圈、「戊」字印。

景定建康志〔一〕 五十弓 十册

周應合撰。

藏印：臣大昕、辛楣。

〔一〕此條天頭有藍圈、「戊」字印。

唐會要〔一〕　一百卷　校過本　兩夾　二十四册

王溥撰。

〔一〕此條天頭有藍圈、「丙」字印。

道光時夷務禩鈔〔一〕　兩册

先文恭公署簽。

〔一〕此條天頭有藍圈、「丙」字印。

忠義録〔一〕　咸豐五年底止　二册

〔一〕此條天頭有藍圈、「丙」字印。

古廉文集〔一〕 六弓 二册

明李成撰。

藏印：南昌彭氏、知聖道齋臧書、遇讀者善、金星軺臧書記。

〔一〕此條天頭有紅圈、「丙」字印。

皇清開國方略〔一〕 三十二卷 精抄（裛露軒抄本） 兩夾 十六册

乾隆丙午，阿桂等脩撰。儲頤和殿後敬典閣。

自天命迄順治。

〔一〕此條天頭有藍圈、「丙」字印。

鐘鼎彝器款識〔一〕 二十卷 絶精之品 二册

薛尚功撰。

藏印：季魯氏臧、鐵道人、王籍、虞山翁同龢臧、圻印、西邨、曲江、養甲安、必軒、卧雲、僉氏富每每、夏氏衍瀾、觀父、鉼生珍祕、龢、張卲印、東嘉夏生、常熟翁同龢臧本、四明周斯盛屺公圖書、鐵珊、遂異、王輔、力臣、老力、蘇臧、老鐵、翁印同龢、翁斌孫印。

題記：道光己亥嘉平望日，得石湖張進士西村收藏本于吴門臧書家。庚子春重裝。鐵記。【張進之印】【荼磨山南】

薛尚功《鐘鼎款識》廿弓，崇禎間南洲朱之甫得薛氏墨本，摹刻傳世，好古者珍如拱璧。廿年前曾見舊本，索值甚昂，未爲予有。己亥冬自滬城歸，苦寒家食，適友人持此册求售，留齋中細閲一通，知爲張力臣先生精抄，摹篆古文，精當適逸，如出真本。後歸石湖張進，愛似頭目，身後圖史散佚，流傳徒移，百餘年間，又入我目，何緣之巧耶。急典三千錢易之，他日不知落誰手也。鐵道人。【鐵記】

同治三年歲在甲子三月，常熟翁同龢收得此本。

蔭見懋勤殿朱竹垞手抄本與此毫髮無異，所得明刻本則惡劣者也。薛尚功手書墨跡，嘉慶時錢辛楣猶見而跋之，今不知所在。惟自宋以來摹鐘鼎文者喜作兩頭纖鋭字形，古文字精神盡失，不無可惜。《積古款識》却無此病，而所收少於薛矣。

叔平兄以吾言爲如何？光緒元年秋，潘祖蔭。

「少」字下脱一「遜」字。阮數多于薛，而僞器多也。此紙乞附存之。弟蔭又識。

「首頁『壺』小譌。似梱之古文。

此當是沐盤，與頮字同。

古文篕字本如此，小篆變篕，失其本意。而皿部仍收盨字，異其讀解，其實古文之遺也[二]。」

此楊濠叟箴也。瓶生記。

〔一〕此條天頭有「丁」字印。

〔二〕以上三行，係照描楊濠叟箴。

蛟峰方先生文集[一]　八卷　二册

宋方逢辰撰。

藏印：南昌彭氏、知聖道齋臧書、遇讀者善。

〔一〕此條天頭有「乙」字印。

吴郡志〔一〕　五十卷　十册

范成大撰。

藏印：吴卓信印、立峰、項儒、金竹山房。

〔一〕此條天頭有藍圈、「庚」字印。

韋齋集〔一〕　附《玉瀾集》　精抄本　十二弓　四册

朱松喬年撰。宋人。

藏印：姚氏臧書、謙牧堂臧書記。

〔一〕此條天頭有紅圈、「庚」字印。

東觀漢記〔一〕　二十四卷　武英殿底本　四册

劉珍、班固等撰。

〔一〕此條天頭有「庚」字印。

全唐詩逸〔一〕　卷首有天明八年淡海竺常序文　一册

日本上毛河世寧纂輯。男三亥校。

藏印：均齋祕笈。

先文恭公題簽。

〔一〕此條天頭有「庚」字印。

新安志〔一〕　十弓　二册

宋羅願撰。

藏印：賜硯堂圖書印、名予曰瑩尊字予曰韞輝、聽雨樓查氏有圻珍賞圖書。

〔一〕此條天頭有紅圈、「戊」字印。

集注太元〔一〕 六卷 四册

司馬光撰。

題記：《太元集注》六弓，司馬温公撰，前有《讀元》一篇。後四卷則右丞襄陵許翰所注，仿韓康伯注《繫辭》例，合温公書爲十弓，末有明許禎卿等識語。是書見《郡齋讀書志》及《直齋書録解題》，世尟傳本，故《四庫書目》不載，祇載晋范望解，而范注多謌。黄蕘圃藏宋半農評閱本，深譏晋人不識字，及觀温公《集注》，則已先半農而言之矣。予得此精抄本于廣陵士人家，蓋亦從士禮居藏本傳録，温公作《潛虚》以擬《元》，世有能讀《元》者，其必折衷于温公矣。咸豐七年倉龍在丁巳二月廿八日人定後，常熟翁同書志于邗上軍中。

〔一〕此條天頭有紅圈、「庚」字印。

讀書敏求記〔一〕　文安公手鈔　二册

錢曾遵王撰。

〔一〕此條天頭有「己」字印。

五代史〔一〕　八册

宋歐陽修撰。徐注。

〔一〕此條天頭有藍圈、「己」字印。

張右史文集〔一〕　十五册

張□〔二〕撰。

藏印：臣恩復、秦伯敦父、海虞凌秋家藏、翁同書字祖庚、子孫寶之、石研齋秦氏藏。

題記：張文潛集曰《柯山集》者凡一百卷，曰《張龍學集》者凡三十卷，曰《張右史集》者凡七十卷。此皆宋時所行之本也。今《四庫》所儲《宛邱集》七十六弓，其卷數乂與前數本不合。予駐師邗上，購得《右史集》十五册，末有吾史趙琦美跋，知此本係琦美攟拾而成，脱落已甚，原闕二十二卷至二十四卷及三十三卷，今又闕第十二册五十卷至五十三卷。案胡應麟《筆叢》言，嘗見《文潛集》于臨安僻巷中，明旦訪之，則夜來鄰火延燒，此書倏煨燼矣。然則此本倖存，詎不當愛護邪？首册有一印曰：「海虞淩秋家藏。」蓋吾邑士人從清常道人家傳録者，適落吾手，亦宿緣也。咸豐七年五月十一日，常熟翁同書識于揚州城南蔣王廟軍營。

第五册册尾題字：東阿于小谷于本有「直好飲耳」，至「且復傾吾觴」，亦作十八弓終，姑録于此。然以「尔」字合於「直好飲耳」，文義似爲一首，予本文義似非此首。後者當俟之異日或得別本再正之。清常道人記。石研齋秦氏印

〔一〕此條天頭有藍圈、「丁」字印。

〔二〕此處底本空一字。天頭批曰：「原闕」。按，當是「末」字。

文泉子集　一册

唐劉蜕撰。

藏印：文選樓、揚州阮氏琅嬛仙館臧書印。

永嘉書目[一]　一册

先文恭公題字云：此温州孫衣言琴西徵書記也。予以家臧數種付之，刻入《永嘉叢書》中。瓶生。

〔一〕此條天頭有緑圈。

李長吉詞詩　一册

李賀撰。

藏印：長吉、翁斌孫印。

卷首有先公手寫李賀小傳二頁。卷尾題字云：鬲菴姪有臨陸勑先校南宋本《長吉詩集》，借校一過，並臨其圈點。此本與宋本相合處頗多，亦可珎也。辛丑二月四日，笏居士校畢記。

此本舊有朱墨圈點，今用藍色別之。

此外又有先公手録《五總志》、《珊瑚鉤詩話》、《讀書愚見》、《宣室志》、《槁簡贅筆》、《詩談》數則。

經籍跋文　先公藏　一册

陳鱣仲魚撰。

題記：是弓刻《別下齋叢書》，楊舍人文屬其戚人抄存一本。此本從楊鈔出。庚午六月十七日，爲睨公親家手校一過，凡今鈔譌字徑改，楊誤旁識，或標字簡端云。錫曾記。

御制詩集　一册

先公題字云：此本從蘇齋老人家中流傳而出，册中朱字疑爲老人手筆，宜珍祕之。丙辰中秋，斌孫志。

墨筆行書似亦出公手。

杜氏體論　袁子正書　一册

《杜氏體論》，杜恕撰。《袁子正書》，袁渙撰。

困學齋雜録　自號録[一]　趙某泉抄本　一册

鮮于伯幾撰。

藏印：趙印輯寧、杭州趙之玉完伯父印。

題字：乾隆癸巳，從書局借瓶花齋抄本景寫，其中脱誤甚多，俟覓善本正之。七月朔分抄書者記。

丁酉十月朔，吴門陸貫夫先生以所藏明人舊抄本輟贈，蕭閒無事，取舊時録本校讎一過，改定凡數十字。初九日，知不足齋書。此二則照趙晋齋本録。

右杭州趙素門先生録。藏書凡書　種[二]，皆罕見祕帙也。手抄者爲先生伯子完伯，而朱校則爲先生遺跡云。先生父名賢，字端人，與鈍丁、樊榭、壽門游，有詩名。完伯弟次閑，工書畫刻印，享盛名者五十年。蓋風流好事，後先勿替也。毋嘉記。

〔一〕此條天頭有紅圈。

〔二〕此處底本原空。

詞辨　一册

澄懷録　一册

周密公撰。

藏印：蔣香生氏秦漢十印齋收臧記、檇李曹溶、翁斌孫印。

題記：此書已刻入《淡生堂餘苑》。惜無從借得一校□本之同異。寅叒閲畢記。

敝帚軒剩語〔一〕　一册

明沈德符撰。

藏印：蔣香生秦漢十印齋收藏記、翁斌孫印。

題記：景倩先生《野獲編》紀勝國典章文物，博贍可信。竹垞太史極推重之。近活字刻本分類萃緝出，嘉善錢氏重定，非原書也。《野獲編》分前後二集，專録掌故，其瑣語扈詞及記載書畫詞曲者曰《剩語》，即此是也。又曰《飛鳧紀略》、《頋曲雜言》，共三種，錢氏合而編之，失作者意矣。詒。

〔一〕此條天頭有紅圈。

小蓬萊閣金石文字〔一〕　二册

黄易撰。

題記：錢唐黄易竺耆金石，與翁方綱、錢大昕、桂馥、武億、何元錫、李東琪同時，其鑒别號爲精宷。曩嘗見於邗上，疑此帙非完本，後乃知所模止此。及來壽春借得之，令吏抄其跋尾，而屬桂生中行模其碑，與原本雙鉤不差毫黍。叔平弟喜古刻，遂以寄之。同書。

「審」字下奪「此刻神氣具在」六字，遂于下文增此佚字〔二〕。又記。

〔一〕此條天頭有「丁」字印。

〔二〕「佚」，原作「帙」，今正。

馬氏意林　五弖　一册

唐馬總撰。

藏印：徐鴻寶精心所聚。

仲長子昌言　魏文帝典論　一册

《昌言》，漢仲長統撰〔一〕。

〔一〕此原小注於「昌言」二字下，今依全書體例移於此。

建炎進退志〔一〕 一册

李綱撰。

藏印：翰林院印、青鄉玕室、二梧書屋、翁斌孫印、常熟翁同龢藏本。

題記：丁亥夏日，以徐少〔二〕匆翰新刊本對校，知此本譌誤亦多，因簽記之。六月六日，翁斌孫記。

〔一〕此條天頭有紅圈、「丙」字印。

〔二〕少，疑「小」字誤。

寶章待訪録 先文勤公手抄 一册

米芾撰。

題記：米禮部《寶章待訪録》真跡曾臧明人張丑家。丑輯《清河書畫舫》，備載其文。

海嶽精鑒爲宋代第一，辨析原流差爲可信。京華車馬如織，胷次塵俗，手此一編，稍稍蕩滌。既愛其文乃鈔寫短册，以供翻閲。寒夜篝燈，兩夕而畢，目眵腕脱，字體欹斜，殊自哂也。道光甲辰除夕，常熟翁同書抄畢因志。

家覃谿學士能作細楷，裁如粟米許大而結構嚴整，用筆沉雄，展之皆可尋。丈嘗見其蠅頭細跋，微妙不可思議。聞先生晚年每歲元旦于瓜子仁上作書，以驗目力。予目力素明，十年前每于晴朗之夕，閑步中庭，仰視三垣二十八宿，雖極微之星，皆歷歷可辨。今則迥不如前矣，惟燈下作書，目力未減耳。然大小疎密，悉軼出于規矩之外，求如蘇米齋之一筆不得也。

新得明尚寶少卿陸子傳手抄《畫鑑》一册，勁秀而不露圭角，筆意全出鍾王。今年秋收得吾邑朱燧子新所抄元人賦三册，矜爲枕中祕笈，今又得是册，足稱兩絶矣。

祖庚又書於借一瓻館。

草莽私乘 一册

陶宗儀撰輯。

藏印：秦漢十印齋印、翁斌孫印。

海虞雜志 一册

兩漢文選 先文恭公書簽 一册

藏印：古潭州袁卧雪廬珍臧。

題記：康熙再壬寅六月，予自楚中還里，溽暑無事，目檢二漢文之曾經先師義門先生講授者，屬季弟抄出，以便行笈内携帶、温繹。及重陽楚學使黎君抑堂復遣使相招，迫促束裝，而未録者遂漏十之三四，他日當更手寫一過，並補所缺焉。雍正元年八月中秋後三日，穎谷自記。時寓京師汪氏之聽雨樓。（以上硃筆。）

蘇材小纂〔一〕　明抄　一册

祝允明撰。

藏印：歸印有光、虞山錢曾遵王臧書、同龢珍祕、尗鄭後人、翁印斌孫、華伯、毛褒、常熟翁同龢藏本、均齋祕笈、長生安樂翁同龢印、翁斌孫印。

題記：此册龢年十五時以百錢得于靈宫廠前書攤，當時以爲至寶，今三十年矣，兒嬉侍事之日，邈不可再。哀哉，鮮民不若無生。

光緒元年六月十一日，病暑初起，翁同龢。

〔一〕此條天頭有紅圈。

金姬傳　海角遺編　一册

《金姬傳》，楊五川撰。《海角遺編》，漫遊野史記。

藏印：逸心珎臧、翁斌孫印。

金國南遷録〔一〕　皇元聖武親征録　一册

張師顔録。

藏印：翁斌孫印、王宗炎所見書、秦漢十硯齋印。

〔一〕此條天頭有藍圈。

絳帖平〔一〕　景宋抄本　二册

姜夔撰。

藏印：桐華館、瀫卿、臣翁曾文、翁斌孫印、紱卿珍臧。

題記：此余兄子紱卿所藏也，壬申七月檢舊書得之。回憶死者已二十年，嗟痛之餘，有淚盈卷。因以畀斌孫，俾毋忘乃父之志。是月十有四日，叔平記。

此日爲紱卿忌日，述其意示斌孫。嘻，其言之悲也。

束髮真聰敏，勝衣太瘦生。廿年吾有子，一日汝成名。適長宗祧重，艱難母子情。傳

經千古事，豈合問公卿。甫聲

〔一〕此條天頭有紅圈。

春秋贅　明韓君望手抄。　三册

胡安國撰。

藏印：長洲蔣鳳藻印信長壽、秦漢十印齋臧、韓洽私印、君望父。

題記：丙子人日，劉丈湃生招飲，出示徐武子《杜詩識小録》手稿。謂予曰：「此書得之緑潤堂，其中尚有手稿數種，皆吴下鄉先輩所著，子曷物色之？」予諾而往，繙帑架上，僅得是書。坊賈目爲舊抄，索價十六餅。予循覽首尾，完好無闕，知世間更無副墨，亟以十餅購成。是書雖專爲場屋而設，而糾正《胡傳》亦頗有見，且通體真書，端謹不苟，具徵昔賢用力之勤。舊府志所載君望著述獨遺此書，予纂府志藝文，據以補入，乃知一書顯晦，亦有定數云。同邑後學王頌蔚。頌蔚私印　文恪後裔

玄牘紀 一册

盛時泰撰。

藏印：秦漢十印齋印、錫曾校讀。

題記：右蒼潤軒帖跋，得之福州，已三年矣。今冬檢閲一過，鈔胥草草，别字滿紙，略爲正之，不能一一改也。丁卯冬中初九日，季貺記。

光緒丁丑三月，以往年蘇州所得舊抄本及丁氏八千卷樓所得抄本，合此彙校。及半，旋以他事中輟。戊寅九月，自福州來漳浦，復續爲之，粗竟一過。三本中唯此本從明抄出，參伍推詳，其譌字已正十九，尚有俟檢他書校定者。有三本皆譌不能意定者，又有原本文義本未妥帖、似誤而非誤者。盛君諸跋，是停雲鬱岡一派，微病裝綴，似尚在文門諸弟子之下。重九日篝燈記。錫曾。

書面題字：此記與觀妙齋所引蒼潤軒題跋同，當即一書而異名也。諸跋詳于書跡，疏于考證，金石學中之别支也。詒。

抄本多誤，倘以李書對校，可正七八。

心史 精抄本　四册

鄭思肖撰。

藏印：長洲蔣鳳藻印信長壽。

題記：書中空格甚多，當自明槧舊本景抄可知。千古忠臣義士，卓然不朽。讀林氏序爲之慨然。（以上蔣香生手筆。）

蒙隱集 二卷　一册

宋陳棣撰。

藏印：蔣香生秦漢十印齋收臧記、翁斌孫印。

石墨鐫華 先兄敬之題簽　一册

藏印：惠朗後身、僑字幼客。

歷朝古文〔一〕　精抄　六册

藏印：翁斌孫印。

〔一〕此條天頭有「甲」字印。

水經注〔一〕　四十弓　景宋舊抄　十二册

桑欽撰。

藏印：何印壽仁、文端公遺書、越谿艸堂、翁印同龢、翁斌孫印、稽瑞樓、袁又愷借校過、吴郡沈文、辥之印。

題記：嘉慶乙丑九月借校，因正錯簡脱失。廷壽。

〔一〕此條天頭有緑圈、「甲」字印。

也是園藏書目〔一〕 二册

錢曾遵王撰。

先文端公題云：乾隆癸未春，書賈携來舊抄書目一册，標名「述古堂」，實即《也是園書目》也。其中或抄或景抄或爲宋元刻，俱一一注之下方，洵所謂好之真而知之真者矣。閲之殊足資人博識，用是仿而録之，並卷帙之舛誤遺漏者是正之。惟釋道二藏與雜劇小説録中所無，故闕焉，而未參訂。樗徑許我。

今年初秋，同里俞蓮士茂才大潤買得是書，予亟借歸，命僕楊春抄録副本，手自臨校，嗣以營治先慈窀穸，遂中輟。九月，蓮士與幼兒同龢偕登拔萃科，亦足徵文字因緣也。此書舛錯重複處尚多，它日當求善本再校之。道光戊申十一月二日，常熟翁心存校畢並識。

〔一〕此條天頭有緑圈、「己」字印。

記政録〔一〕 二册

即《天啓記政録》。徐肇台撰。

藏印：長白敷槎氏堇齋昌齡圖書記、楝亭曹氏臧書、翁斌孫印。

自明天啓四年至末年。先文恭公題簽。

〔一〕此條天頭有藍圈、「甲」字印。

孝詩〔一〕 一册

林同撰。宋人。

藏印：翁同書字祖庚、半查、臣璐私印、秦伯敦父、石研齋秦氏印。

題字：嘉慶六年，石門顧脩重刻陳起《江湖小集》，此亦其一種也。王述菴序謂乾隆丙子曾見於揚州小玲瓏山館，然不及三十種，是此册亦經述菴流覽矣。丁巳三月十一日，藥房書。是日清明節。房藥

宋史之空齋似即劉克莊序中之寒齋，諸書互異，無繇攷正，要之萃忠孝于一家，其書足以傳世矣。此本從臨安府睦親坊書籍鋪刊本傳抄，曾藏廣陵馬半槎及秦敦夫家。予以其人有忠孝大節，特用重價購諸市上。同書。□〔三〕

錢唐陳起彙刻《南宋六十家小集》，此即其一也。刻本流傳絶少。奭齋又記。寶瓠齋

（以上墨筆。）

續攷得福清之林氏遠有代序，號爲玉融。林氏有林格者，官將作監簿。格子遹，龍圖閣直學士。遹子埏，知沅州，贈金紫光禄大夫。埏子瑑，國子博士，出知興化軍，又知全州，擢廣南西路提典刑獄，改知袁州，請祠，除直祕閣。瑑二子，皆有至性。長公遇，迪公郎，監潭州南嶽廟，即寒齋也；次公選，字養直。公遇子二人，曰同，曰合。劉克莊爲志其數世之墓，具見《後村集》中。後村文《嘗題林合詩》云：「余嘗以寒齋方魏野、林逋，以子真方野子閑。」是寒齋隱居樂道，其二子皆不仕。先世譜系班班可考，故具著之。同書又跋。丁巳三月五日。（朱筆。）

公遇字養正，扁其室曰「寒齋」，亦見《後村集》。

〔一〕此條天頭有紅圈、「己」字印。

〔二〕此處本乃描摹之印文，底本原缺。

嘉祐集〔一〕　十五卷　二册

宋蘇洵撰。

藏印：畢瀧澗飛氏藏、翁印同龢。

題記：咸豐丙辰四月初七日，以義門何先生手批本校。龢記。

丙辰四月初八日，有以何義門手批《嘉祐集》來售者，直甚昂，因假得，盡一日夜之力臨校一過。明日將放榜矣。同龢識。

何氏批本乃明崇禎十年仁和黃氏重編本，共二十卷，其中文字有抄本所無者，余臨義門評語訖，因校勘一過。

〔一〕此條天頭有紅圈、「甲」字印。

平菴悔稿〔一〕　二册

項安世平甫撰。

藏印：臣恩復、秦伯敦父、海虞翁氏陔華館圖書印、翁心存字二銘號遂庵、翁同書字祖庚。

題記：是書〔二〕自秋室先生摘輯，吴太初抄録成編後，距今將八十年，流傳甚尠，合之阮文達所進，海内度不過數本。此二册爲江都秦氏所藏，蕪城再淪，棄寘頹垣敗壁間，小有浥爛，幸免劫灰。然而鯨魚跋浪，滄海横流，正未知所屆。近聞粤賊已踞處州，不識松陽殘本猶得保全否。物之存毁，書之傳不傳，是有數焉，不可强也，爲之掩卷三歎。戊午夏至日，遂菴識。參知政事

此編乃余秋室先生從《永樂大典》録出，知不足齋鮑氏録其副。江都秦敦夫先生篤愛異書，又從鮑氏傳抄。自揚城再陷，秦氏藏書盡失，往往見於蔥肆錫擔，間有拎以來者，予必以厚直收之，是亦其一也。下册稍有浥爛，因令人稍整治之。而漫記收藏之歲月，使後

之人知擐甲行間者尚知寶貴古籍如此，若明窗凈几，日長無事，束書不觀，殊可惜也。咸豐七年二月朔，翁同書跋於邗上軍中。

翁同書字祖庚

阮文達《揅經室集》進書提要云：「《宋史・藝文志》載《丙辰悔稾》四十七卷，近日傳本殊希，厲鶚《宋詩紀事》僅從《后邨詩話》、《方輿勝覽》、《后村千家詩》蒐采數首。此則依舊鈔過録，合前後集凡一千二百八十五首，分卷與《宋史》不合，即《后村詩話》所録《春日》、《堤上》、《吹帽臺》、《抛球》、《糟蟹》、《永州》諸作，皆未見于是編。卷六以下，乃慶元丙辰謫居江陵後所作，缺佚雖多，然就存者觀之，固紹熙、嘉泰間一作者也。」同書案：此册共詩一千四百餘首，較文達所進本又多百餘首，則阮本非即余本可知，或即從松陽項氏舊藏殘本傳録歟。同書又識。

〔一〕此條天頭有紅圈、「己」字印。

〔二〕「是書」二字旁，底本描摹「知止齋」小印。

影宋抄寶祐會天曆[一]　先文勤公書簽　一册

題記：《宋寶祐會天曆》一册，乃曝書亭[二]臧本，從崑山徐閣老肅家借抄，後歸秦敦夫，曾經歙縣程徵君鑒定。今年春，揚州再陷，典籍再戹。南豐鎦燕民孝廉偶獲此本，予假録其副。考寶祐四年歲在丙辰，是歲文天祥及第。今年歲亦在丙辰，蓋閱十丙辰矣。咸豐六年東坡生日，常熟翁同書志于軍中。

六百年來十丙辰，摩挲殘曆歲朝春。能令異代抄書客，尚想當時對策人。科目祗因名節重，忠肝驗取性情真。書云候日渾閒事，聖瑞應知識鳳麟。

同書又題。（以上墨筆。）

六日七分占鳳律，五更三點憶鵷行。腐儒不曉疇人術，獨愛殘編發古香。

推步相承夜子時，鄱昜博物尚然疑。世人莫漫輕靈憲，除是張衡若箇知。

丁巳元夕閲《十駕齋養新録》復題二絶句。祖庚。

〔一〕此條天頭有「己」字印。又按：此條已見前，因文字不同，各存其真。

〔二〕「曝」，原作「暴」，今正。

屏山集〔一〕　二册

宋劉子翬撰。

藏印：士禮居藏、石君、翁同書字祖庚、祖庚在軍中所讀書。

〔一〕此條天頭有「己」字印。

古今鹺略〔一〕　九号　四册

明汪砢玉撰。

藏印：姚氏臧書、吴興姚氏邃雅堂鑑賞書畫圖籍之印、聽雨樓查氏□□□□□、長白敷槎氏堇齋昌齡圖書印、棟亭曹氏臧書。

〔一〕此條天頭有藍圈、「甲」字印。

陸士衡文集〔一〕　一册

陸機撰。

藏印：東壁圖書、元照之印、芳茮堂印、錢唐嚴杰借閱、嚴氏修能、香修、文弨借觀、張氏秋月字香修一字幼憐、蕙櫋、長生安樂翁同書印、祖庚曾讀、何元錫借觀印。

題記：仲冬初七日，以抱經學士所校者謄録，小跋見下册《士龍集》後。日莫目昏，不能再看，姑俟明日可也。久能父。

〔一〕此條天頭有緑圈、「己」字印。

陸士龍文集〔一〕　一册

陸雲撰。

藏印：同上。（連前一册爲《二俊文集》。）

題記：《二俊文集》二十弓，知不足齋所臧景宋抄本也。頃從主人借閱，目爲犆校一過，其誤處往往與他本相同，蓋南宋刊本不能無舛，翻雕者不加覆勘，率以宋本爲據，遂不免襲謬滋惑尔。是編加以「二俊」，命名之雅及後幅所具諸條，猶可想見當時承印官書之式，俱俗本所無，宜主人之十襲也。乾隆丙午中元日，懷玉記。何元錫借觀印

《晉二俊文集》二十卷，鮑丈以文藏本，余借讀匝月，譌脱頗多，雖宋本殊未盡善。武進趙味辛舍人曾爲校勘，亦未能精細。重陽後盧抱經先生過予芳茉堂，借去重校，凡補正處悉用條帋夾出，予因爲度録于行間，稍便觀覽。嗚乎，校書之難，誠有如昔人掃葉撲塵之喻，即此書雖經屢校，豈能必無訛脱？然以視原本則過之遠矣。乾隆五十有九年甲寅十有一月初八日，芳茉堂主人嚴元照書。

嘉慶四年季秋望後一日，贈嵇蘭唐。元照又書。

景宋鈔《晉二俊文集》二十卷，舊藏鮑氏知不足齋，曾經趙味辛舍人、盧抱經學士暨芳茉堂主人嚴久能校勘。按四庫止收《士龍集》，而無《士衡集》，且云未見徐民瞻刻本，是宋刻久成《廣陵散》矣。此本遇宋諱皆闕筆，的係從原本景寫，而譌脱極多，未爲善本。《士龍集》中「行矣怨路長」一詩及「芙蓉」、「嘯」二題悉如《四庫提要》所譏，與俗本曾無少異。

又民瞻序稱《雲集》六卷，而此刻實分十弓，抑又何也？予經粱園之變，行篋中宋元佳槧蕩焉泯焉。鈴下騎卒陳錦以公事過邗上，物色得此，歸以奉予，亦足稱祕笈矣。咸豐九年二月廿二日，翁同書跋于定遠軍中。

續得明刊本，旋復失去，惜未及與此本一對也。祖庚再記。

〔一〕此條天頭有緑圈、「己」字印。

東都事略〔一〕　一百三十弓　二十四册

王稱撰。

藏印：文端公遺書、翁印同龢、臧真精舍偶得、紀春帆圖書記。

題記：右《東都事略》一百三十卷，凡廿四册，明人鈔，小楷精謹，殆是錢罄室一流人所書，可寶也。翁同龢記。

〔一〕此條天頭有藍圈、「甲」字印。

閑閑老人滏水文集〔一〕 二十弓 二册

金趙秉文撰。

藏印：南昌彭氏、知聖道齋藏書、遇讀者善、事作盦、翁斌孫印、白堤錢聽默經眼。

〔一〕此條天頭有「甲」字印。

詩論〔一〕 一册

宋程大昌撰。

〔一〕此條天頭有「甲」字印。

復社紀略〔一〕 二册

藏印：文端公遺書、翁印同龢、翁斌孫印。

題記：《復社事實》云：「福藩稱制，阮大鋮怨戊寅秋南國諸生顧杲等一百四十人之具《防亂公揭》也，日思報復。復爰有王實鼎『東南利孔久湮，復社巨魁聚斂』一疏，阮語馬士英曰：『孔門弟子三千，而維斗等聚徒至萬，不反何待。』至欲陳兵于江，以爲防禦。心知無是事，而意在盡殺復社之主盟士。時沈士柱〔二〕、宜興陳定生貞慧輩皆就逮繫獄，桐城錢秉鐙〔三〕、宣城沈壽民亡命得脱。假令王師下江南稍緩，則復社諸君子難免白馬之禍矣。」

吴來之昌時少受業周忠毅宗建，故與清流通聲氣，而爲人墨而狡。既通籍，日奔走權要，探刺機密，以炫鬻市重。周延儒之再起也，昌時爲通關節。及爲首輔，其辛未所取士馬士來本延儒師〔四〕，力勸以正，故初治事頗有賢聲，而昌時則挾勢弄權，大啓倖門。延儒視師通州，一晨而昌時之啓事八至。上密刺之，知其狀而未發。既御史蔣拱辰劾昌時贓私巨萬，事多連延儒，並言内通中官，漏洩禁密事。上震怒，御中龍門親鞫之，遂下獄論死，始有誅延儒意。時魏藻德新入閣有寵，謂其師薛國觀之死，昌時實致之，恨昌時甚，因與陳濱排延儒。掌錦衣者駱養性復猜蜚語，上遂命盡削延儒職，勒自盡，而昌時棄市。《吴江縣志》　昌時，吴江人。

〔一〕此條天頭有「甲」字印。
〔二〕底本于「沈士」二字旁注「黨錮」二字。
〔三〕「錢」，底本原作「不」，今正。
〔四〕「馬士來」，底本如此，按當作「馬世奇」。

明畢孟侯年譜〔一〕 一册

胡博文編。

先文恭公題字云：新安人，萬曆戊戌進士，終南京户部侍郎，崇禎甲申二月卒。

〔一〕此條天頭有紅圈。

滄螺集 一册

宋濂撰。

藏印：笥河府君遺藏書記。

和林金石文　一册

先兄澤之題云：此順德李太夫子稿本，長洲葉君宜文學録以見貽。今君宜已作古人，重展是册，慨然久之。慵盦志于長安。

元音獨步〔一〕　味經堂抄本　一册

揭傒斯撰。

藏印：斌孫、雲之君子、笏齋小印。

〔一〕此條天頭有紅圈。

訂正史記真本　一册

宋洪遵撰。

覃溪先生雜記 一册

先公書簽。

安南志略 廿弓 有虫損處 八册

元黎崱撰。

藏印：秦漢十印齋印。

唐詩别裁稿本 一册

藏印：翁斌孫印。

題字：此沈歸愚先生與陳君務滋初輯唐詩原稾也，故其評語與《别裁》稍有參差而爲詳盡，學者寶之。光緒丁亥五月中浣三日，月老記。輔廷

此册予幼時得之里門，後題數語，即吾鄉老輩宗月鉏先生筆也。（以上先公題字。）

廣學解　一册

辜湯生著。

先文恭公題云：洋文教習辜湯生所著文。現在湖北方言館。甲午六月，汪穰卿抄來。

美公使論傳教事。法約内第六款並無「教士在各省置買田地建造自便」語。

騈雋　一册

竹平安館摘抄。

梅花道人遺墨　先公書簽　一册

吴仲圭撰。

佩韋齋雜著(二)　五册

吴熊光撰。

一册及二册首七頁，先公手寫；二册八至十七頁，先兄澤之手寫〔二〕。

〔一〕此條天頭有「甲」字印。

〔二〕此行文字原注于題下，今移正。

東澗老人手鈔明詩　殘本　四册

藏印：秦漢十印齋印。

題記：此東澗老人手抄《明人詩選》殘本也。東澗字跡古雅易辨，觀其删除北地，詆斥信易而崇尚白沙風均，可知其用意所在矣。蔣香生得此于上海郁氏，流傳有緒，亦頗賴蔣君簡端數字表章之耳。

光緒辛丑七月十一日，晨起稍涼。松禪題記。

此四册中吾虞祇四人：盛彧、錢曄、錢洪、蕭韶。又寓公張著一人而已。松禪過眼　斌孫

錢謙益，字受之，號牧齋，江南常熟人，萬曆庚戌賜進士第三人，國朝官至禮部尚書。

此公在前朝負盛名，居思陵枚、卜之列。爲烏程所訐，遂不復振，當時惜之。不幸有彦回之壽，滄桑狼狽，不堪言狀，可歎也。其生平却不以書著，觀此手録《列朝詩選》，字跡古雅有藴藉，始知國初遺老風味，因多有不可及處。毛子晋《歷朝詩》載虞山錢牧齋先生序，載天啓初嘗撰次明詩幾三十家，越二十餘年而開寶之難，載藉亦失，復有事于斯云。此《明詩選》手録本，余于春間得諸郁氏，未眾即此本否，往見牧齋手札字跡宛然，惜已殘破缺失，幾難涉手，爰訂裝成書，分作四帙，暇日當取《歷朝詩》補訂其缺，以成完璧，豈非人生一大快事哉。

庚辰六月十一日，長洲蔣鳳藻香生識。

范忠貞公畫壁集〔一〕　一册

范承謨撰。

〔一〕此條天頭有「丁」字印。

今水經〔一〕　一册

黄宗羲撰。

藏印：翁同書字祖庚。

題記：此書余嘗參檢群籍，細書其上。劉星防丈借抄一本。後予書失去，乃假劉本重録，而復用朱筆校一過，亦可以爲槎客問津之助矣。

咸豐七年二月，翁同書識。

〔一〕此條天頭有「丁」字印。

漱玉詞　先兄澤之藏　一册

李易安撰。

藏印：信社中人、臣紹谷印。

題記：辛未九月，贈宛君閨友。

小畜集[一]　四册

王禹偁撰。

藏印：吕晚邨家臧圖書、南昌彭氏、知聖道齋臧書、遇讀者善、豪中私印、東萊吕氏明蓤艸堂圖書印。

題記：舊臧《小畜集》足本，取館書互勘，從其義長者；其兩通者並存，注一作某，犂然可讀。又從曉嵐宗伯借抄《外集》，亦多讐正，再當整理並重抄之，可爲善本矣。

癸丑八月四日，原是學齋手記。

〔一〕此條天頭有緑圈、「丁」字印。

佩韋集[一]　二十弓　三册

俞德麟撰。

藏印：姚氏藏書、謙牧堂藏書記。

〔一〕此條天頭有紅圈。

徐狷庵集　二册

徐介撰。

具次晁先生詩集〔一〕　一册

晁沖之撰。

藏印：謙牧堂藏書記、涑水司馬王記。

〔一〕此條天頭有「乙」字印。

稽瑞樓雜鈔〔一〕　先文恭公題簽　四册

《孝經》、《戴記》、《大戴禮》、《荀子》、《夏小正》、《月令》、《書序》、《詩序》、《韓詩序》、《爾雅圖贊》、《左傳》、唐詩絶句。

〔一〕此條天頭有藍圈。

續宋中興編年資治通鑑〔一〕 十五弓 附《宋季三朝政要》六弓 四册

劉時舉撰。

〔一〕此條天頭有藍圈、「庚」字印。

震川先生應試論策集〔一〕 一册

歸有光撰。

藏印：稽瑞樓、運昌之章、高陽伯子、海虞翁氏陔華館圖書印、樊印天游、象昭、蔣曾瑩字稟韓別號半痴、翁心存字二銘號遂庵。

〔一〕此條天頭有藍圈、「庚」字印。

名家制藝文敘 一册

先文恭公書簽。

勑議或問 國朝典故三十六 不全 一册

明抄本。

代數開方簡術〔一〕 一册

夏日瑯撰。

〔一〕此條天頭有藍圈。

常熟翁氏藏書記六

按：原稿本第二八二至三六三頁，應是「鈔本」之下半。此册在運動中佚去。發還抄家物品時，全函中獨闕此册。函套上增一「社—八三八」標簽。

常熟翁氏藏書記七

舊刻本

先文勤公批本莊子

凡四册。首頁寫「周蘭生贈，祖庚所藏」。全書用硃筆圈點並加眉批。書尾跋有：「咸豐六年九月六日，點畢于揚州蔣王廟軍營，祖庚志」。

先文勤公手批古文辭類纂 合河康氏本

凡七十四卷，分十八册，裝三函。卷首先文恭公題云：「此先兄文勤公手批本，正癸亥蒙難之時，而精整若是，烏虖！可以觀矣。今以付斌孫藏之。兄嘗命龢曰：『吾將遺吾子孫之能讀書者。斌孫勉之哉。』光緒六年七月，翁同龢記。」先文勤公自注曰：「本朝能士，文者推方苞侍郎，一傳爲劉大櫆，再傳爲姚鼐，三傳爲梅曾亮。余盡得讀其文，且奉教于梅先生矣。顧嘗謂古文之善者有二，古淡與奇崛而已。桐城之派出於震川，古淡誠有之，而奇崛則否。豈李翺所云「言不必區難易者」耶？抑時代之遷流使然耶？姚先生選《古文辭類纂》七十四弓，近假得梅先生手寫本，間附評語，其字句及標點與行世本頗有異同，於是以朱筆臨識。既又痛其簡也，用墨筆别加評點于上，或疑其妄且贅。余曰：夫讀文如遊山，然專一壑不以爲隘，行萬里不以爲饜，所好不必同也。至於朝露夕霏、春陽秋爽，雖同遊一地而所賞又不必同也。予求古人之精神於千載上，使起兩先生于九原，方將相視莫逆，而何必拘拘于筌蹄爲哉。癸亥六月，翁同書。」書尾有「常熟翁同龢藏本」印。

先文勤公手批閱微草堂筆記〔一〕

凡二十四卷，十册，河間紀氏閱微草堂原本，硃筆批點。

〔一〕此條天頭有「已」字印。

先文恭公手臨明人批本戰國策 「高氏《戰國策》」

雅雨堂本，凡兩册，用硃墨各筆批點。卷首題曰：「曩時吾兄祖庚督師邗上，得明人澹庵氏所評《戰國策》，絶可愛，因手臨一本。未幾原本燬失，今録此本以爲福，將貽諸好事者。」黄筆圈點臨劉海峰先生閲本。每章首紫色標點，則姚惜抱老人所選也。鮑校、黄校甚精，並録一二于下方。紅筆圈點購時本有，姑留之。同治四年六月，同龢記。

先錦來公圈點道德經

凡一册，大字本，卷首有「翁印信標」、「錦來氏」兩印。

西藏奏疏〔一〕 六册

先文恭公題籤並題字云：此書無撰人姓名，敘次罣漏，至道光末年止。

〔一〕此條天頭有藍圈、「己」字印。

沈下賢文集　二册

吴興沈亞之撰。

先慵庵兄題簽。

三唐人集[一]　道光間刊本　二册

李習之、皇甫持正、孫可之。

先文勤公評點本。

第一册後文恭跋云[二]：

以嘉靖中刊本對勘正七十餘字，其疑者兩留之。嘉靖本謬誤固多，卷首標目揔一十八卷，凡一百三首，旁注二首。原缺其第九卷目録，有「疏引見待制官注」云云。缺第十二弓目録，碑傳四首，而止有三首，意本有歐昜詹傳，以缺而剷其目歟。《答開元寺僧書》一首毛刻佚去，後以《唐文粹》補入，嘉靖本則載於第六弓，因知舊刻之勝于毛刊。至毛刊臆改處尤可笑也。龢志。辛酉六月。

〔一〕此條天頭有「丙」字印。并有眉批（據原行款録如左）：

「封面上　先文恭題：評點本，缾生讀。藍筆遵《文醇》，墨筆依儲選。

皇甫集　朱校依葉在君。墨藍筆出文勤公手。

孫集　藍筆遵《文醇》，墨筆臨儲同人選本。」

〔二〕此跋底本即作小字。

道光癸卯廣東齒録〔一〕　文勤公所取士　一册

先公書簽。

〔一〕此條天頭有藍圈、「庚」字印。

三國志　批本　八册

先公書簽。

花間集〔一〕　明本　二册

趙崇祚集。

藏印：泰石山房、宛咸之印、雲澤王氏家臧、赤浦家藏、嘯東草堂、程印光珠、清芬堂、高架引藤花、朗潤、西山爽氣、琴川翁氏慵广所臧古今詞曲之十三。

〔一〕此條天頭有紅圈。

曝書亭集〔二〕　先文恭公書簽　兩函　十二册

朱彝尊著。

〔一〕此條天頭有「丁」字印。

遊宦紀聞　二册

臨川李穆堂輯。

宋四六選　兩函　六册

先文恭公臨文勤公評點本。

藏印：翁同龢校定經籍之記、均齋祕笈。

題記：硃筆、墨筆俱臨伯兄閲本。同龢。

竹雲題跋　虛舟題跋　墨妙樓本　先公題簽　各四册　共八册

王篛林撰。

周易程傳〔一〕　臨瞿忠宣公評本　三册

藏印：均齋祕笈、翁同龢校定經籍之記、常熟翁氏藏書。

先文恭公臨評本，先文恭公題簽。

〔一〕此條天頭有藍圈、「丙」字印。

唐人詩十二種〔一〕　明東山席氏刻本　六册

先公書簽。

〔一〕此條天頭有紅圈。

山海經　水經注〔一〕　乾隆間刻本　共六册

《山海經》，晉郭璞傳。有藥舫手勘印。《水經注》。漢桑欽撰。

〔一〕此條天頭有紅圈。

駢體文抄　合河康氏刊本　五册

先文恭公録先文勤公批點本。

藏印：常熟翁氏一經堂藏書、叔平所藏、龢。

鑒誡録　先公校宋本　二册

蜀何光遠撰。

傅沅叔先生題簽。

藏印：翁斌孫印。

柯庭餘習 古香樓本 二册

汪文柏季青撰。

先慵庵兄題簽。

遼金小志 先公題簽 二册

元葉隆禮撰。

元宇文懋昭撰。

輟耕録(二) 不易得之舊刻本 四册

南村田叟陶九成撰。

藏印：雲間陸耳山珎藏圖籍、師竹齋圖書、千蒼。

題記：汲古閣刻本中有脱去數頁者，此爲舊本，最不易得，予以京蚨八緡購之廠肆，爲之喜劇，暇時當作跋以誌之。丁巳初夏，結一廬主人朱學勤識。

此書有陸耳山珎藏印，耳山之徵起也，余方試南宮，叨列詞館，同校《四庫全書》，死未三十年，而子孫已不能守其書籍，況玩好乎？可慨已。墨莊〔三〕。

月齋居士張穆，原名瀛暹，余舊友也，績學工書，賫志以歿。閱册端題字，爲之憮然。同治元年二月四日，㪊齋學人識。

月齋係平定州優貢生。又記。

宣武門外上斜街路南一宅，湯海秋鵬舊寓也，白日見怪異。月齋于道光戊申攜家居之，妻子皆暴病死，月齋悒悒，旋下世。

癸卯九月客沛南，復將由濟南作淮上之游，從祝七公子□得此書，以遺車中日月。余家舊有此書，丙申春在里曾繙閱一次。此明刻本，又爲耳山舊物，信亦可貴。書中頗多經墨筆評乙，蓋即此號墨莊者所爲也。月齋居士

墨莊者，四川綿州李雨邨之從弟鼎元也。鼎元以乾隆四十三年戊戌入詞垣，授職檢

討，致官中書，升兵部主事。㐆齋居士，山西平定孝廉張石州穆也，有才無命，淪廢終身，有《㐆齋文集》行世。耳山先生之子，予年十七八時曾識之于金陵號舍，時年五十許，樸實人也，今忘其名字矣。雨邨擁厚貲歸里，園林聲伎之盛，甲于蜀中。歿後三十餘年，其子孫流落不偶。予道光壬辰使蜀，曾周卹之，閲此書，不勝感喟。拙叟記。

〔一〕此條天頭有紅圈。又題注「不易得之舊刻本」下，底本用朱筆括注「明本」二字。

〔二〕此條底本原録在「宣武門外」一條之後，據底本所標之※標識移正。

吴會英才集　先兄慵庵藏本　四册

畢沅編序。

藏印：翁澤之、潤、虞山翁之潤讀書印記。

黄山谷詩（黄詩内篇）〔一〕　明刊本　四册

黄庭堅撰。

藏印：倦圃、曹鎔之印、明善堂所見書畫印記、潔躬、□玉堂臧書記、常熟翁同龢臧本、均齋祕笈、翁印同龢。

先文恭公題簽。

題記：十一月望後二日點畢，晴寒無雪，遺蝗可憂。同龢記。（第四册。）

又：望日點此册，暫撥官事，寒月入窗，頗清冷。瓶生。（第三册。）

壬辰十一月十三日大風，寒不可支。拈凍筆盡此册，朱點疑出倦圃，而予續之，妄矣。瓶生。（第二册。）

查刻黄詩十四弓，以校蘇齋所輯内外集合刻，頗有是正處。壬辰十一月十日，龢記。

〔一〕此條天頭有藍圈、紅圈。藍圈在紅圈之上。

李明仲營造法式　朱氏依紹興本刊印　八册

李誡明仲撰。

朱桂莘先生贈。

歐陽文粹〔一〕　寶善堂本　明本　二册

宋歐陽修撰。

藏印：義門何氏家藏、屺瞻、何焯之印、戴熙虞載、王鳴盛印、西莊居士、鳳喈、青岑讀本。

〔一〕此條天頭有藍圈。

南村帖考　二册

先文恭公藏本。

藏印：松禪、徐子晋。

水經注箋刊誤〔一〕　先文勤公書簽　四册

趙一清著。

〔一〕此條天頭有藍圈。

五代史　汲古本　四册

宋歐陽修撰。

唐人萬首絶句選　批點本　兩册

王士禛選。

題記：沈蓮溪從竇澤堂借得𦼮翁、少宗、伯公所閱《唐人絶句》，眉間補録，兼及宋詩，因屬陳倩穎樓代寫。圈點處，余依式手録，兼旬而畢。合之《王選五七言古詩》評點本，詩家三昧在此矣。若欲究以五七言律，則今年所録二馮評《瀛奎律髓》，參以查初白、紀曉嵐兩先生之評。論有偏至處，互相補救，各得其平。惜余衰老，不能深思，書此以冀子孫之能詩者。咸豐乙卯八月十二日，讐翁手誌於閒心静居。

春秋世族輯略〔一〕 先文勤公藏 一册

王文源夢圃著。

藏印：同書。

〔一〕此條天頭有藍圈。

丹鉛續録 先公題簽 二册

楊慎撰。

藏印：五雲閣藏書。

春夢十三痕 先文端公藏 先公書簽 一册

許桂林撰。

皇朝謚法考〔一〕　有先文恭公眉批　一册

鮑子年撰。

〔一〕此條天頭有藍圈。

貴州選拔同門録〔一〕　道光己酉科　一册

有先文勤公注字。

〔一〕此條天頭有藍圈。

洨民叢稿　先文恭公書簽　一册

孫傳鳳撰。

懷舊集　一册

馮舒已蒼輯。

題字先文恭公：此册應置吾邑叢書中，瓶生。

原抄係當時稿本，潘公刻，後未還。

邑志云巳蒼構釁於邑令，指所著《懷舊集》爲訕謗，曲殺之。今檢此集亦不見所謂訕謗者，正當流布以白其誣。

竹葉亭雜記　先文恭公書簽　二册

後漢書　七家　六册

姚元之伯昂撰。

（謝辰〔一〕、司馬彪、袁山松、張璠、華嶠、謝沈。又失名。）

汪文臺輯。

〔一〕底本如此，「辰」當作「承」，另：此僅列六家，七家中尚有薛瑩一家。

小石帆亭著録〔一〕　先文勤公書簽　一册

翁方綱撰。

〔一〕此條天頭有藍圈。

鳳台祗謁筆記　一册

董恂撰。

惜抱軒集　先文恭公批閲本　三册

姚鼐著。先文恭公書簽。

昭明文選　批本　八册

梁昭明太子撰。

藏印：畢印懷圖、畢氏惟永、翁斌孫印。

李太白全集　先文勤公題簽　二册

李白撰。

藏印：十笏齋甘泉山人藏印、甘泉山人藏印、竹廬、竹溪、輕車都尉、翁斌孫印。

題記：此集係崑山徐氏所藏，有繆公跋一則。乾隆丁未楊氏以重價易得。道光元年初夏，余在文成堂書坊見之，以家臧御案《五經》版刷書相换，上加十笏齋藏印。緣是刻悉正譌缺，完南豐曾氏攷次之舊，誠善本也。願傳之後世，保藏無失焉。辛巳中元節，竹溪記。

《李翰林集》三十弓，常山宋次道編類，而南豐曾氏所攷次者也。歲久譌缺，俗本集出，增損互異，無所是正，余嘗病之。癸巳秋，得崑山徐氏所藏臨川晏處善本，重加校正，梓之家塾，其與俗本不同者，别爲攷異一弓，庶使讀是編者，不失古人之舊，而余亦得以廣其傳焉。康熙五十六年五月，吴門繆曰芑題於城西之雙泉艸堂。

嘉慶癸亥初秋，在禾中小芳蘭軒録得繆題一則，徐貢甫筆也。己巳七月十七日里中記。（硃筆。）

《太白集》世鮮佳刻，癸卯冬曾見此本於蘇台書肆，以價高未市，後常悔之。丁未初冬，過宣州廣文邵先生東軒，復見此本，如遇故人，喜不自勝，以白銀三兩易焉，並記顛末云。竹廬。甘泉山人

此丁未初冬在宣城時書，轉瞬十七載矣。癸亥九秋記。

戊午仲冬，荷制府薌林公奏署安協，匆匆就送，琴書多留新安，此帙亦未攜隨。辛酉告病歸林，冬日始取自新安，寄置嘉禾。越二年，癸亥夏仲游浙，秋杪取回各物，在旅中細讀一過，並記。十一月初一日寒夜里中書。（硃筆。）

己巳六月二十日起至七月二十日，共批圈杜工部、韓昌黎、李太白、李義山四君子詩集一過。予自弱冠喜吟詩，今已三十年矣。溺于詞章，空費日力，殊可笑。四十歸田，即有意漢學，又聞中西算學之大略，皆實學也。今耽浮華而怠于經籍與有用矩地規天之術，予誠謬矣。書以自戒，從後不復可終日弄詩作詩人已也。七月廿日薄莫書。

乾隆丁未十月，以銀三兩買之邵廣文，時署寧國，今忽忽廿三年矣。嘉慶癸亥秋日，在嘉禾小芳蘭軒中，旅懷落寞，細讀一過，以破幽情。越六載，己巳初秋里居閒談，重讀一過，隨筆詳記，得書圈讀，歲時于弓末云。七月二十日，耕雲子筆。（硃筆。）

吾學録初編　不全　六册

吴榮光撰。

靳文襄公治河方略〔一〕　十册

崔應階編。

〔一〕此條天頭有藍圈。

素書〔二〕　明本　一册

黄石公撰。

藏印：謙牧堂臧書印、御史之章、季印振宜、滄葦、季振宜藏書、北平謝氏藏書印、翁斌孫印、香髓閣、小桐報曾。

題記：星泉先生得力此書者有年矣，故其修身、齊家、治國無一不合乎理。于家爲孝子，于國爲良臣，近時所見者鮮矣。道光丁亥春，仲先生調守大名，不才亦因公入塞，相晤於保陽，敘談及此，借抄一過以歸之，藉誌數語。揚州林報曾識。歸廬

林小桐，江都人，阮文達注《經籍纂詁》，小桐與其兄仲雲慰曾任覆校之役，蓋知名士也。弢夫記。

〔一〕此條天頭有紅圈。

白石道人詩集　白石道人歌曲　先文恭公書簽　各一册

姜堯章撰。

題記：戊戌七月，輪舶至潯昜，昜舟入彭蠡，江湖交匯，沙水斠然。余舟適滯于此，坐看石鐘山，樓觀咫尺。讀此卷竟，葛衣猶揮汗也。

松禪記。

董彥遠除正字謝啓合疏　先公書簽　一册

毛晉訂。

逸周書　抱經堂本　先文勤公書簽　一册

晉孔晁注。

精選史記　先文勤公臨震川先生批本　十一册

藏印：同書、祖庚在軍中所讀書、寶瓠齋、翁同書字祖庚。

題記：劉星房前輩借得震川先生批本《史記》。連日苦雨未克，督兵進攻，因向轉借，就此荆川選本摹出，窺豹一斑，知其全矣。咸豐七年三月五日，翁同書記。是日天雨，自曉至莫不止。

精選漢書　五册

藏印：同前

知止齋詩集[一]　十六卷　四册

先文端公著。

〔一〕此條天頭有帶點紅圈、「己」字印。

曬書堂筆録[一]　先文恭公題簽　四册

郝懿行蘭皋輯。

〔一〕此條天頭有「己」字印。

東林列傳 有缺頁 六册

江陰陳鼎定九編。

藏印：東林吾師、李岱、魯山、翁斌孫印。

題記：丁卯二月閒居福州，因閲潘氏所刻劉若愚《酌中志》及西溟先生舊藏《酌中志餘》殘本。稱「野史氏輯」，不知何人彙刊。《天鑒》、《點將》二録及《盜柄東林夥》、《夥壞封疆録》、《東林籍貫》、《東林同志録》、《頭□□案》凡七種〔一〕，失去《天啓宫詞》並《故宫詞》二種。因檢此讀之，以資參證。此外尚有竹笠塢遺民《先撥志始》及《五虎五彪》，招予求之十年迄不得之。《復社姓名録》予舊有璜川吴氏寫本，後見素神兄處有爲《復社姓名考》者，是新刻本，皆以越州庚申〔二〕之亂失去。倘更得而並覽之，則明季黨禍始末亦可得其大概矣。詒祖給事洪謨、族祖文忠、鳳翔皆黨人，給事兩子、詒本支祖及叔祖列復社。淵源所系，尤深敬止云。周星詒謹志。

〔一〕「頭□□案」，底本如此。案，此當指《欽定逆案》一書。

〔二〕「申」，底本原誤作「辛」，今正。

汪鈍翁文鈔〔一〕　先文勤公藏　六册

汪琬苕文撰。

〔一〕此條天頭有藍圈。

明夷待訪録〔一〕　先文恭公題簽　一册

黄宗炎〔二〕梨洲撰。

藏印：均齋祕笈。

題記：同治甲子、乙丑間，與温州孫蕖田前輩同在京師，蕖田諶深三禮，又講求當世之務，輿地尤所長也。嘗約余日讀《待訪録》數條，越日相見，則推闡其義，疑者則駁辨焉。未幾，蕖田罷歸，余入直講殿，遂少師友之益。廿餘年來學遂荒落，良自咎也。丙戌十月，龢記。

〔一〕此條天頭有「甲」字印。

〔二〕底本如此，按，「炎」當作「羲」。

焦山鼎銘考　先公題簽　一册

翁方綱撰。

永安耆獻狀〔一〕　先文恭公書簽　一册

李玉麟重刊。

〔一〕此條天頭有藍圈。

遺山詩集　卷首有年譜　抄　批點本　二册

元好問裕之撰。

藏印：同龢、宋鉞之印、宜堂、張印公權、廉讓居、丙章、竹初、塔射園、公權、張氏丙章、半舫居、雙鋒、公琇。

題記：江左後學王友光曾讀一過。

己丑九月于滬上候海舶，見此本，倉卒未收，鹿卿送入舟，黯然也，乃尋閒話解其意曰：「《芳洲圖》、《遺山集》爲我致之。」庚寅閏月，扈從謁東陵將發，而《芳洲圖》與此並到，不覺喜舞。既又念萬里樓前海風驚牖時也。十三日醉後記。同龢。

册内有宋鉞、張公權、公琇等印，評點頗佳，不知出何人手。己亥十一月檢篋得此，適鹿卿姪亦來山中，剪燈共讀，致足樂也。是月望日，松禪老人記。

冬暖，風雨如晦。

周易參義　通志堂本　先文勤公批本　二册

梁寅撰。

題記：庚申十二月廿五日閱畢，是日立春。同書記。

顧炎武曰：《周易》自伏羲畫卦，文王作《彖辭》，周公作爻詞，謂之經。經分上下二篇。孔子作「十翼」，謂之傳。傳分十篇：《彖傳》上下二篇，《象傳》上下二篇，《繫辭傳》上下二篇，《文言》、《説卦傳》、《序卦傳》、《雜卦傳》各一篇。自漢以來爲費直、鄭元、王弼所亂，取孔子之言，逐條附於卦爻之下。程正叔《傳》因之，及朱元晦《本義》始依古文著爲經二弖，傳十弖，復孔氏之舊。永樂中修《大全》，取朱子卷次，割裂附之《程傳》之後，而朱子所定仍復殽亂。後來士子猒《程傳》之多，棄去不讀，專用《本義》。而《大全》之本乃朝廷所頒，不敢輙改，遂即監版傳義之本刊去《程傳》，而以程之次序爲朱之次序，相傳且二百年矣。惜乎，朱子定正之書竟不得見于世，豈非此經之不幸也哉。

右《日知録》一則。案梁氏此書一用朱子《本義》定正舊式，極可寶重，因識於此，使學者知其本於考亭云。同書。

昌黎先生詩集注　秀野草堂本　四册

顧嗣立俠君删補。

藏印：秦漢十印齋、休陽汪氏裘杼樓臧書印〔二〕、碧巢祕笈定本、柏溪沈寶稼幼樵臧書印、織簾先生五十世孫、穀宜之印、海昌唐三、幼樵珍藏、穀宜私印。

〔一〕「裘」，底本誤作「褢」，今正。

幻花菴詞抄　張大木先生自校本　周銘鼎　一册

張梁大木著。

藏印：梅生。

西魏書〔一〕　先文勤公書簽　二册

謝啓昆撰。

藏印：章氏石塘、臣濂印信。

〔一〕此條天頭有藍圈。

永嘉三怡集 高麗本 一册

潤泉子、沆瀣子、海居子。

南華經 一册

藏印：鶴齡、屈筠、翁斌孫印。

海居齋詩抄 先文勤公書簽 一册

豐山洪顯周世叔撰。（朝鮮人。）

欽定古今圖書集成（内一册石印） 十册

（氏族、博物藝術。）

藏印：寧邸珎藏圖書。

南園文存〔一〕 一册

錢灃撰。

藏印：蔄印宗傑。

〔一〕此條天頭有「丁」字印。

日本雜事詩 先文恭公點閱 二册

黄遵憲著。

李義山詩集 批點本 二册

李商隱撰。

題記：此本得於京師論古齋，把玩未嘗去手，忽忽十餘年矣。今京師不守，海王村化爲腥羶之所，金石書籍强半灰燼，偶爾憶及，何勝感歎。

辛丑二月三日，笏居士題記。翁斌孫印

瓶水齋詩集 先兄澤之題簽 六册

舒位立人撰。

楚辭後語 一册

朱熹輯。

分甘餘話 先公書簽 二册

王世禎撰。

諏吉便覽 二册

方言〔一〕 抱經堂本 一册

楊雄撰。郭璞注。

〔一〕此條天頭有藍圈。

呂衡州文集〔一〕 先文勤公書簽 二册

唐呂温撰。

〔一〕此條天頭有「辛」字印。

徐孝穆全集 先公書簽 一册

徐陵撰。

玉谿生詩箋注　先公書簽　四册

馮浩孟亭編。

樊南文集詳注　先公書簽　四册

李商隱撰。馮浩孟亭編訂。

藏印：翁、裴卿。

查浦詩抄　先公書簽　四册

海寧查嗣瑮德尹撰。

感舊集　先公書簽　六册

王士正撰[一]。

藏印：嚴景華印、觀空寄傲之齋、翁印斌孫、一笏齋、笏齋祕笈。

〔一〕「正」，底本如此，按當作「禛」。

静志居詩話〔一〕　二十四册

朱竹垞著。

〔一〕此條天頭有藍圈。

十駕齋養新録〔一〕　四册

錢大昕撰。

〔一〕此條天頭有藍圈、「己」字印。

東萊左氏博議　舊刻　先文恭公題簽並抄補　六册

藏印：均齋祕笈、翁印同龢、常熟翁同龢藏本。

九經[一]　明本（初印本）　十册

秦璞編。

藏印：秦璞、的佺。

《周易》《周禮》《禮記》《書經》《詩經》《春秋》《孝經》《論語》《孟子》。

〔一〕此條天頭有紅圈。

歸震川先生評點史記　先文恭公題簽　八册

藏印：稽瑞樓、均齋祕笈、虞山翁同龢藏、文端公遺書、翁同龢長壽印信。

題記：余少時有臨震川先生《史記》閲本，入都後爲華亭司農取去，今歸院長揆公。去年從院長處借來，藍筆重臨一本，其圈點處皆文章筋脈，雖簡略，殊警要，不可易也。今春于徐君亮直案頭復見一本，藍朱間出，云皆係震川先生手筆，前有披閲凡例，因復取而臨之。黄筆標舉皆起伏開應，亦時于閒處領神。藍筆則較前圈點稍多，時有冗漫，似遜前筆，皆馮定遠先生語。余云震川每一下第即閲《史記》一遍，故閲本最多。今所見者當以黄筆及前本藍筆爲定，徐本藍筆略之可也。康熙庚寅三月上巳日，嚴虞惇記。（硃筆。）

震川先生《史記》閲本有朱黄數色筆，而傳本不同，詳見《清白居士集》及錢警石《曝書雜記》。此本乃稽瑞樓所臧。稽瑞樓者，吾鄉陳子準丈揆積書之所也。子準丈博覽群籍，所收宋元舊槧與邑中兩張氏照曠閣、愛日精廬相埒，而此僅臨黄色筆，餘皆闕如，蓋其慎也。龢兒時喜誦《史記》，先公手授是書，且曰文章以義理爲主，波瀾意度其末也。甲子春假得王少和通政所收洪稚存過本，與姚薑塢手臨本對勘，因補朱色圈點，然失之略。越四年戊辰，又見龐寶生侍郎、楊協卿庶常藏本，龐本傳自張皋文，楊本傳自錢警石，兩本纖悉畢合。于是決意補足，以還舊觀。上元前後數日，上以典禮繁多不御弘德殿，乃乘暇日課三册，五日而畢。又校宋本異同于下方。時河北捻匪竄涿鹿，九門内外燈火晏然，予亦撻户誦讀不輟。後之讀者，其毋負此審擥矜慎之意哉。

同治七年正月十有七日，常熟翁同龢記。

晁具次先生詩集[一]　缺一本　三册

晁沖之撰。

〔一〕此條天頭有「丙」字印。

薩天錫詩集[一]　明刊本　一册

（明宏治十六年李舉刻本。）

藏印：曾在陳彦和處、文正曾孫、劉印喜海、燕庭、潘功甫借觀、劉、燕庭臧書、笴河府君遺臧書記。

〔一〕此條天頭有紅圈、「辛」字印。

漢書地理志稽疑[一]　二册

全祖望撰。

〔一〕此條天頭有藍圈。

金石癖〔一〕　勉熹堂藏本　四册

吴玉搢撰。周季貺題簽。

〔一〕此條天頭有藍圈。

歐陽行周集〔一〕　明弘治十七年吴克明刊本　一册

歐陽詹撰。

藏印：笥河府君遺臧書記、劉喜海、燕庭、味經書屋、毛晋祕篋、嘉蔭簃臧書印、文正曾孫。

〔一〕此條天頭有紅圈、「辛」字印。

雅頌正音〔一〕　明洪武刊本　有抄補殘損處　二册

元劉仔肩選。劉燕庭題簽。

藏印：燕庭臧書、劉印喜海。

〔一〕此條天頭有紅圈、「辛」字印。

書影　先公題簽　六册

櫟下老人撰。

洪氏集驗方　士禮居覆宋本　一册

河汾詩　汲古本　一册

元房祺撰。

選詩續編〔一〕　元刻本　有抄補處　一册

劉履選。

藏印：鳴野山房、翁斌孫印。

題記：此册是寅兒得之越中者。予少好聚書，爲目録校讎之學，二十餘年藏弆七萬餘弓，連屋充棟。有以書售者，宋元明槧見即别白，蓋有心得而口莫由宣者，門生、世講從余講求，悉未能□得肯要，惟寅能得十七八。鑒别書刻百不失一，四部□叢勝但認書腦包角即撿之出，校勘脱誤頗具妙悟。《七略》以次，官私簿録門□分合，略能舉之。予藏書中經手校者具在，可知非□□也。每私喜所學有傳，何意數年頓失，故步荒博（下闕）。（以上周星詒筆。）

書面題字：《選詩續編》四卷，著録《千頃堂目》，元劉履輯，世傳僅寫本，此蒙古傳刻印本也。（周星詒筆。）

〔一〕此條天頭有紅圈。

東皋子集〔一〕 明刊本 一册

唐王績撰。

藏印：劉印喜海、燕庭、燕庭藏書。

〔一〕此條天頭有紅圈、「辛」字印。

詩經疏義〔一〕 明刊本 虫蝕多處 六册

藏印：稽瑞樓、得者須愛護、周印星詒、小琅嬛清祕張氏收藏、虞山張□□□□信印、季貺、瑞瓜堂印。

〔一〕此條天頭有紅圈。

義門讀書記 六册

何焯撰。

韋注國語　日本覆刻宋天聖明道本　五册

藏印：篠氏家藏、翁斌孫印。

讀書敏求記〔一〕　四弓　二册

錢曾遵王撰。

題記：道光戊申伏日，段何鉏亭許氏所藏舊抄本手校一過。知止齋居士翁心存記。心存

〔一〕此條天頭有「乙」字印。

吴詩集覽〔一〕　十八卷　先文恭公題簽　八册

吴偉業梅村撰。

藏印：叔平、叔平手校、白雲小吏、笙□寶圖書印。

題記：癸巳六月，臨祖庚兄閱本。（墨筆。）

臨錢湘靈先生閱本。叔平。（硃筆。）

余家藏有錢湘靈手批《吴梅村詩集》，龢年十四時以朱筆臨校一過。癸丑四月，猶子曾源自黔還京，携吾兄手批《吴詩集覽》本，援證賅博，因復録于上方，以補靳注之闕。時吾兄被命赴揚州軍營，由潼關循河而南，未獲入京省覲，即龢豈能無陟岡瞻望之思哉。

〔一〕此條天頭有藍圈。

陳文恭公手札節要〔一〕 一册

桂林陳□□〔二〕撰。

〔一〕此條天頭有「丁」字印。

〔二〕底本原缺，當是「宏謀」二字。

古今均考〔一〕　一册

漢陽葉潤臣撰。

〔一〕此條天頭有「丁」字印。

蒙求增輯〔一〕　先文恭公書簽　二册

唐仲冕撰。

〔一〕此條天頭有「丁」字印。

平津讀碑記　先文恭公書簽　二册

洪頤煊撰。

唐四家詩〔一〕 不全 一册

王維、孟浩然。

汪立名輯。

藏印：汪東山讀書記、龢、松禪過眼。

〔一〕此條天頭有「丙」字印。

明文在〔一〕 一百卷 末頁微殘 六册

薛熙纂。

藏印：秀埜艸堂顧氏臧書印、顧印嗣立、俠君、吴霽、竹堂。

〔一〕此條天頭有藍圈、「辛」字印。

前漢書 先文恭公書簽 函 册

李文山詩集 汲古閣本 一册

李群玉撰。

藏印：周季雲珍藏書、幼文、晋潤、淞、承霧、周廉潤印、季雲、翁斌孫印。

唐皮日休文藪〔一〕 有先公藏印 四册

〔一〕此條天頭有「辛」字印。

太白山人漫稿〔一〕 明本 二册

孫太初撰。

藏印：彝尊私印、錫鬯。

〔一〕此條天頭有紅圈、「辛」字印。

李文公集　十八弓　明刊本　二册

李翱習之撰。

藏印：長白敷槎氏堇齋昌齡圖書印、楝亭曹氏藏書。

晞髮集　五弓　外集一弓　一册

謝皋羽撰。

藏印：天都鮑氏困學齋圖籍、遺稾天留、曾在鮑以文處。

題記：《晞髮集》，明時凡六刻，弘治間馮允中刻于海陵，嘉隆間程煦、凌縉同時刻于睦州、新安二郡，萬曆壬子、丙申、戊午先後刻此本及繆一鳳、張蔚然二本。予于辛未秋購此，近于人迥樓借得繆、張二刻較對。繆刻多謬，不足據。張刻最佳，因從校正，間以繆本參之，別以硃墨。于張本得逸詩數篇，附録于上。吴自牧《宋詩抄》有《晞髮近稾》五十餘首，俱此本所不載，暇日當録出合訂，庶成全璧云。乾隆癸酉三月十九日，雲門鮑廷博識。

繆刻七弖又續録二卷，張刻十弖内附録三弖。鮑以文藏書記

夏小正　通志堂本　一册

藏印：静永堂印。

先公書簽。

古兵符考略殘藳　羅振玉手抄石印本　一册

翁大年撰。

愛日精廬藏書志〔一〕　先文勤公書簽　四册

昭文張金吾撰。

〔一〕此條天頭有藍圈。

楚辭　光緒黎陽端木氏仿巾箱本　一册

錢塘遺事　埽葉山房本　先公書簽　四册

元劉一清撰。

藏印：翁斌孫印、斌孫讀過。

題記：乙丑之夏，内兄季仲牧爲購書于福州陳氏，得是書舊抄本，爲鮑渌飲先輩手校者，丹黄滿紙，讎對精審，真篋衍祕帙也。惜前後數紙，臧者不慎爛佚斷缺，每以爲憾。今年九月來福州，於後街書肆以二百錢得此，據以補完鮑本，亦一快事也。聽鼓之暇，復以鮑本與此對勘一過，筆之上方，以爲齋中副册。丙寅十二月，季貺、李蕙同觀。

此爲席氏校刻《四庫全書》本，其脱文悞字，非見鮑校舊抄，無從補正也。官書之不足信據如此，可喟也。予二十年來收得當日進呈本百十種，往往有舊刻、名抄，校讎善本棄之不用而反以劣本著録者甚，且有宋元人著述曾經呈進，而《提要》中並目不存者，其粗疎艸率殊令憤慨。鮑氏知不足齋、張氏照曠閣、盧氏雅雨堂、何氏連筠簃諸刻本，世皆推爲校讎精著，予嘗得渌飲、琴六張氏嘉手校底本十餘，彙集諸本，再三勘對，字裏行間，朱墨將遍，更屬通人學士重爲校泶。一書到手必合數本，經累校乃以付梓，可謂勤慎不苟矣。而予以舊寫本校之，補脱正訛，多至百數十字，少亦十數字不等，其中張氏刻書最多，誤亦較甚。夫此諸刻猶且如此，其他輕率從事者益可想矣。故先輩購書，凡舊槧舊抄、名人校本，雖殘編賸卷，不惜重價購之，獲如□目，寶過珠玉者，蓋深知新刻之不足據也。然非深於校讎目録之學者不足語此，蓋書□兩本對讎，自首至末，字字詳勘優劣，未易辨也。星詒志。

崇正辨〔二〕 元刊本 三册

胡寅明仲撰。

藏印：平江貝氏文苑、蔄書藏書、吴下蔣印、秦漢十印齋藏、汪士鐘字春霆子藏圖書畫印、五硯樓藏、貝印□□、簡香父。

〔一〕此條天頭有紅圈。

昭明文選 汲古本 批點本 二函十六本

藏印：葒谷、柮芳書屋。

洪武正韻〔一〕 明本 二册

藏印：寔甫。

〔一〕此條天頭有紅圈、「辛」字印。

鐵網珊瑚書品（畫品） 先文勤公批閲 九册

朱存理編。

史記　汲古閣本　十二册

藏印：文端公遺書、翁同龢長壽印信、均齋祕笈、文端文勤兩世手澤同龢敬守、翁同龢校定經籍之印、常熟翁同龢臧本、小安樂窩、虞山翁同龢印、康節二十四世孫□□□章。

先公書簽：何義門批本，稽瑞樓舊藏。

輿地廣記〔一〕　有虫蝕處　四册

宋歐陽忞撰。

題記：《輿地廣記》三十四卷，黄紹甫仿宋刻也。此爲初印本，中有朱緑墨三色校語，而墨校亦非出一手，其著子者但子復耳，亦莫攷爲誰氏也。此舊爲戴子高臧書，予從乞得之，失其序跋。又原有攷異附後，今亦失之，故莫稽其詳。其曰周本，當是香嚴家本。其曰顧者，疑是南雅先生尊人也。此本千里先生頗以爲譏，詳本集跋語，知非出讀書堆本也。重是先輩手跡所寄，重裝藏之，他日得足本當再補完。姑記數語，以志疏陋，且待訊訪云。辛未中秋二日，詒。

〔一〕此條天頭有紅圈。

大事記〔二〕　元刻本　二十册

吕祖謙撰。

〔二〕此條天頭有藍圈、「戊」字印、紅色小圈。

柳柳州集　蒯氏覆宋本　一册

藏印：洪魯畫圖書記、翁斌孫印。

唐女郎魚玄機詩　景刻南宋本　一册

白氏諷諫 景宋刻本 一册

白居易撰。

中興間氣集 景宋刊本 一册

高仲武輯。

孔子家語 日本刻本（寬保二年） 五册

魏王肅撰。

呂衡州集〔一〕 十弓 揚州秦氏槧本 一册

唐呂温撰。

〔一〕此條天頭有藍圈。

鐵橋漫稿　長洲蔣氏刻本　先公書簽　四册

嚴可均撰。

藤陰雜記　有虫蝕處　先文恭公批校本　一册

吟梅居士撰。

南華詩抄　先文勤公書簽　二册

張鵬翀撰。

藏印：陳氏珍臧印。

清嘉録　六册

顧禄撰。

題記：僕生之初在常熟縣署東箱房，自而從先大夫宦游于蘇常、太倉、松江諸府州者凡八年，十歲自畿輔返覆，僑寓于蘇州泮環巷。十二歲乃歸越，時大兄文之爲令吴中，僕侍先大父就養，往來于胥江虎埠間，歲恒數焉。歲庚戌，丁家難，七兄、妹雲復挈之奉母，往寄居故邸，所謂幡園者三易。歲癸丑，避寇復東返，然犇走衣食，亦復時經過之。嗣庚申入覲歸，一省大兄于常熟，遂從官閩中，始與吴地隔越遠矣。蓋迄今三十五年中，計居吴蓋四之三，其鄉之民風士俗，歲時節物，都市津梁，形狀非所昔者，長每入憶。清嘉風土，時作夢遊，而八年中兵火之警每聲，心肺如傷。故鄉覩此述作〔一〕，儼然兒歲遊歷景象。悼今憶昔，不勝溢臉沾膝，作東京夢華慨也。荼磨山人季貺書。

此蓋仿劉同人《景物略》而少□□者，特文不如耳。褚仙根先生曾譔《風俗記》，朱酉生爲之序，當必可讀，惜罕傳也。（以上亦周季貺筆。）

〔一〕底本如此，疑有挩誤。

金壽門雜著（銘、記、小品文） 一册

金農撰。

先文恭公題云：陳曼生刊，甚難得。

論語　孟子　易經　書經　禮記 四册

袖珍版。

釋名 一册

劉熙字成國撰。

藏印：鹽官舊氏。

題記：雍、乾之際吾家中落，先世圖籍散失殆盡，此帙予幼時得之敝簏中，首葉有「鹽官舊氏」圖章，殆是高、曾以上故物，爰重加補綴而存之。其尚睠懷先澤，毋忍棄捐哉。

道光丁未六月十日，翁心存識。

光緒壬辰閏月，山西楊之培持一本來，云是南宋刻，「匡」、「恒」字或缺或不缺，敍末偏左有「臨安府陳道人書籍鋪刊本」四短行，細宷紙墨，當是明人覆刻，忽忽持去，未及校勘，麈摹陳道人數行而已。同龢記。

鬼谷子 石研齋刻本　一册

陶宏景注。

疑年録 又《續疑年録》　二册

錢大昕撰。

子史粹言 一册

丁晏述。

儀禮疏〔一〕　景宋景德官本　五册

賈公彥等撰。

〔一〕此條天頭有「丁」字印，並有批語：「己丑售去」。

百川學海〔一〕　明本　應重釘　六册

〔一〕此條天頭有藍圈、紅色小圈。藍圈在紅色小圈上。

孔子家語〔一〕　二册

藏印：文端公遺書、翁同龢印。

題記：余向讀《家語》，痛其訛闕頗多，未及終焉。甲寅冬用葛板本恭校，互有異同，直取其文從字順者改之。要之，善本不可得見，世欲執泥舊本，以徇其錯謬，非善讀書者也。丁卯正月廿二日得此册，重校一過，記此。竹卿時年七十有一。

〔一〕此條天頭有「甲」字印。

文藪〔一〕　明本　十弓　四册

唐皮日休撰。

藏印：臣印喜海、燕庭。

〔一〕此條天頭有藍圈、「辛」字印、紅色小圈。

二皇甫集〔一〕　明本　一册

皇甫冉。

藏印：翰林院印、重光、子宣、李鈞之印、秉成、燕庭藏書、萬弓樓藏書印、御賜清愛堂、劉喜海、燕庭、約軒、李氏收臧。

〔一〕此條天頭有「辛」字印、紅色小圈。

南嶽唱酬集〔一〕　明本　一册

朱晦翁、張敬夫撰。

藏印：嘉蔭簃藏書印、長白敷槎氏堇齋昌齡圖書印、劉喜海印、楝亭曹氏藏書。

〔一〕此條天頭有紅圈、「辛」字印。

朱文公校昌黎先生文集〔一〕　元本　十册

唐韓愈撰。

藏印：清賢堂印。

〔一〕此條天頭有藍圈、紅色小圈。

屏山集〔一〕　明刻本　二册

宋劉子翬撰。

藏印：燕庭藏書、喜海、書癡、東武、珠里陳氏臧書、嘉蔭簃臧書印、牧齋、笥河府君遺臧書印、書厓、名儒世家、天都陳子書崕閲本、新安陳氏家臧之章、□臧私記、涌石山房、文正曾孫。

〔一〕此條天頭有紅圈、「辛」字印、紅色小圈。

載之詩存〔一〕　一册

釋乘公撰。

藏印：康綸鈞字鵬書號伊山。

題記：乾隆壬子季春廿一日購得珍藏。計一册二部。

釋乘公載衣詩存。合河康綸鈞識。

〔一〕此條天頭有紅圈、「辛」字印。

白虎通〔一〕　明刻本　二册

漢司馬班固纂集。

藏印：翁斌孫印。

〔一〕此條天頭有紅圈。

中吳紀聞〔一〕　《學津討原》本　應重釘　一册

宋龔明之撰。

藏印：秦漢十印齋、吴枚庵校定本、吴聖鳳家藏文苑。

〔一〕此條天頭有藍圈。題下「學津討原本」五字，底本用藍筆寫。

道鄉先生鄒忠公文集〔一〕　四十弓　明刻本　八册

鄒浩撰。

藏印：陔華吟館、翁心存字二銘號遂盦、周印詩頌、海虞翁氏陔華館圖書印、從俞父。

〔一〕此條天頭有「丁」字印、紅圈。此條原在「中吴紀聞」後，係底本誤訂，今改正。

前漢書〔一〕　先文恭公書簽並臨何義門、張皋文評點　每函四册　十四册

題記：《南史·劉之遴傳》：鄱陽嗣王範得班固所撰《漢書》真本獻東宮，皇太子令之遴與張纘、劉溉、陸襄等參校異同。之遴録其異狀數十事。大略云：「案古本《漢書》稱『永平十六年五月二十一日己酉，郎班固上』，而今本無上書年月字。又按古本《敘傳》號爲中篇，今本稱爲《敘傳》。又今本《敘傳》載班彪事行，而古本云『彪自有傳』。又今本紀及表、志、列傳不相合爲次，而古本相合爲次，總成三十八弓。又今本《外戚》在《西域》後，古本《外戚》次《帝紀》下。又今本《高五子》、《文三王》、《景十三王》、《孝武六子》、《宣元六王》雜在諸傳秩中，古本諸王悉次《外戚》下，在《陳項傳》上。又今本《韓彭英盧吴述》云：『信惟餓隸，布實黥徒，越亦狗盜，芮尹江湖。雲起龍驤，化爲侯王。』古本《述》云：『淮陰毅毅，仗劍周章，邦之傑子，寔爲彭

英，仕爲侯王，雲起龍驤。』又古本第三十七弓『解音釋義，以助雅詁』，而今本無此卷也。」（以上先文恭公録。）

〔一〕此條天頭有藍圈。此條原在「中吴紀聞」後，係底本誤訂，今改正。

後漢書 内埘司馬彪《續漢書八志》 十二册

范曄撰。先文勤公題簽並點閲。

五代史記纂誤續補〔一〕 六册

吴光耀撰。

〔一〕此條天頭有「丁」字印。

寰宇訪碑録 五册

孫星衍、邢澍同撰。先文恭公題簽。

後漢書　元大德本　殘本　虫蝕多處　一册

金玉瑣碎　一册

謝堃撰。

先公題面云：此册乃先從叔士吉公物，面署字六，即公筆也。壬午公以海運來京，留應京兆試。予借觀此册，遂留予處。今公下世已將三年，予頃亦遭先君之變，題此數字，不知涕淚之横集也。丁亥秋日，翁斌孫識。

墨林今話　四册

蔣寶齡撰。

先文恭公題：同邑蔣霞竹輯，評點不知何人手。盡削去詩詞，獨記畫人可也。

石渠餘記　六卷　六册

閩王慶雲撰。

奎章全韻　高麗刻本　一册

燭湖集〔一〕　二十卷　六册

宋孫應時撰。

先文勤公題簽：乙丑二月廿八日訪沈四兄珠淵于齊化門外客邸，因以此集見遺。

〔一〕此條天頭有「辛」字印。

心印紺珠經〔一〕　明刻本　（醫書）　二册

〔一〕此條天頭有紅圈。

李翰林集 第十卷至第三十卷有虫蝕處甚多 七册 不全

李白撰。

庚申外史[二] 二卷 一册

元葛溪撰。

藏印：兔牀經眼、秦漢十印齋印、翁斌孫印。

題記：（書面）《庚申外史》以舊抄本校過，舊抄只上弓□□□。

淡生堂本有序未抄。惜未抄補。

嘉慶戊辰，再借平湖錢夢廬所藏澹生堂抄本重校，中間有大段脱落處，三本如一，當覓近時常熟張氏新刻本正之。十月十二日燈下校。

《庚申外史》二弓，鮑以文先生以舊抄本、澹生堂寫本、張氏新刻本合校者。張本得之最後，用藍筆者是也。據郯王改字校語。首葉手跋未及，故坿及之。張刻予未見，不知較兩抄本何如。按之畢氏《續通鑑攷異》引此書濮州童謡云「挖了石佛眼，當時木子反」云云。而此本未有，則三本均有脱落矣，當再訪善本以相校勘也。是書紀載多得之傳聞，年月姓名每與史不合，姑就記憶所及坿識數語，旅行道中不暇撿書盡正也。己巳三月潮州道中，季貺記。

此《庚申外史》上下兩卷，鮑氏知不足齋以文先生手校本也，前有墨筆手書跋語可證。余官閩時得同僚周季貺太守齋中。周名星詒，浙紹人，卷端硃筆一跋即其手跡云。光緒丙戌春日付工重裝，恐致脱漏。長洲蔣鳳藻因記。

〔一〕此條天頭有紅圈、「辛」字印。

獨醒雜誌　十弓　一册

曾敏行撰。

先公題云：癸丑十一月自西陵歸，過京師得此於澄秋閣。斌孫記。十二月朔日校。癸丑嘉平月朔日，以穴研齋抄本校一過。穴研本蓋從宋本傳録。

婦人集 先公書簽 一册

陳其年撰。

信陽子卓録 八卷 先文勤公書簽 一册

張鵬翮撰。

文斷〔一〕 六十七頁 一册

失名撰。

藏印：稽瑞樓、士禮居藏。

〔一〕此條天頭有「己」字印。

毘陵集〔一〕 三弓 附唐球、邵謁詩 一册

獨孤及撰。

藏印：海虞韓愉啓庭圖書記。

〔一〕此條天頭有「己」字印。

揚子灋言〔一〕　嘉慶廿三年石研齋秦氏刊本　一册

先文勤公題簽。

先文恭公題字：以何義門評點迻寫于册。同龢。

〔一〕此條天頭有「丙」字印。

儀禮鄭注〔一〕　仿宋刊　一册

〔一〕此條天頭有「己」字印。

楚辭辯證〔一〕　一册

〔一〕此條天頭有「己」字印。

國朝詩人徵略〔一〕　兩函　十册

張維屏撰。

藏印：南沙翁氏、常熟翁生生於□□長遊京師。

〔一〕此條天頭有藍圈、「庚」字印。

荀子　先文恭公臨文勤公評校本　二册

藏印：姚氏藏書、翁同龢校定經籍之記、均齋祕笈。

題記：譏荀子者以《性惡》、《非十二子》二篇，性惡之説因未碻然，所言善僞，僞讀爲爲，言起于後起之作，爲非誠僞之僞也。其非子思、孟子，殆分立門户之見，不足爲病。又有議其法後王者，錢曉徵先生已辨之，且後王謂文武也。要之荀卿之學貫通乎六藝，而尤長於《詩》《禮》，當時尊爲祭酒，後世尊爲大儒，信乎昌黎之所謂大醇矣。近之治《荀子》者以盧抱經、汪容甫、劉端臨及王懷祖父子爲最善。同書在兵間久，獨喜荀卿之言用兵，先以諸家之説參考異同，定其章句，嘗欲進究其微言大旨之所在。適議進攻瓜洲，募先登繕攻具，倉卒無暇，乃寄歸京邸，而識其末。時咸豐丁巳六月廿五日，同書。（以上文恭公硃筆録。）

荀子補注　一册

郝蘭皋懿行撰。

梅村集〔一〕　二十卷　點閲本（臨錢湘雲批）　五册

吴偉業撰。

〔一〕此條天頭有「己」字印。

白香山詩集　四十卷　隅艸堂刻本　十册

白居易撰。

藏印：桐華館、虞山翁氏桐華館章。

古今説海　道光間本　甲乙集凡二十册

先公題簽並記云：光緒中葉得于吴門蔣氏鐵華仙館，辛酉十月携至京師重裝。翁斌孫志。

水經注〔一〕　四十卷　臨戴東原校本　十册

漢桑欽撰。後魏酈道元注。

題記：據《崇文總目》，酈氏書四十弓，亡其五，今卷帙雖符，蓋後人所分以合其數也。中間訛文錯簡不可枚舉，每當繙閲，輒難津逮。今春假館孔農部清犧書屋，適戴徵君校《永樂大典》本，進呈農部，爲襄其役，共補闕文六百餘字，校正錯簡數處，訛字九千有奇。雖非酈氏完書，而支分縷晰有條不紊矣，因假録一過，于三月十一日起，五月初一日畢。

周印夢堂　有香

〔一〕此條天頭有「己」字印。

四家詩〔一〕 一册

韋應物、柳宗元撰。

藏印：弢龕、汪東山讀書記、同龢、松禪過眼、曼如、邵印震亨、邵氏復初、斓漫。

〔一〕此條天頭有「丙」字印。

吴才老韻補 五卷 坿亭林《韻補正》一弓 道光間本 一册

吴棫撰。

藏印：常熟翁同龢藏本、鶴田、羲音藏書。

題記：甲戌十月於坊間見影宋《韻補》舊鈔，精整可愛。以校，此本頗多是正處，而宋本謬誤蓋不勝指矣。此本刻時嘗合各本參校，而汲古影宋本亦張、何諸君所寓目，不知何緣尚有掛漏。甚矣，校書之難也。是月恭遇寧壽宮慶節，群臣休暇，家兄玉甫莅任楚北，驪駒之歌塞我胷臆，乃于燈殘灰冷時，摩眼作此璅璅，聊以自慰耳。是月二十有三日送行至長辛店，冒風策馬歸，因記。翁同龢。（以上朱筆。）

此十一年前題字也，自長辛店送兄，遂成永訣矣。回環舊夢，家國之淚一時迸下，不可復收。因徐生小勿從浙中寄新刊本來，檢點此册，記數字於後。甲申三月廿六日。

均齋攷藏　翁印同龢

中州金石記　一册

畢沅撰。

題記：丁巳二月廿一日，謝受之贈。笏記。

三希堂法帖釋文　六册

孫功烈等同校。

楞嚴經〔一〕　清初刻本　三册

先公署簽、點閱。

藏印：髮僧、翁斌孫印、正覺道人。

〔一〕此條天頭有藍圈。

史記索隱〔一〕　汲古閣刻本　兩册

小司馬撰。

〔一〕此條天頭有「乙」字印。

嘉蔭簃論泉絶句〔一〕　楊幼雲書簽　一册

劉喜海撰。

藏印：半緣道人楊繼震蓮公以平生精玩漢唐古碑宋元類帖旁及吉金祕籍恍生殉死性命以之。

嘉蔭簃此刻，予求之數年不可得，予年爲此善舉，豈特慰故交于地下？且貽良友于人間！予以配《鹿床叢話》爲晨夕勘玩古金一助。幼雲記。

〔一〕此條天頭有紅圈。

周易正義〔一〕　汲古閣本　黄蕘圃校審本　八册

藏印：臣澧小印、周印星詒、昜嘉、祥符周氏瑞瓜堂圖書、翁斌孫印。

題記：右《周易注疏》校本九弖，共裝八册。乙亥冬季得之福州帶經堂陳氏，窺其大略。先得見惠定宇先生批校本，以墨筆度寫，書上下方及夾注行中。嗣假顧抱沖小讀書堆藏影抄岳板與他氏九行十七字兩宋本核校，則用朱筆表注，又寫補長孫趙公《進正義表》，及任尚書《爲毛氏重刻〈十三經注疏〉敘》於前。通部精寀不苟，必乾嘉間好學嗜古先輩所爲也。予先蓄十行本已爲世所罕見，今又得此書抄，閣中又獲一球珠船矣。喜而志之。同購者爲史載之才，舊抄亦祕册也，並坿記此。十三日夜雨，星詒。

校本所稱景宋九行本，疑是閩本也。齋中《易注疏·咸象傳》一段一百一字脱文，訖未得見，安得單疏一補完之。

〔一〕此條天頭有藍圈。

瘞鶴銘考 康熙本 一册

汪士鋐撰。

武林舊事 十卷 四册

宋周密撰。

藏印：蘭圃、吟香齋、祖庚在軍中所讀書。

九章算術　海島算經〔一〕　校本　二册

劉徽撰。

藏印：稽瑞樓。

〔一〕此條天頭有「庚」字印。

前漢紀〔一〕　稽瑞樓藏　六册

荀悦撰。

藏印：仲雅。

題記：此爲稽瑞樓陳氏所藏臨黄蕘圃校本，上闌浮籤細字則吾亡友陳子準揆手書也。咸豐五年乙卯春二月十二日，遂盦翁心存識。

〔一〕此條天頭有「庚」字印。

知止齋詩集〔一〕　楊沂孫校讀　四册

翁心存撰。

藏印：丁丑、濠翁六十歲後讀。

題記：單圈皆沂所加，密圈則原有。後學楊沂孫敬誦一過。

光緒三年丁丑十一月十七日冬至前一日三更。

十二月十五日寒夜讀竟。硃筆皆沂所妄贅，愛感沁浹肝腸。竊歎無幸，不能早讀。竊喜有幸，猶得晚讀也。

楊印沂孫　吉羊之室

〔一〕此條天頭有「己」字印。

五代史〔一〕　臨何義門校本　明汪文盛本　八册

歐陽脩撰。

藏印：稽瑞樓、陳揆印、子準。

題記：此何義門點閲太倉浦氏臨本，原本評語尚多，今節取之，故與《讀書記》詳略不同。道光四年歲次甲申冬至後一日，虞山陳揆勘畢。勘畢並志。（以上硃筆。）

〔一〕此條天頭有藍圈、「己」字印。

春明退朝録〔一〕　一册

宋敏求撰。

藏印：蘆浦書巢、劉印喜海、丁氏叔雨、蓼夵生珎臧、克菴、燕庭臧書、古杭瑞南高士珎臧書記、雲間潘氏、仲履父圖書、燕庭。

〔一〕此條天頭有「戊」字印。

崇古文訣〔一〕　三十五卷　有抄補處　十二册

迂齋先生注。

藏印：稽瑞樓。

〔一〕此條天頭有藍圈、「己」字印。

宗月鋤先生遺著八種　三册

常熟宗廷輔撰。

陸宣公奏議〔一〕　先文恭公題簽　二册

唐陸贄撰。

〔一〕此條天頭有「丁」字印。

呂氏春秋　先文勤公校本　四册

藏印：翁同書字祖庚。

題記：十月十二日人定後閱畢。遣騎士勝，得繇儀徵渡江至南岸高資港偵探。「今年春，畢秋帆尚書校刻《吕氏春秋》，余厠檢讎之末，而會其事者抱經盧先生也。其時授梓于毘陵，書簡稍隔，未及覆宷。鎸成重讀，又得剩義二百六十餘條。古人言校書如埽落葉，諒非虚歎。適予有武昌之役，是編携在行篋，水窗清暇，纂次爲二弓，已刻書不録，將謁尚書而請之或作補遺附卷尾，亦盧先生之意也。戊申冬至日記於黄岡舟次。梁玉繩。」翁同書祖庚氏録于廣陵軍中。

蘇文忠公文鈔(二)　二册

藏印：郭、載春私印、折志柴門、不夷不惠、匏雅、静文閣、汾易孫、偶來吾處、翁斌孫印、春蘭居讀書記、南沙翁季子同龢章、翁印同龢、笙鮨室圖書印、叔平珎藏。

題記：乾隆五十年歲次乙巳冬日，補讀于海南宋觀察署中之抱珥山房，越明年丙午三月抵廣州省，與觀察作别，六月旋里，因記時日。(以上黄筆。)

此書衹存兩本，爲友人張士堅所貽，云是匠門先生手筆。今士堅往矣，而此書於我愛不忍釋，一爲展卷，未嘗不念我故人也。因誌之。嘉慶二年丁巳八月，毓圻識。

第二册上藏印：性珠常朗、雙林、方存見少、郭、載春、春竹、臣印毓圻、汾陽子孫、翁印同龢。

〔一〕此條天頭有「甲」字印。

經典釋文〔一〕　何小山校本　十册

陸德明撰。

藏印：稽瑞樓、常熟翁同龢藏本、文端公遺書、文端文勤兩世手澤同龢敬守、費印念慈、君直假讀。

題記：光緒十七年四月，武進費念慈段録校語一過。念慈　費君直

〔一〕此條天頭有藍圈。

蔗餘偶筆　先文恭公書簽　一册

方士淦撰。

理學辨似　疏瀹論　一册

潘欲仁撰。書後坿范璣《過雲廬畫論》。

藏印：龢。

韓翁合稿〔一〕　一册

翁叔元撰。

〔一〕此條天頭有「丁」字印。

震川先生集〔一〕　十卷　十册

歸有光撰。

藏印：翁心存字二銘號遂庵、陔華吟館、琹川吴氏曉山臧本。

〔一〕此條天頭有藍圈、「丁」字印。

稼軒詞　汲古本　先文恭公書簽　一册

宋辛棄疾撰。

汲古閣祕本書目〔一〕　藏書紀要　季滄葦書目　百宋一廛賦　一册

周星詒批校本。

〔一〕此條天頭有緑圈、「戊」字印。

史記索隱〔一〕　校定本　一册

小司馬氏撰。（司馬貞。）

藏印：稽瑞樓。

〔一〕此條天頭有「乙」字印。

荀子〔一〕　明本　二册

藏印：古潭州袁卧雪廬收藏。

題記：舊刻《荀子》二册得于廠肆，評點絶可愛，當是顧澗蘋一輩人，或前于此，未可知也。每卷之首印記皆刓去，惟留潭州袁氏臧印。袁氏者，翰林前輩。先生聚書數千卷，今其子捆載來京師，悉爲大力者負之而去矣。

光緒甲申秋七月，缾生。

〔一〕此條天頭有紅圈。

梁書　五十六卷　汲古本　四册

姚思廉撰。

楚辭 汲古本 二册

先文恭公題字：潛虚公藏，子孫敬守。

藏印：翁印咸封、紫書、咸封之印、紫書、海虞馮武、馮武私印、翁心存字二銘號遂菴、夙夜匪懈、虞山翁同龢印、竇曼。

潛虚詩抄 三卷 先文恭公署簽 一册

翁咸封撰。

三水小牘 先公書簽 一册

皇甫枚撰。

藏印：小學〓。

常熟翁氏藏書志

下册

翁之熹　撰
翁以鈞　整理
吴　格　審定

書目題跋叢書

中華書局

常熟翁氏藏書記八

白雲集 一册

陳昂撰。

藏印：半碧山堂圖記、天都陳氏承雅堂圖籍、珠里陳氏臧書、書崖父、天都陳子書厓閲本、陳氏臧書子孫永寶、承雅堂臧書。

題記：《欽定天禄琳琅書目》：《黄太史精華録》有「練江陳昂之印」、「天都陳氏承雅堂圖籍印」、「陳氏藏書子孫永寶」三印，俱朱文；「東皐先生後人」一印白文。俱與此册同。著書與藏書者同名。翁同書字祖庚

兩浙輿圖 精刻本 一册

逸子書 先公書簽 一册

孫鳳卿輯。

忠義集 一册

劉麟瑞等撰。

先公題簽並詩云：代謝成今古，興亡忽等閒。幾人憑血淚，重灑舊河山。

癸丑六月二十日，吾谷遯民題於海角寄廬。【一笏齋】【髮僧】

蓉槎蠡説 精刻本 二册

程哲撰。

洛陽伽藍記（二） 緑君亭本 周星詒書簽 一册

楊衒之撰。

藏印：秦漢十印齋藏、蕘圃手校、祥符周氏瑞瓜堂圖書、復翁、星詒、虞山毛扆手校、西河季子之印、翁斌孫印。

題記：《洛昜伽藍記》世傳如隱堂刻本，内多缺字，第二卷中脱三帋，好事者傳寫補入，人名不同。予昔年於市肆購得抄本，取而校之，知從如隱板景寫者，行間字面爲朱筆改竄，大都參以《御覽》、《廣記》諸書，其無他書可考者以意爲之，空白處妄自填補，大失此書本來面目矣。後又得何慈公抄本，則又從改本録出，真僞雜揉，竟無從辨。三本之中，此爲最劣。大抵古人著書各成一家言，所見異辭，所聞異詞，所傳聞又異詞，故爵里姓氏互有不同，魯魚後先，焉知孰是。士生千百世而後，而讀古人流傳轉寫之書，苟非有善本可據，亦且依樣葫蘆，須在心領神會，不可擅加塗乙也。顧寡薄自用，致誤非淺；持才妄作，貽害更深。惡似而非者，蓋以此也。家刻原槀想從慈公所來，似□處亦依增入，注一作者，即臆改字也。惜乎付梓之時未見點竄筆跡，遂致涇渭不分，深痛此書之不幸，而今日者仍入余手，得以從流溯源，考其致誤之由，則不幸之中又有深幸焉。校畢漫記於此，並戒後之讀我書者。柔兆執徐之歲，如月十日燈下，毛扆識。

汲古閣　西河季子之印

乾隆十年九月一日聞何小山先生示疾，亟往候之，談良久，出此本惠予曰：「君知我不復再過君蘆花淺水邊矣，聊以此爲誌。」閲七日□歸道山。蘆花淺水邊，予書齋名也。老峰雪。時年六十有五。

郡中醫士薛一瓢家素多藏書，予獲交其孫壽魚，在板寮巷埽葉莊曾見有宋刻《尚書禹貢圖説》一卷。自後壽魚作古，子孫陵替，書籍散亡，求所謂宋刻書無有也。坊友胡立群年幼多識，爲予言：「薛氏有毛斧季手校《洛陽伽藍記》一本。」予亟欲一見，久而未得，云已售於他處。然郡城書肆予多素稔，苟過其門，無不留心蒐訪，亦毫無影□。頃在立群處，忽持此册以示，云□司轅東邵姓坊間得之，彼此喜甚。渠出銀三星易得，予以家刻《國語》易之。斧季所校大都以如諟堂本爲主，並非宋刻，然較他本已勝矣。如諟堂原刻臧席玉照家，予昔已借得。取證斧季跋語所云，如𥂕堂刻悉悉都合。當即□本，而毛斧季校今亦收之，可謂兩美之合。末附一瓢跋，知是書出義門家，古書源流有自，益可珍重。蕘翁跋，時丙寅秋七月白露前一日。黄印丕烈

丁卯正月思適居士顧廣圻借校一過。斧季惡似而非，自是我輩語。十三日燈下並記。

甲戌仲春，養痾西箱，重檢一過，時已閱九年矣。復翁。

越歲己卯秋，余從小讀書堆獲一藍格舊抄本，每葉十六行，每行十七字，亦出如𥂕堂本，蓋其闕葉與斧季所云同也。因取席玉照臧如𥂕本校之。連及毛校本，知斧季尚有不悉遵如𥂕者，復以墨筆注於下，非特標異同，即誤字亦並記出，蓋不失如𥂕刻本真面目也。校畢復翁記。七月十日。

中秋後五日，錢唐何君夢華邀予陪琴川陳、張二公。陳字子準，張字月宵〔二〕，皆近日好購古書之友。談及顧氏小讀書堆書，渠兩家所收頗夥，而是書藍格舊抄本亦曾見過，知予收之而校如𥂕堂刻，遂懇予讓之。既聞旁人傳語云，得之者頗詬予，以爲凡誤字皆校上，並非善本。且云是從活字本校，非古本也，大悔得此書之受予愚弄。竊思予之校如𥂕

刻，的是原本，並非活字本。活字本者乃近日坊間印行之本。予恨其本之未得如悳刻寫樣，向人□□校如悳本爲校活字本，非特未見如悳，不足以議予校本之謬，且恐活字本亦但得之耳聞，未經目見也，否則何以出此謬論邪？是書後經予友張君訒庵借校，並爲予補校前校如悳所脱落，其中佳字固多，而譌字亦復不少，此真我輩死校古書之成法，倘不知者見之，亦必謂誤字皆校上矣，可爲知者道，難與俗人言，此真無可如何之事矣。予於其還書之日而復筆之於此，以一洩其憤云。己卯歲季冬月望日前一日，復翁。

乙丑五月初八日，用抱經堂校《古今逸史》本補校一過。星詒時在邵武。□

寅按：吴本舛誤殊甚，雖中亦不無可取，恐多臆改，故不據校。家大人度盧校未畢，命寅補成，附識於此。時甲戌孟秋下浣。屺思

張訒庵從黄蕘圃借校，張本今藏周叔弢君處。戊子夏曾與周君對看一過。經一百三十年後，兩本復聚一堂，亦佳話也。之憙志。

〔一〕此條天頭有緑圈。

〔二〕「宵」，底本如此，當作「霄」。

水經注箋〔一〕　先文勤公閱校本　八冊

漢桑欽撰。

藏印：孟威父、黃印廷鵬、二千不長。

〔一〕此條天頭有藍圈。

詩韻〔一〕　一冊

高麗刻本。先公藏。

〔一〕底本於本條下括注「奎章全均」四字。

劉金門集杜詩　吳漢陂集陶詩　一冊

資暇集〔一〕　**集異記**　顧氏十友齋覆宋本　一冊

藏印：秦漢十印齋印、小積石山房□□之章、翁斌孫印。

題記：顧氏文房小説四十種本之一，藏于秦漢十玉印齋。

黄蕘圃先生深歎顧氏刊本之善，寔與宋本無異。近余在閩，偶得此書，殘縑斷璧猶足珍重，況此一册之中《集異記》、《資暇集》兩書完全無缺，宜何如寶護耶！光緒乙酉荷花生日，香生記。

〔一〕底本「資暇集」下小字注曰：「李滈翁」。

姑蘇名賢小記　先公書簽　二册

明文震孟撰。

卷首有先公手抄《四庫全書總目》一節。

野記　四卷　一册

祝允明撰。

藏印：翁斌孫印。

先公題記云：丁巳十月廿二日，購于常熟寺前書攤，是日午後即趁輪船至滬。斌孫志。

嶠雅

有虫蝕處　缺一本　一册

明福洞鄺露湛若纂。

藏印：南海歐陽拨庭氏藏、曾在汪芙生處。

題記：詒讀竹垞《漁洋詩選》，得先生《牛渚》之篇，苦慕其書。嗣得讀《赤雅》下諸家記〔一〕先生，懷企益渴，求《嶠雅》，二十年不得一見，悵恨之意與年俱積。逸事去年從汀州寄《潮州遊署》，里人陳也翁書屬爲訪購。其友汪芙生藏得此本，憐詒意誠，慨然寄惠。詒與芙生素不識，乃荷重貺，黿戴三山，深□其重矣。先生人品高潔，殆古所謂狷者也。文詩源于《騷》《雅》，古麗蕭冷。謝氏「氣霽地表，雲斂天末，洞庭始波，木葉微脱」，移以品之，差足相肖，覺翁山猶不免傖父擴氣也。集爲先生手寫，此出重摹，猶留氣格，規橅平原，居然神似，益見無事不臻超妙，誠神仙中人也。多作别體，勿祖□□□文，蓋明人疏於小學，亦不足□□生病也。辛未二月□□，後學周□詒□□〔二〕。

〔一〕「讀」、「雅」、「下」、「諸」四字，底本竝殘。據虫蝕殘餘及文意補。
〔二〕此處闕文，底本描摹虫蝕後之狀態。原字當是「後學周星詒謹識」。

水東日記〔一〕　四十卷　六册

葉盛撰。

藏印：燕庭藏書、文端公遺書、翁同龢印、翁斌孫印。

〔一〕此條天頭有「甲」字印。

後漢紀〔一〕　附抄《兩漢紀異同攷》　六册

袁宏撰。稽瑞樓藏本。

〔一〕此條天頭有「庚」字印。

玉谿生年譜會箋 鄭子蘭刊本 四册

張采田編。

宋氏綿津詩抄 八卷 兩册

宋犖撰。

藏印：臣述。

八旗俸米指掌〔一〕（附《八旗俸銀》一册） 三册

〔一〕此條天頭有藍圈、「丙」字印。

户部陝西司放款章程〔一〕 二册

〔一〕此條天頭有藍圈。

爾雅〔一〕　咸豐九年崇讓堂本　一册

〔一〕此條天頭有「庚」字印。

高氏戰國策〔一〕　四册

藏印：鱣讀、廷檮校讀。

題記：此書曾晦於世，得雅雨刻之而復顯。好古之士咸重之，乃予取驗吴師道《駁正》所稱元作某某者，頗有不合，而於改爲某某者反有合焉，深不解其故。丁巳夏，得景宋本一校。今年春得宋槧本，再校乃知與吴齟齬者大率文不可讀，則參取以潤色之，當雅雨堂刻是書時之所爲也。夫傳古書而不傳古書之真，尚得謂之能傳古書乎？雖謂顯而仍晦可也。今悉復其舊，以爲蕘圃所藏宋槧之副，期廣與好古之士共之。若云必留此不可讀者，爲佞宋之病，則請用《駁正》比而細讀之，當知其不然也。嘉慶己未二月，顧廣圻記。

九月借校並録。廷檮。

〔一〕此條天頭有藍圈、「庚」字印。

古今韻略〔一〕 刁約山手校本　五册

邵長蘅撰。

藏印：刁、戴高之印、臆人、弘農。

〔一〕此條天頭有「庚」字印。

齊民要術〔一〕 明刻

後魏賈思勰撰。

藏印：稽瑞樓、潘京倩收藏圖書、茮林潘氏家藏。

〔一〕此條天頭有紅圈、「庚」字印。

論衡〔一〕　三十弓　十册

王充撰。

藏印：稽瑞樓、存谿生、湖田烟雨人家、王印元讓、存谿。

〔一〕此條天頭有藍圈、「庚」字印。

昌黎先生集〔一〕　四十卷　東吴徐氏刻本　十册

韓愈撰。

藏印：稽瑞樓。

題記：庚戌十一月初九日午窗勘讀粗畢，時與王生敘揆同坐怡老園之清蔭堂。巙記。

〔一〕此條天頭有「庚」字印。

蠶尾集　先公題簽　八册

王士禎撰。

題字：丙辰八月得於析津，並《續集》、《後集》爲八册。笏居士記。

錢唐遺事　十卷　先文勤公題簽　埽葉山房本　一册

元劉一清撰。

藏印：同書、翁同書印、石研齋秦氏印。

景德鎮陶録　一册

藍浦撰。

藏印：翁斌孫印。

題記：往余差次珠江，偶得《石畫録》，謂發古人未發之祕，而深愛之。余友無錫秦子治弟因言家藏是書，足與璧合。嗣即匆匆旋閩，不暇借讀，求之數年，終不一遇爲憾。迨去春偶見周季貺兄處有鈔本《朱氏陶説》一書，滿擬傳録一過，苦無暇晷，然刻刻在懷也。今于花巷李蘭屏都轉後人處得此，數年夙願一旦償之，因記。（以上蔣香生手筆。）

漁隱録　精刻本　一册

袁又愷輯。

藏印：臣湄私印、子伊。

題字：丁酉三月端午橋水部贈。笏齋記。

契丹國志〔一〕　埽葉山房本（陳子準校本）　二册

宋葉隆禮撰。

〔一〕此條天頭有「已」字印。

望溪集外文補遺　一册

方苞撰。

藏印：曾在姚作畊處、翁斌孫印。

蜀鑑　詒穀堂吴氏本　二册

宋郭允蹈撰。

列子　嘉慶刊本　二册

談圃[一]　明本　一册

孫升君孚撰。

藏印：一笏齋、翁斌孫印。

〔一〕此條天頭有紅圈。

六朝文絜 光緒間讀有用書齋套板印 二册

許槤評選。

默庵遺集 先兄敬之校刊本 一册

馮舒己蒼撰。

洛陽伽藍記 先公手校本 一册

先公題字云：覆錢唐吴氏本。

此洛陽僧智水所刊，版樣殊不佳，亦多訛字。

轉徙餘生記〔一〕 **奉使英倫記** 一册

《轉徙餘生記》，方濬頤撰。《奉使英倫記》，黎庶昌撰。

〔一〕此條天頭有藍圈。

湘山野録 活字本　一册

吴僧文瑩撰。

先公題字云：庚申四月二十九日購于有正書局，訛字甚夥，他日歸里當假瞿氏臧本校之。笏齋記。

國朝名臣事略〔一〕 陳子準校　四册

元蘇天爵撰。

藏印：稽瑞樓。

〔一〕此條天頭有紅圈、「己」字印。

詞林儀式 先文恭公書簽　一册

欽定明鑑　二十四弓　四册

嘉慶年間刊本。

淮南子[一]　惠松厓校本　八册

藏印：稽瑞樓。

題記：高濮昜注淮南子。校正足本。

宋本。宋本校字多同此本。

中立四子本。

舊刻禮、樂、射、御、書、數編卷本。松厓手校。

宋本十二行，廿四字。

校宋本即何義門校本。前本稱舊刻者即六藝本。

舊刻編禮、樂、射、御、書、數，故稱六藝本。

內稱又一本者，乃采自《御覽》諸書。

《淮南子》舊刻編禮、樂、射、御、書、數者最佳，其次中立本，編六藝字本似是元刻。松厓。

癸酉三月，從中立四子本校，李木和序云：蘢丘張攀龍登雲得高注于郭工部桐奎，彙爲此集。且云：高注被宋人削去，楊用脩亦不及見。余案之誠然，内《謬稱》、《齊俗》、《道應》、《詮言》、《兵略》、《人間》、《泰族》、《要略》九篇仍與今本同也。松厓。

癸酉十月，余友朱君文游得舊刻本于義門何氏家塾，卷編禮、樂、射、御、書、數，卷次與中立本同，而注較詳，又從校正。末録義門跋語，渠以出入爲離合半，輕其書故耳，非子雲意也。義門于學全踈，惟考據略有頭緒，其校讎多善本耳。廿七日校畢記此。松厓。

定宇先生所校本向臧滋蘭堂朱氏，以茅一桂刊本爲底，復以諸本參校，内有宋本《御覽》攷證處。今朱君秋厓以新刻參校，云與六藝本大致相同，度校在上。余因借録一過，其刻本之誤與朱君度本之誤，尚俟用墨筆拈出也。頋之逵。

此刻實未真見《藏》本，所見傳校《藏》本者耳。故其所言《藏》本大率如扣槃捫燭而

已。甲寅春季，借讀松厓先生校，隨用《道藏》正其甚謬處，餘尚未悉出，已不啻徑庭矣。三月晦日，廣圻記。稽瑞樓

〔一〕此條天頭有藍圈「甲」字印。

愛日精廬藏書志〔一〕　三十六卷　八册

張金吾撰。

分類：

○經部：易、書、禮、春秋、孝經、五經總義、四書、樂、小學。

○史部：正史、編年、紀事本末、別史、雜史、詔令奏議、傳記、載紀、地理、職官、政書、目録、史評。

○子部：儒家、兵家、法家、醫家、天文算法、術數、藝術、譜録、雜家、類書、小説、釋家、道家。

○集部：楚辭、別集、總集、詩文評、樂府。

〔一〕此條天頭有緑圈、「己」字印。

華陽國志〔一〕　臨吴方山校本　四册

常璩撰。

藏印：丁丑年記、街舟臧本。

〔一〕此條天頭有「己」字印。

備急灸法　景宋刻本　一册

宣和遺事　三弓　三册

碧雞漫志　五弓　先兄澤之臧　知不足齋叢書之一　一册

王灼撰。

雲仙雜記　十弓　一册

唐馮贄撰。

寶刻類編　八弓　嘉蔭簃刻本　四册

宋失名撰。

藏印：一笏齋、叚甫珎藏。

三國志〔二〕　殘本　先文端公硃批《魏》、《蜀》　四册　共四册

題記：光緒己亥，上距嘉慶甲戌凡八十六年，不肖孤同龢始獲覩此先公遺墨，蓋庚申兵燹後邑子趙士蓮得之以贈曾榮，曾榮受而藏之。惟有《魏書》三册、《蜀書》一册，餘蓋闕如。義門評點世有流傳，然無此精宷。是年七月十九日，同龢謹記。

《魏書》五卷至二十四卷。《蜀書》一卷至八卷。〔同龢〕

〔一〕此處天頭有眉批：「内附一箋（文恭書）：先公臨何批《三國志》四本，謹題數字於末册。即：善藏之，毋若吾之散漫不經意也。付蓀姪。松禪。」又：題下小注「魏」旁底本有批注：「（三）」，「蜀」旁有批注：「（一）」。

三國志　先文恭公書簽　先文勤公批校　七册

題記：曩得義門、少章兩先生評校本，嘗手自臨寫，藏諸篋衍。及來皖中，所攜經史善本皆付劫火，每爲撫然。臨行乃得此書於壽春，展閲之餘，爲之一快。咸豐十一年倉龍在辛酉五月二十日，常熟翁同書祖庚氏識。〔翁印同書〕

右硃筆臨何義門先生評本。所云李者，安溪李文貞公也。少章者，義門弟子陳景雲也。季方者，吾邑陳汝楫，亦學於義門，而在文貞公之門者也。其評勘之要者，已見於《讀書記》及《殿本考證》。而未録者尚多，吾邑向有傳抄本，少時屢見之，今更兵燹，亦罕有矣。此本翁文勤得於壽春，及入獄猶以自隨，復加評勘，墨筆其手書也。公長於《兩漢》之學，嘗爲予言：「《三國志》出入漢晋，必合二書並勘，乃見首尾。」今觀所評，貫串三史，兼能發明承祚苦心，使義門見之，必當首肯。歲丁卯，從公弟叔平祭酒假得，在案頭者二年，每一展閲，如見故人，今録副已畢，爰重裝而歸之。他日將公所評《兩漢》與此合刊，定與《讀書記》並傳也。

同治九年庚午正月，同里世侍生龐鍾璐附識。□

三國志　魏書　六册

題字：此本得于廣陵仙女鎮書籍鋪，上有高江邨圖章，蓋竹窗舊藏。原有朱校，不知出何人手，大氏録吾吴陳少章先生景雲《國志舉正》及錢曉徵先生《考異》也。予得此本時又得明南雍本，有揚州汪小竹全臨朱校及其兄大竹金泰墨校，二汪乃劍潭先生端光之子，並以博雅著名，其評語絶可愛，予乃以墨筆臨二汪評點，又以朱筆臨何屺瞻、姚薑塢兩先生評校語於行間。他日授子姪輩讀之，庶可獲導師之益矣。予佐戎旃於江北，冬間克復瓜洲，今年二月又克江浦孤城。飛書走檄之餘，輒與經史相對，或無媿儒將之目耳。咸豐戊午三月十二日，翁同書識。翁伯子

藏印：翁同書字祖庚、常熟翁氏一經堂臧書、長生安樂翁同書印、叔何過眼、朗潤堂藏書印、江邨高士奇閲過書籍、翁同書印、祖庚。

稽瑞樓文艸[一] 一册

陳揆撰。

先文恭公題：此本余刻於京師，以板歸其孫桂榮臧之。瓶生記。

子準丈目短視，觀書若飛，所作字如牛毛，小試輒不利。既遇某公，乃拔置膠庠，遇省試對策，振筆直書，才及三策而卷已盡矣。再試則加矜慎，數字而對，不越幅矣。卷後有印卷官戳記，丈短視未之見，於此上又寫兩行，乃復貼出，從此絕意進取。

昔先公與子準丈讀書陳氏之塾，丈之尊人年未艾也，布衣坐廳，來躬量米鹽。一日至塾，先公適讀《陸宣公集》中《論裴延齡姦蠹書》，丈之尊人即舉「君天下者必以天下之心爲心」數語，以爲與謨誥相出入，既而背誦此篇數千言無遺字。先公敬歎，然後知子準丈之淵源家學也。此序云「幼失怙恃」，蓋非事實。

〔一〕此條天頭有藍圈。

豐順丁氏持静齋宋元校抄各本書目〔一〕　一册

江標編。

先兄澤之藏並題簽。

〔一〕此條天頭有緑圈、藍圈。緑圈在藍圈之上。

羅江東外紀　一册

坿《晞髪道人近稿》、《天地間集》，謝翺撰。

明閔元衢評次。

藏印：北平黄氏養素堂臧書、翰林院印、翁斌孫印、北平黄氏卍卷樓圖書。

聖諭廣訓　一册

水經注〔一〕　萬曆板　似清初所印　臨何義門批本　十册

漢桑欽撰。

〔一〕此條天頭有藍圈、紅圈。藍圈在紅圈之上。

海源閣藏書目〔一〕　江氏師鄦室刊本　一册

先文恭公題字：江建霞孝廉贈。己丑正月。

〔一〕此條天頭有绿圈、藍圈、「乙」字印。绿圈在藍圈之上。

鷗波漁話〔一〕　同治本　六卷　先文恭公書簽　二册

葉廷琯撰。

〔一〕此條天頭有藍圈。

錢曾撰。

藏印：復齋梅氏珍臧、秦漢十印齋印、梅印益徵、復齋。

讀書敏求記〔一〕 殘本　乾隆間刊本　原序補抄　一册

〔一〕此條天頭有藍圈。題下「殘本」二字旁，底本小注「缺卷三、四」四字。

翻刻隸續 日本浪華書鋪淺文貫刊　文化年本　四册

國史賢良祠王大臣小傳 先兄澤之藏　一册

漁洋山人精華録選鈔 先公題簽　一册

查初白、何義門評本。

吾炙集 怡蘭堂板 一册

錢謙益輯。

景宋本阮逸注中説 一册

汪郎亭先生贈。

西崑訓唱集 二弓 先文勤公藏 一册

先文勤公題字。

此有注之本在徐、朱二刻之後，欹劂頗工。卷首無馮武序，而楊億序中稱詩二百四十七章，與汪如藻家藏本又異，册中標點亦不艸艸，不知出何人手。咸豐七年正月得之揚州書肆，因記。南沙翁同書。同書

藏印：寶瓠齋、祖庚在軍中所讀書、同書。

廣韻〔一〕　惠松厓閲本　張士俊刻本　三册

陸法言撰。

藏印：稽瑞樓。

〔一〕此條天頭有「甲」字印。

琴川志〔一〕　十五卷　四册

題記：道光庚子春三月，借故友屈侃甫軼家藏本手校一過，並鈔補闕葉。記吾友陳子準揆《稽瑞樓書目》中亦有陸勑先校本，子準殁後，樓中祕笈大半散爲雲煙，未知此書尚在否？令人增人琹之感。常熟翁心存書于知止齋。

道光庚子三月，叚亨帚山莊屈氏藏本臨校一過，五日而竣。春仌浹旬，今日晴霽，殊可喜也。遂盦記。

〔一〕此條天頭有藍圈、「庚」字印。

杜工部集〔一〕　二十卷　閱本　四册

錢謙益注。

〔一〕此條天頭有「丁」字印。

陸地仙經　一册

馬誠述。

題記：予幼時曾得抄本，與此本稍有異同。其辭雖陋而可資修養。（以上先文恭公筆。）

恩福堂筆記〔一〕　先文恭公書簽並批閱　一册

英和撰。

〔一〕此條天頭有紅圈。

思補齋筆記　一册

潘世恩撰。

翁諫議疏艸〔一〕　明本　四册

翁兆隆撰。（完虚公。）

〔一〕此條天頭有「丁」字印。本條「翁」字加紅圈，旁用朱筆寫「完虚公」三字。

白虎通〔一〕　先文端公書簽字　（潛虚府君校正删節本）　一册

班固纂集。

題記：心存年十三時，先君子删節《白虎通》，屬塾師程東野先生抄録清本，課心存讀。此底本也。後爲淮安喬生持去。先君子㓒，心存以手澤所存，不忍棄寘，仍將東野師抄本易歸，今五十年矣。藏諸行篋，不忍暫離，幸未化爲劫灰。未知能終保勿墜否也。咸豐庚申臘月十二日，翁心存識。

〔一〕此條天頭有「丁」字印。

孝經注疏　二册

先公題字：○此司寇公在祭酒任内重修本也。光緒三十年三月廿二日，赴頤和園直日，坐奏事處公所，得于書賈馮姓手，携歸展閲一過，謹志歲月。斌。

（又）北監本。康熙廿五年重修。（司寇公諱上叔下元。）

韓湘南遺文　一册

韓棟撰。

長春真人西遊記　道光本　一册

李志常述。

存素堂文續集　嘉慶本　一册

法式善撰。

先公題簽。有虫損處。

儀禮注疏[一]　汲古本　覃溪先生手校並書簽　十六册

藏印：古潭州袁卧雪廬收藏、覃溪、葉志詵、東卿過眼。

題記：從小字宋本及嘉靖本校正經文、鄭注，此戴東原進士震校本，卷前自記云尔。

乾隆四十年二月四日謄於此本，仍須再用殿本校疏文並分所加圈處，是日校謄訖。記于青棠書屋之南窗下。方綱。覃溪

〔一〕此條天頭有藍圈。

唐賢三昧集　有虫蝕處　一册

王士禎輯。

題記：板本模糊，閲之增悶。評點出温明叔先生手。先生藏書極多。松禪記。

温明叔丈，先公會試同榜，由翰林陟學士。有心疾，告歸。咸豐中，起病，洊至户部侍郎。龢時得侍几，丈諄諄以古文義法及讀書旨要相訓勵。其師友爲姚惜抱、管異之、梅伯言諸先生，淵源宏遠矣。同治中，謝事歸金陵，子病孫不振。今不通消息，可慨也。光緒乙未秋八月，同龢記。

理學正宗〔一〕　十五卷　先文恭公點閲書簽　六册

竇克勤輯。

〔一〕此條天頭有「乙」字印。

淮鹾備要〔一〕　十卷　一册

李澄撰。

〔一〕此條天頭有「乙」字印。

高常侍集　十弓　二册

藏印：萬石孫氏、清修精言、子冕。

古文約選　八册

方望溪選。

藏印：爲儀。

題記：此方望溪先生選定，而果親王刻之者也。評點皆具義法，學者當深體之。光緒癸巳十月，同龢記。

唐劉賓客詩集 卷首有闕葉 二册

劉禹錫撰。

藏印：姚氏臧書、查氏映山珍臧圖籍印、慧海樓藏書印、均齋祕笈、常熟翁同龢臧本、京兆郡圖書印、依竹堂書畫、查槎客印。

題記：此《劉賓客詩集》二本，買自書肆中，以義門手校對閲。先文恭公書簽並題字云：「查槎客臨何義門評本」。

皇朝武功紀盛〔一〕 先文恭公書簽並點閲 一册

趙翼撰。

王藩、朔漠、準噶尔、緬甸、兩金川、臺灣、廓尔喀。

藏印：張氏古鏡籨印。

〔一〕此條天頭有「乙」字印。

胡曾兩公集要略　先文恭公書簽　一册

張瑛輯。

江村消夏録　每卷首皆有先文恭公手寫目録　三册

高士奇撰。

鹽鐵論〔一〕　十卷　重刊塗本　二册

漢桓寬撰。

藏印：葉印繼雯、葉印志銑、漢陽葉名琛名澧同讀過。

〔一〕此條天頭有「已」字印。

巢經巢詩抄〔一〕　九卷　卷首有先文勤撰序　二册

鄭珍撰。

〔一〕此條天頭有「己」字印。

明文在〔二〕 先文勤公批閱並書簽 六册

薛熙纂。

〔二〕此條天頭有「辛」字印。

國語 景刊明道本（嘉慶黄氏讀未見書齋本） 先文恭公書簽 四册

藏印：龢、均齋祕笈。

題記：此錢犀菴所贈。缺第三卷之半，四五兩卷則全佚矣。甲子十月，假温明叔年丈所藏劉海峯批點本，其前五卷缺，因臨於此本上，亦殘編之幸也。它日當景寫以成完帙，更訪前五卷劉批足之。是歲八月，翁同龢記。

丙申正月，景寫完足。

黄筆：海峰評。紫筆一圈一點者：姚惜抱所選也。

讀書敏求記〔一〕　二册

錢曾撰。

題字：光緒二十三年己亥七月，讀書山中，有以趙刻《敏求記》者，硃字校勘，云係照遵王親筆。以視此本，則可校處已改正十之八九，間有碎字賸義，因補録之。是月晦雨中。松禪居士。

趙刻索值三千，窶空未能得，而賈人急切待還，艸艸校録于書名，多寡竟未一檢也。務細者遺大，逐便者多疏，天下事大抵如此。

倦甚，晝寢，第一、第二兩卷命曾孫之廉校之。

以趙本略校，大抵趙本缺失多，然亦有趙本多于此本者。

墨筆眉端所録是也。癸巳二月十八日夜漏下十二刻校竟。龢記。

〔一〕此條天頭有「乙」字印。

老子　二弓　一册

藏印：姚氏臧書、常熟翁同龢臧本。

題記：天下無二道，老子與夫子所講一也。夫子以救世爲心，故肯教人。老子見得衰世斷救不來，故決然歸遯。出處之心一異，故所言亦異。試請夫子與老子偕行于路，去路數十步有孺子將入井，二聖必皆趨救。趨未及井而孺子已墮，夫子必仍趨而不止，冀到井邊或尚有救之，救之之望至終不可救乃止，心下總覺難過；在老子便即刻止步，明知其無益，不肯再到井邊，所以不及夫子處在此。然彼方笑夫子勞而無益，不如他見得定守得住。所以習黄老者多深刻，其流弊也。談元入悟，修真練性之説，吾未之聞。墨莊識。

放誕二字，莊子且不受，況老子乎。莊子之書多寓言，即《易》之有象也，使「見豕負塗」、「載鬼一車」等語，不出於《易象》，人必盡以放誕目之。讀書人自分門户，所以愈講愈遠。虞齋頗見及此，而成以未化，所以説不準。擬就予意，别爲之注，若郭象、向秀正是談元之人，又不足論，蓋以佛道亂天下成於六朝也。

孟子之時，世之知孔子者甚少，何況老莊。且老莊之書原不詭於聖人，即今之言道者亦只有利無害，且功苦而利遠，故世亦不甚惑之。惟佛教專以死生惑人，人皆貪生怕死，故信者衆，加以懺悔甚易，「放下屠刀，立地成佛」一念，西方便免了輪迴。諸苦其實本無，輪回便有又誰得見，所以終身迷了本性，甘爲孔子之罪人也。吾嘗謂佛教之言，下愚信之，只以助惡；中人信之，亦祇做得無用之人耳。所以黄老之學可治天下，佛家之學可亂天下。自佛入中國以來，問誰個信佛得過好處。昌黎云：「人其人，火其書。」真痛快語。

此兩評在林本趙序上。

同治戊辰閏月，假得桂蓮舫侍郎所藏《慮齋三子口義》，内《老子》一册，有朱筆評點，絶可愛，亟録之。署曰墨莊，必乾嘉時通人也。翁同龢記。

墨莊者，四川綿州李鼎元也。乾隆戊戌進士，由檢討致中書，擢兵部主事。

瀛奎律髓〔一〕　板本甚精　評閲本　四十九卷　十二册

方回輯。

藏印：南沙翁季子同龢章、笙龢室圖書印。

題記：朱筆臨默庵閱本，墨筆臨鈍吟閱本。默庵持論太峻，鈍吟則稍和平矣。黄筆不知何人評閱，亦具手眼。第一首標蔣西谷云，或是臨蔣西谷先生閱本耶？藍筆攷据事實甚精核。庚辰當是乾隆五十二年〔二〕，惜無圖章，亦不自署姓字，然可想見前輩用力之勤也。道光戊申夏，兒子同龢得此書於湖州書估，甚可愛玩，翻閱一過，偶識數語於簡端。遂庵翁心存。

〔一〕此條天頭有藍圈。

〔二〕五十二年，底本如此，庚辰實是乾隆二十五年。

國語　湖北崇文書局本　二册

先文恭公題：天申府君評點。同龢謹迻寫於此册。

光緒十四年秋，余既得五世祖天申府君手校《國語》，跽而讀之。然後歎少時所喜者，文辭而已。于左氏之心，槩乎未有得也。左氏明王道，黜霸功，窮天人之微，而驗之於威儀動作之際，淵乎懿哉。余又有感於《齊》《越》二篇，以爲果有人焉，師其法而變其意，亦足扶孱弱而致隆平也。是歲十月，肝疾大作，呻吟中乃取府君校本，評點迻寫於此，因記其略。翁同龢。

國語考異　先文恭公書簽　一册

汪遠孫撰。

昌黎先生詩集　二本

韓愈撰。

藏印：十郎讀書記、楊氏家臧、翁斌孫印。

文心雕龍　吴石華舊藏　四册

藏印：十印齋印、翁斌孫印、遍游五嶽、管領河山、香生拾得。

題記：吴石華先生乃陳恭甫太史門弟子也，陳氏《左海文集》中凡活字體者，如《尚書大傳》（予曾見此初定稿本，皆石華手自傳録，排比行款，原名《尚書大傳輯釋》，刊時改稱定本也）、《東越儒林文苑傳》諸屬，皆石華手寫上板，由粤刊行。蓋其掌教書院時，館穀所入大半爲師刊書之助。今陳氏原板俱在，古道可風，故特表而出之。且思前年友人以此書籍來售，自稱得之恭甫後人之手，認爲太史手批藏本。余一見而知爲石華手跡，想于重刊是書時，寄呈太史商榷故也。鳳藻偶記。

此嘉應吴石華先生舊藏本也，眉間硃筆皆先生手跡，予嘗收藏先生與三山陳恭甫太史往來尺牘，兩相比對，筆意宛然，故敢自信耳。光緒甲申夏閏五月望日，簷前曝書，展閲一過。長洲蔣鳳藻香生識於閩寓。

子瞻元章雲林集　汲古本　刻工款式均極精　三册

先文恭公題：汲古閣此刻，蘇、米之後繼以雲林，不知更有續入否？神仙中人不可多得矣。

五經蠡測〔一〕 通志堂本　一册

明蔣悌生撰。

藏印：賜本、謙牧堂藏書記、謙牧堂賞鑒書畫之印。

〔一〕此條天頭有「戊」字印。

公是弟子記　玉音問答 一册

《知不足齋叢書》本。

法書攷 一册

盛熙明撰。

記事珠〔一〕 先文端公批閲書簽　二册

劉文蔚輯。

〔一〕此條天頭有「戊」字印。

復初齋文集〔一〕　三十四卷　十二册

翁方綱撰。

題記：《蘇齋筆記》五六巨册，大抵考證經史及金石之文，余見一册論篆隸楷書，皆公手稾，𥡴定數四，備書年月，其餘則未見也。今在安徽方濬益家。乙酉三月，友人孫燮臣携示，云質二百金，過期將不能贖矣。（以上先文恭公題字。）

〔一〕此條天頭有藍圈。

龍龕手鑑　四卷　小學類書　先文端公題簽　三册

遼釋行均撰。

紀元編　先公題字　三册

道光間刻本。

集韻[一]　顧氏刻本　十册

丁度等撰。

藏印：夢樹萱堂收藏之章、楊國仁、丙辰進士、董皿、研樵藏書之章、雲舫書畫、古羊董氏珍藏、研樵手校、翢齋墨緣、笏齋小印。

題記：卷首有洪洞董文渙（研樵）録桂未谷先生《集均跋》半葉。硃筆依韓小亭觀察本校，藍筆依趙价人農部本校，墨筆則予甲子春初校時加墨者也。時辛未九月望日，洪洞董文渙誌于岍嶕山房[二]。

末册有董研樵同治十年八月初三日跋兩頁，九月十八日跋一頁。

〔一〕此條天頭有藍圈。

〔二〕岍嶕，底本如此，似當作「研樵」。

孟襄陽集　先公書簽　二册

孟浩然撰。

藏印：姜氏所藏、朩岑、張氏、璜溪過眼、笏齋小印。

題記：咸豐十一載十月，璜溪校一過。

壬寅七月送兒子之潤、之廉應試金陵，小暇輒遊書肆。是月晦日得此本於狀元鏡西山堂。同游者俞君寔、猶子鬲菴，各携破書數種歸。笏齋記。

光緒丁未九月十六日再讀一過。笏齋。時在雲中。

東城雜記　先公書簽　一册

厲鶚撰。

施注蘇詩〔一〕　先文勤公批閲書簽　八册

藏印：翁同書字祖庚、均齋祕笈、叔平、翁印同龢。

〔一〕此條天頭有「丙」字印。

世説新語〔一〕　校閲本　三册

宋王義慶撰。

藏印：曈舫校勘、孝耕讀本、吴興陳銓上衡甫宷定、仲弨父、賜老畫印、謹子印信、翁斌孫印。

序抄補，後有戴熙艾長跋。光緒丁亥。〔二〕

〔一〕此條天頭有「甲」字印。

〔二〕此語原書於題下，今移正。

舊五代史　埽葉山房本　一百五十卷　四函　十六册

宋薛居正等撰。

藏印：斌孫。

前漢書　七十弓　汲古本　四函　廿四本

班固撰。顏師古注。

藏印：常惺齋珎臧印。

後漢書　八十卷　四函　廿四册

范曄撰。唐章懷太子賢注。

藏印：常惺齋珍臧本。

硃筆評點：目録後有「甲寅六月中旬讀起，歷七月、閏七月至八月十五日讀訖。」題字一行。未署名，想係出常惺齋氏手筆。圈點評寫均不苟，或是同光間老輩也。

佩文韻府　舊刻本　二十函　一百册

此書係己酉年在太原所購。憙記。

儲同人文選〔一〕　四函　廿四册

《左傳》、《國語》、《國策》、西漢、唐宋。

〔一〕此條天頭有朱筆標記之△號，並有批語：「己丑售去」。

書經傳説彙纂〔一〕　廿一卷　二函　十六册

欽定本。

〔一〕此條天頭有朱筆標記之△號。

事文類聚外集〔一〕　十四卷　先公書簽　八册

富大用時可編。

〔一〕此條天頭有朱筆標記之△號。

欽定春秋〔一〕　三十八卷　點閱本　四函　廿四册

王掞、張廷玉等纂。

〔一〕此條天頭有朱筆標記之△號。

人壽金鑑　二十二卷　六册

程得齡輯。

陔餘叢攷〔一〕　四十三卷　四函　廿四册

趙翼耘菘撰。

〔一〕此條天頭有朱筆標記之△號。

山堂肆考〔一〕　明板清初印　五函　八十册

明彭大翼撰。

〔一〕此條天頭有朱筆標記之△號、紅圈。

石經彙函〔一〕　二函　十二册

元尚居校本。

〔一〕此條天頭有朱筆標記之△號。

皇輿表　康熙刻本　佳　十六卷　四夾　三十六册

胡簡敬等纂。

藏印：江德量、成嘉父印、淩寒竹軒江氏臧書、南宫葆真堂陳氏珎臧書畫印。

紙墨刻工均佳，裝本亦精。

本艸醫方 六册

板本惡劣。以有先公書簽留之。

開元占經 二函 廿四册

太平廣記 袖珍版 乾隆乙亥本 八函 六十四册

凡五百卷，又目録十卷。宋太平興國時，李昉等奉勅纂修。明嘉靖十年，談愷重加校定，付梓並爲之序。乾隆十八年，天都黄成曉峰氏復加校閱並撰序，序文有云：「竊究斯編，其徵事也博，其取類也廣，内之可以參性命之精，外之可以通術數之用，遠之可以周應世之務，近之可以供吟詠之資，洵哉説部之弁冕也。」

先公書簽並鈐有：一笏齋、養拙齋賞、鶴壽、翁斌孫印等圖章。

先鐵庵公評選古文　一册

題記：是編爲司寇翁先生手訂。《别賦》、《恨賦》等俱先生手録。先生文章冠冕一代，而平昔揣摩乃得力于此，不可以免因册子概置之也。壬午十月廿日，魏塘官舍附記。

烟霞萬古廔文集　一册

王曇仲瞿撰。

藏印：繼宸章、又雲、二泉山人、幼雲校本。

李義山詩集　東山席氏仿宋本　三册

李商隱撰。

録何義門閲本。有先公藏印。

唐詩絶句 三弓 補一弓 一册

敖東谷選。

藏印：須讀書、元元章、家在汾水大李邨、裴印繡受、是書曾臧墨香居、翁斌孫印。

樊川詩集 四弓 附外集 二册

杜牧撰。馮集梧注。

杜子美集 三册

封面有先文恭公題字：咸豐辛酉人日，得此書於廠肆，有浥損處，大人手加裝治，命同龢臧之。

「舊籤 竹垞先生手批杜詩」〔一〕

舊籤如是，然未必是竹垞翁批，蓋分段分句瑮瑮發明，俗筆也。藍筆稍疎朗。至原刻劉辰翁評點最愜余意。

藏印：朱彝尊印、竹垞、彝尊、翁同龢宜壽昌。

〔一〕「　」符號，底本原有。

邠州石室録　劉氏嘉業堂本　二册

劉喜海撰。

麗則遺音　汲古本　一册

元楊維楨撰。

藏印：開仲、永瞻、林永瞻家臧印、浪石。

晁具次詩集〔一〕　十五弓　袖珍精刻本　四册

晁沖之撰。

〔一〕此條天頭有「丙」字印。

景宋寶祐本五燈會元　四册

景宋蜀本孔子家語坿劄記　玉海堂本　四册

柳先生集　六册〔二〕

〔二〕此條用朱筆寫。「六册」下原有注：「參看一〇七頁。」當是指卷三之「柳先生集」。

書目

欽定四庫全書總目　四册

銘慶

士禮居藏書跋　先文恭公題簽　二册

黄丕烈撰。

孫氏祠堂書目　二册

孫星衍撰。

藏印：周季貺漢印之齋、季貺、秦漢十印齋印。

題記：淵如先生學通古今，此目内外分編，以示後學。以學術途徑、序言、總論、源流分部，亦一變宋以後簿録成法，蓋有班氏《藝文志》遺則也。觀詧殁後，門客某假孫古□誑借宋元集部以去，旋有山□商人某盡售遺書、金石以去，畸零則鬻江浙間。家某生曾在卧龍街書肆收得零星□書及金石拓本，蓋皆西商所遺者。距觀詧之殁僅數年耳。（以上周季貺筆。）

藏書紀事詩　十二册

葉昌熾撰。

欽定天禄琳琅書目〔二〕　十册

于敏中等編校。

〔二〕此條天頭有「戊」字印。

欽定四庫全書簡明目録　抄本　八册

先公書簽。

培林堂書目　抄本　三册

菉竹堂書目〔一〕　明抄本　後有葉公五世孫、七世孫跋　三册

葉文莊編。

〔一〕此條天頭有「戊」字印。

季滄葦書目　抄校本　同雅堂藏　一册

三山劉氏書目　抄本　一册

題記：此係光禄坊劉氏書目也。劉氏多臧徐興公家舊籍，先世詁農觀詧官浙中被難，圖書因此散佚不少，兹不過僅存百一矣。辛未後人不善經理，家計日落。此是手録臧目，今書賈偶同諸抄本見示，爰得之，以備訪求之助云尔。

光緒壬午初冬，記於三山寓垒。

稽瑞樓書目 有潘祖蔭序 一册

陳揆編。

書目答問 批閱本 二册

鐵琴銅劍樓書目 先公書簽 八册

瞿鏞子雍編。

題字：瞿良士啓甲贈。己亥十月笏居士記。

述古堂書目〔一〕 抄本 二册

錢曾遵王編。

題記：《述古堂書目》予舊購之福州。寫極潦艸舛誤，苦無别本對勘，久置篋中。近方校讎足本《敏求記》，因取此本想證佐，此弓跋語頗與刻本有異，藉以增補者不少，此本脱訛亦得補正，兩成善本，大是快事。（以上周季貺筆。）

〔一〕此條天頭有「戊」字印。

浙江採集遺書總録 十册

有王亶望序。

浙江採集遺書總目 六册

鍾音等纂集。

四庫全書簡明目録 袖珍本 乾隆四十七年本 十二册

藏印：寔齋、仲淵手録。

又：一笏齋抄本。

彙刻書目　劉燕庭藏本　三、四、九、十抄配。　十册

四庫存目　抄本　六册

卷尾有「乾隆五十八年胡虔録存」字樣。

文淵閣書目　乾隆五十一年　袖珍板　七册

欽定四庫全書附存目録　十弓　抄本　四册

「光緒七年心矩齋抄本」格帋。

藏印：岳欽手校。

述古堂藏書目〔二〕　抄本　一册

錢曾撰。

藏印：秦亭山館、群玉山房、曾在忍盧案頭、鑑湖遷客。

題記：此錢氏《述古堂書目》抄本，分類精抄，足稱善本。今秋書賈以葉氏菉竹堂舊藏《儀禮圖》並《宋史全文》、各宋元舊刊本售予，因以重值得之，末後復出此抄本書目五種，爰各予以番艮兩枚，此本其一也。按，國朝藏書家以錢氏爲最，其祕笈之富、抄本之精，予亦偶得一二，奉爲至寶，今得此書目以待攷核焉。光緒五年冬十二月，十印主人記于滬上。

余另臧有蕘翁手抄三家宋本書目，錢氏述古堂亦在其中，然對諸《讀書敏求記》，有不盡合於此，可見抄本之善矣。香生又記。

秦漢十印齋印

〔一〕此條天頭有「戊」字印。

崇文總目　少一本　有虫損處　四册

宋王堯臣等編。

脉望館藏書目〔一〕 抄本　一册

趙廷琦清常編。

題記：此《脉望館書目》，原本一百八十七頁，郡中周香巖藏本也。予輯所見古書録于諸家書目，欲得所取證，香巖爰出此相示，遂倩人傳寫之。原本于每門或空幾行，想便隨時增入。觀其所載，于有明一代事實多所述記，蓋其于本朝宜然。至目中間載「老老爺、老爺手批書籍」，閱者殊詫爲異，予以爲此當時簿録以備稽查，並非傳後。著述宜循文體，傳至今日，遂視此目爲古書淵藪，如見碎金殘璧，令人艷羨不置，安得重覩此舊藏善本，以爲操券之得乎。庚申五月校畢，黄丕烈記。

〔一〕此條天頭有「戊」字印。

存寸堂〔一〕書目 抄本　一册

題記：此《存寸堂書目》，余借諸錢唐何夢華行篋中，卷首部葉有「存寸堂書目」五字，故以是名之。審其字迹，係鮑丈渌飲手書，疑夢華即從其家得之。問諸夢華，夢華云不然，蓋得諸一友人處，或已流轉他所也。是書所載多宋元舊抄本，故可貴。且中載《四元玉鑑》一書，獨作三卷，與予臧舊抄本合，而錢少詹作《元史藝文志》反云二卷，較此却誤，是可知此《書目》之佳矣。倩人照録一本，當爲購訪之助云。時乙亥秋九月，録竣後手校云，然本書尚有誤字，閱者可自知尔。復翁。

〔一〕「堂」，底本原誤作「目」，今正。

絳雲樓書目　抄本　二册

錢謙益編。

封面有「星詒長壽」章。

題記：詒從福州陳氏得吴枚庵先生手寫本，書中傳録陳文道批注，朱書蠅頭小楷，書數萬言，精詳博洽，不讓晁公武、陳直齋二書。蓋文道爲義門學士高第，義門多見古書，熟于校勘，淵源之自，宜其贍富也。然千慮一失，亦所未免，蓋是時如《郡齋讀書志》、衢本

《書録解題》及朱氏《經義考》、《四庫全書總目》皆未傳布，又值明季古學廢衰之後，不能不小有疎舛，未可爲先生病也。今歲有《文淵閣書目考略》之撰，出以備證耳目所及，間爲補正一二。以原書爲枚庵先生手書，精妙嫵媚，不可以惡書點汙其間，適有十年前傳録自傅氏，此本尚存篋衍，因以志之。陳氏所及茲不更出，惟此書舛誤脱落則以陳本改正，仍著其自以見徵信。己巳十一月二十七日，在汀州燈下記。星詒。

《絳雲書目》向衹寫本僅傳，近粤伍氏得《祕册彙函》本，跋云枚庵輯本。刻入叢書，流轉始廣，然以手寫原本勘之，頗有舛誤，因用合校而坿著其是非於此帙云。（以上均硃筆。）

懋勤殿書目〔一〕　味經堂寫本　一册

藏印：劉印喜海、燕庭。

坿《武英殿頒發通行書籍目録》、《成均書目》。

〔一〕此條天頭有「戊」字印。

曹氏楝亭書目〔一〕　同上　嘉蔭簃藏書印　一册

曹寅楝亭編。

〔一〕此條天頭有「戊」字印。

隋衆經目録〔一〕　同上　五弓　一册

沙門及學士等編。仁壽二年。

〔一〕此條天頭有「戊」字印。

隋衆經目録〔一〕　七弓　味經堂寫本　一册

沙門法經等編。開皇十四年。

〔一〕此條天頭有「戊」字印。又：題原作「同上」，今據全書例改。

裘杼樓藏書目〔一〕　同上　燕庭藏書　一册

汪森晋賢編。

〔一〕此條天頭有「戊」字印。

閲清樓書目〔一〕　味經堂抄本　一册

顯親王編。

〔一〕此條天頭有「戊」字印。

謙牧堂藏書目〔一〕　同上　二册

納蘭性德編。

〔一〕此條天頭有「戊」字印。

池北書庫藏書目〔一〕　同上

王士禎編。

〔一〕此條天頭有「戊」字印。

佳山堂藏書目〔一〕　同上　谷一册

益都馮溥編〔二〕。

〔一〕此條天頭有「戊」字印。
〔二〕「溥」字底本原空，今補。

述古堂書目〔一〕　味經堂抄本　用嘉蔭簃寫書紙精抄　一册

錢曾編。

〔一〕此條天頭有「戊」字印。

也是園書目〔一〕 同上 一册

同上。

〔一〕此條天頭有「戊」字印。

遂初堂書目〔一〕 同上 一册

宋尤袤編。

〔一〕此條天頭有「戊」字印。

士禮居所藏宋槧本書目〔一〕 同上 一册

黄丕烈編。

附《百宋一廛賦》。顧廣圻撰。

〔一〕此條天頭有「戊」字印。

葆醇堂藏書録〔二〕 味經堂抄本 二册

朱文藻編。

〔一〕此條天頭有「戊」字印。

阮氏七録〔二〕 同上 一册

梁阮孝緒撰。

〔一〕此條天頭有「戊」字印。

菉竹堂書目〔二〕 一册

葉盛編。

〔一〕此條天頭有「戊」字印。

絳雲樓書目〔一〕 二册

錢謙益編。

〔一〕此條天頭有「戊」字印。

絳雲樓書目〔一〕 同上 一册

陳景雲注。吴翌鳳校。

題字：道光乙未閏六月望日曝書，因撿置案頭，繙閱數過。陳景雲字少章，吴江學生，長洲人，少從何義門遊，長於考訂，所著書凡九種。

〔一〕此條天頭有「戊」字印。

養素堂藏書目〔一〕 同上 一册

黄叔琳編。

〔一〕此條天頭有「戊」字印。

汲古閣珍藏祕本書目〔一〕　季滄葦藏書目　刻本　劉燕庭藏本　一册

士禮居刻本。

有嘉蔭簃圖章。

〔一〕此條天頭有「戊」字印。

西坡書目　春暉堂書目　靜惕堂宋元人集目　慎貽堂書目　味經堂抄本　合一册

《西坡書目》，宋犖編。《春暉堂書目》，海昌陳奕禧編〔一〕。《靜惕堂宋元人集目》，曹秋岳編。《慎貽堂書目》，畢忠吉編。

〔一〕「奕禧」二字底本原空，今補。

輿地碑目〔一〕　味經堂抄本　一册

宋王象之撰。

〔一〕此條天頭有「戊」字印。

聚樂堂藝文目録〔一〕　一册

明朱睦㮮編。

〔一〕此條天頭有「戊」字印。

郁氏書畫題跋記〔一〕　味經堂抄本　三册

郁逢慶撰。

〔一〕此條天頭有「戊」字印。

宋人庫闕書目〔一〕　同上　一册

徐松編。

〔一〕此條天頭有「戊」字印。

傳是樓宋元版書目〔一〕　同上　一册

崑山徐乾學編〔二〕。

〔一〕此條天頭有「戊」字印。

〔二〕「乾學」二字底本原空，今補。

曝書亭書目〔一〕　同上　一册

朱彝尊編。

〔一〕此條天頭有「戊」字印。

四庫遺書目録提要〔一〕　味經堂抄本　一册

〔一〕此條天頭有「戊」字印。

百川書志〔一〕　同上二十卷　卷首有劉燕庭題字　一册

高儒編。

〔一〕此條天頭有「戊」字印。

内閣臧書目録　同上　卷五至卷八　一册

書目彙編〔一〕　同上　一册

《學津討原》《説郛》目録等。

〔一〕此條天頭有「戊」字印。

文淵閣書目〔一〕　一册

〔一〕此條天頭有「戊」字印。

世善堂書目〔一〕　同上　一册

陳一齋編。

〔一〕此條天頭有「戊」字印。

違礙書目〔一〕　同上　一册

乾隆四十三年諭示。

〔一〕此條天頭有「戊」字印。

萬卷堂書目〔一〕 同上 一册

明朱睦㮮編。

〔一〕此條天頭有「戊」字印。

武周刊定衆經目録〔一〕 同上 三册

周天册萬歲元年，沙門明佺撰。

〔一〕此條天頭有「戊」字印。

紅雨樓書目〔一〕 味經堂精抄 四册

徐𤊹編。

〔一〕此條天頭有「戊」字印。

借書園書目〔一〕　同上　二册

周永年編。（乾隆間人。）

〔一〕此條天頭有「戊」字印。

大清龍藏彙記〔一〕　味經堂抄本　一册

〔一〕此條天頭有「戊」字印。

述古堂書目〔一〕　抄本　一册

錢曾編。

〔一〕此條天頭有「戊」字印。

孝慈堂書目〔一〕 二册

王聞遠編。

藏印：邵秦之印、曾經研溪劉臧、吴門蔣維鈞家臧、賜易堂。

題字：蓮涇王氏藏書目也。王聞遠號叔子，吴下諸生，好學，喜聚書，與朱竹垞相友善。

〔一〕此條天頭有「戊」字印。

脉望館書目〔一〕 二册

題字：道光己卯春日顧湘舟贈本。燕庭志。

琴川趙清常臧書在絳雲之先，此目以《千文》分號，並著在某房某廚，且收及其所臧碑刻、文房字畫、甆銅器、箋帋等物。是臧獲單所登之，非清常手訂之書目也。

〔一〕此條天頭有「戊」字印。

至元法寶勘同總録〔一〕　味經堂抄本　二册

元沙門慶吉祥等集。

藏印：燕庭藏書。

〔一〕此條天頭有「戊」字印。

汲古祕本書目〔一〕　一册

毛晉編。

〔一〕此條天頭有「戊」字印。

茉花吟舫書目〔一〕　一册

題記：咸豐庚申嘉平月，得此册於京都隆福寺三槐堂書肆，蓋書賈得之東武劉氏者。

燕庭方伯一生精力萃于金石碑板，殁後已捆載歸諸城。今其子將盡室以行，酌留所藏祕笈，其餘書籍概皆斥賣，以便輕齎。而觸目琳琅，予力不能購，僅得其零編斷蕳。如乞兒般，漆椀亦足自豪矣。此册抄寫潦艸，以單層楮皮𥿄作面，業已破損浥爛。上標「茉花吟舫書目，笠濱手抄」字樣，大興朱氏藏書目也。朱氏藏書多用「椒花吟館」印，或作「吟舫」，或用「大興朱氏竹君藏書之印」。又有「笥河府君遺書之印」，則其哲嗣少河先生所鈐也。笥河公碩學重望，一代儒宗。少河秉承家學，亦極淹博，而湮没不彰，子孫日以困躓，深可慨也。劉氏圖書大半得之朱氏，今劉氏又不能守，化爲雲烟矣。嗟乎，難聚易散，理之常也。矧兵火浩劫，又有數存焉？能無興拔劍擊闌之歎邪！是月立春前五日，拙叟翁心存漫志。

〔一〕此條天頭有「戊」字印。

昭悳郡齋讀書志（晁公武藏書）　六册

姚應績編。

藏印：福州林氏鏡帆珎臧書畫章、貝墉曾讀、十印齋印。

題字：此書汪氏借黄蕘圃主政臧本付刻，其祖本流轉入閩，爲楊卧雪舍人所得，予曾從借閲，未及寫而有汀州之行，嘗以邑邑。越三歲，乃借節之臧汪刻，景抄臧之。今年九月，寅兒在福州南後街書肆見此初印本，爲吴貝氏千墨庵舊藏，以家無槧本，出二千文購弆篋衍，請書志之。帙首有鏡帆太史文印，當是文忠官吴日，從貝氏得也。

甲戌重九日。巳翁。

菉竹堂書目 寫本 二册

崑山葉盛興中編。

題記：近閲黄俞《千頃堂書目》，其「制舉類」刊《四書程文》二十九卷，《五經程文》五種共五十卷，《論》《策程文》各十卷，注曰：「右八種載葉盛《菉竹堂書目》，皆明初場屋試士之文。」今檢此書，悉未著録，可證此本之非真，予前跋之不謬。疑書賈得《閣目》節本，知葉目不載撰人、卷數，抄録原書序跋，爲此欺售者耳。然稽《經義考》所引，與此大抵相合，豈潜采堂所臧亦係僞本耶？就予所見論之，世間傳流大概相同，則其僞造亦已久矣。

此本所異閣本諸注當補完之，以爲《閣目》副本，而另求真目以備臧弆也。十一月晦日，季貺記。

葉文莊公《菉竹堂藏書目》引用攷證者皆以爲實有其書，今冬有《文淵閣書目考略》之撰，偶檢是書以佐攷訂，則除聖制外其編類次第及書名之脱誤，撰人之顛倒均與《文淵閣目》相同，其或此有彼無，此無彼有者，不過一二兼之。册數亦多符合。案原序自云爲書二萬四千七百有奇，恭焕跋語亦有，豈欲售而充之之語？則在當時直是録《文淵書目》，以備購求之用，實非目中所具悉出家臧也。竹垞、竹民、倦圃、曹氏諸君偶未對勘，遂以爲葉氏藏弆之富如此耳。己巳十一月廿六日，讌客竟，燈下誌。星詒。

書中多襲《文淵閣目》之誤，又爲抄胥者脱舛，今以可據者校改一二，其不知者仍其舊式。季貺又記。

以與《文淵閣目》對勘，僅以古今通志一類删去，各種滓書列之，道釋二家之前又截去《閣目》舊新地志，其餘無一不合。最可笑者，法帖一類悉依《閣目》，如篆隷一册，賜書篆帖一册，三段石之屬亦一一抄入。文莊博洽，不應淺陋至此。或其後裔以舉世稱其舊藏之富，于文莊自編書目佚失之後，抄《閣目》，去其重複，爲此欺人邪，抑書賈作僞欺世。然予臧三本及所見者不下五六本，大略悉同，疑莫能明也。

此本之爲僞撰已顯而有證，然記昔人跋、此書引後跋，與恭焕語同失。文莊之序明言爲卷六，爲册四千六百有奇，是已寫定成書，斷無流傳。後裔者反虚列其目，並與所序不符合者。而恭焕之跋昔人已經引用，又詳其詞意，不似僞撰，則此本豈即其人僞造，如予前跋耶。然其曰七世孫國華者，以攷訂博雅著名，不應不知其僞。況黄氏尚見真本，則又斷非萬曆、天啓間所僞。其裔如林宗、道穀有聲于時，亦斷不若家有僞書不自訂正。則並此二跋亦在可疑。惜不得老輩精於目録之學，如所見山陰沈霞西丈者與之論訂也。謬種流傳，編于大江南北，人人謂家有其書，究究同歸于僞本，始作俑者其無後乎？而目録之學之難言于可見矣。

朱緒曾撰。

朱氏讀書志

六弓續一弓　《金石記》坿　周季貺書簽　六册

孝慈堂書目 三册

王聞遠編。

題記：國朝漢學之盛，亘古未有，然自乾嘉以來，學問始有門逕。此孝慈堂王氏所臧書目，于野史、雜説、集部、子部之屬，搜羅宏富，足爲訪求之助。特是經小學書多列宋元明人著述，殊不足取，其不如陽湖孫淵如先生《祠堂書目》甄擇之精寀可知者。光緒甲申閏五月二十七日，鳳藻記。時法夷肆志來犯，海疆不靖，可虞也。

封面原題「百川書志」，香生先生改題並記云：此豈《百川書志》耶？何人妄題，舛訛甚矣。用特另開書面如右。鳳藻記。

亟宜改訂，换去書面方佳，不然淺陋可笑也。

《百川書志》乃明人涿郡高氏臧書目録也。此係我鄉蓮涇王氏書目。朝代相隔百數十年，地方相去五百餘里，豈可兩家書目牽率混合？不學無知，爲諸噴飯。藻記。

率意妄題，可笑也。

三魚堂書目　曝書亭書目〔一〕　一册

《三魚堂書目》，由陸隴其原本抄出。燕庭藏書。

《曝書亭書目》，朱彝尊編。

寫本，惠定宇紅豆山房臧本。劉燕庭書簽。

〔一〕此條天頭有「戊」字印。

潯陽書目　静寄軒書目〔一〕　一册

《潯陽書目》，陶無垢編。

《静寄軒書目》，瑶華道人編。

封面寫：續《經籍志》，與下列一書裝訂相同。

〔一〕此條天頭有「戊」字印。

經籍志〔一〕 抄本 五册

焦竑撰。

有紅豆書屋藏印。

〔一〕此條天頭有「戊」字印。

讀書敏求記 周季貺書簽評校本 吴有堂傳寫黄復翁 一册

錢曾撰。

藏印：秦漢十印齋印。

題記：此璜川吴氏傳録黄復翁手評本也。魏稼孫游吴中，以白金二兩得之。謂是復翁手迹，予一見辨其非是，繼于書腦識語署名，定爲吴氏所録，因以元價購藏。買王得羊，亦足以豪也。吴名志忠，吴中臧書世家，號有堂者也。

《敏求記》足本見黄復翁《百宋一廛賦注》，世傳絶少，臧書家最爲珍祕。道光間番禺潘氏刻入叢書，人爭寶之。然其字句尚多訛舛，非得此本勘之不知潘本之非也。鹽官蔣生沐光煦《東湖叢記》云：其同里管芷湘嘗校刊是書，勝於揚州刻本。福州陳氏云：有陳恭甫太史批注本。

得月樓書目　抄本　一册

李鶚翀如一編。卷首有繆荃孫撰《李如一傳》。

明内閣藏書目録　抄本　四册

用遠齋珍藏紙精抄。

因録寫匆促，書目有散見於他類者，茲將書名頁數補記于後，以便參看[一]。

惜抱先生校録書録　一册　一〇三

知聖道齋讀書跋尾	一册	一五一
李氏得月樓書目	一册	一六二
千頃堂書目	十七、九册	一六七
天禄琳琅書目	十册	一七六
列聖欽定書　各種進呈書序略	四册	一七七
稽瑞樓書目	三册	一七七
傳是樓書目	十册	一八四
藏書紀要	一册	一八六
讀書敏求記	四册	一九〇
又	二册	二五二
又	二册	三九六
又	一册	四四九
又	二册	四五七

也是園藏書目	一册	二〇二
又	二册	二六四
絳雲樓書目	一册	二〇三
牧齋書目	一册	二三〇
汲古閣所刻書目	一册	二三〇
雜書目	一册	二四二
永嘉書目	一册	二五四
義門讀書記	六册	三九五
汲古閣祕本書目　藏書紀要	一册	四二六
季滄葦書目　百宋一廛賦	一册	四二六
愛日精廬藏書志〔三〕	八册	四四四
海源閣藏書目	一册	四四九
宋元舊本經眼録	一册	四九六

浙西村舍叢刻目録

麗澤堂書目　共一册　四九六

拜經樓藏書題跋記　三册　四九六

蕘圃藏書題識　十册　四九六

天一閣書目　十册　四九六

豐順丁氏持静齋宋元校抄各本書目　一册　四四八

經籍考　三十四册　一〇八

又　一册　三三五

經籍跋文　一册　二五五

○書目一百廿四種，三百八十二册，於一九五〇年八月九日全部售與國立北京圖書館。

〔一〕此部分用朱筆寫。最末「書目」至「圖書館」一句，用墨筆補記。

〔二〕此條下「八册」旁批「四册」，「四四四」旁批「三九九」。

常熟翁氏藏書記九

普通本

徐霞客遊記 兩夾　十册

徐宏祖撰。

續方言又補 一册

徐乃昌撰。

勸學篇 一册

張之洞撰。

弟子箴言　先文恭公書簽　四册

胡達源撰。

文房肆考　四册

唐秉鈞撰。

西崑訓唱集　先兄澤之校本　一册

楊億編。

西鐸　一册

李提摩太撰。

西夏譯蓮花經考釋　傅沅叔丈贈　一册

羅福成撰。

洗冤録集證　先君題簽　二册

王又槐增輯。

花磚日影集　五册

徐琪撰。

使西日記　一册

曾紀澤撰。

先文恭公題字：光緒四年十月由上海啓行，十二年十月回抵上海，前後凡八年。

俄程日記〔一〕　寫本（光緒二十一年）　一册

楊宜治撰。

〔一〕此條天頭有藍圈。

會試同年齒録〔一〕　光緒丁丑科　二册

先公閲本。

〔一〕此條天頭有藍圈。

金剛經　無量壽經　觀無量壽佛經　心經　阿彌陀經　普賢行願品　一册

先公點閲本。

四十八孝圖説　先祖臧本　一册

宋元舊本經眼録〔一〕　先公書籤　一册

莫友芝撰。

〔一〕此條天頭有緑圈。

浙西村舍叢刻目録〔一〕　一册

坿《麗澤堂書目》。

〔一〕此條天頭有緑圈。

拜經樓藏書題跋記〔一〕　卷首有先公抄字一頁　三册

吴壽暘撰。

〔一〕此條天頭有緑圈。

蕘圃藏書題識〔二〕 十册

黄丕烈撰。

〔二〕此條天頭有緑圈。

天一閣書目〔三〕 坿《碑目》 十册

范懋柱撰。

〔三〕此條天頭有緑圈。

西事雜抄 一册

先公書簽。

花王閣賸稿 一册

紀坤撰。

銅官感舊集 二册

章价人纂。

存悔齋集 外集 道光本 八册

劉鳳誥撰。南昌彭文勤之弟子。

隨盦叢書（二） 十二册

徐積餘刊印。

《詞林均釋》《吴越春秋》《金石例》《中朝故事》《雲仙散録》《述異記》《離騷集傳》

《魚元機詩集》《篋中集》《樂府新編陽春白雪》。

〔一〕此條天頭有朱筆標記之△號，並有批語：「已丑售去」。

隨盦叢書續編〔一〕　十二册

《補漢兵志》《呂氏鄉約鄉儀》《劉涓子鬼遺方》《廣成玉函經》《三曆撮要》《忘憂清樂集》《酒經》《白虎通德論》《風俗通義》《續幽怪録》。

〔一〕此條天頭有朱筆標記之△號。

遯盦叢編〔一〕　甲集　四册

山陰吴氏刊。

《台對紀實》《被難紀略》《海外慟哭記》《霜猨集》。

〔一〕本條天頭有墨筆標記之△號，筆色較淡。

虞山叢刻　八册

《和友人詩》《和古人今人詩》《野外詩》《隱湖題跋》《以介編》《東山詶和集》《天啓宮詞》《崇禎宮詞》《吾炙集》《霜猿集》。

續後漢儒林傳補逸　先公書簽　一册

徐乃昌撰。

南陵縣建置沿革表　同上　一册

徐乃昌撰。（以上二種亦《隨盦叢書》中本。）

前漢書　有先公珍藏印校閲本　四十四册

班固撰。陳仁錫評。

後漢書　校閲本　二十册

范曄撰。

新唐書〔一〕　臨顧千里校本　陸純伯贈　四十四册

藏印：翁斌孫印、仲翔讀過、一笏齋、常熟翁弢夫珍藏、歸安陸樹屏字仲翔之印。

〔一〕此條天頭有藍圈。

左傳義法舉要　先公書簽　貴州本　刊刻甚精　一册

王兆符述。

楚辭　先公書簽　四册

金陵書局照汲古閣本重刊。

步天歌　括地略　讀史論略　一册

水道提綱　八册

齊召南撰。

宋瑣語　三册

蘭皋撰。

廿一史約編　八册

鄭元慶述。

十三經注疏(一)　汲古閣本　一百二十六册

藏印：翁斌孫印。

〔一〕此條天頭有藍圈。

忠義編〔一〕　日本文化六年本　七册

李綱撰。

〔一〕此條天頭有朱筆標記之△號。

新序纂注〔一〕　日本文正年本　四册

劉向撰。

〔一〕此條天頭有朱筆標記之△號。

世說箋本〔一〕　日本文政年本　十册

宋劉義慶撰。

〔一〕此條天頭有朱筆標記之△號。

抱朴子〔一〕　日本文榮堂本　八册

〔一〕此條天頭有朱筆標記之△號。

歷代職官表　三册

道光二十五年。黄本驥録。

山右金石記〔一〕　《山西通志》中之一部　十册

張煦撰。寇師逸琹贈。

〔一〕此條天頭有朱筆標記之△號。

皖詞紀勝　一册

徐乃昌纂。

谿山老農年譜 二册

王祖畲撰。

讀左質疑 二册

王祖畲撰。

羅昭諫集 先公題簽 二册

羅隱撰。常熟俞氏刊本。

書目答問 原刻本 一册

張之洞撰。

藏印：翁斌孫收藏印、翁斌孫印。

困學紀聞〔一〕 何義門、閆潛邱、全謝山箋本　八册

王應麟撰。

〔一〕此條天頭有批語：「戊子夏捐贈天津崇化學會：」（冒號爲批語原有）。

廿一種秘書 八册

汪隱侯輯。

《汲冢周書》《吴越春秋》《拾遺記》《白虎通》《山海經》《博物志》《桂海虞衡志》《續博物志》《博異記》《高士傳》《劍俠傳》《楚史檮杌》《晉史乘》《竹書記年》《中華古今注》《古今注》《三墳》《風俗通》《列仙傳》《集異記》《續齊諧記》。

霜紅龕集〔一〕 十二册

傅山撰。

〔一〕此條天頭有藍圈。

欽定陳書 石印本 六册

説文釋例 二十卷 十册

姚思廉撰。

説文句讀 十六册

王筠撰。

光緒二十六年通商各關華洋貿易總册〔一〕一册

王筠撰。

〔一〕此條天頭有藍圈。

中西算學大成〔一〕　石印本　二十册

陳維祺撰。

〔一〕此條天頭有朱筆標記之△號，並有批語：「己丑售去」。

五經揭要　袖珍本　六册

四六類腋　同上　六册

葉祺昌撰。

鑄史駢言　同上　二册

孫石農撰。

增補類腋　同上　八册

四書典林　同上　四册

姚培謙撰。

困學紀聞注　同上　六册

增廣詩均全璧　同上　六册

國朝詩别裁集　同上　八册

詩均集成　同上　精刻本　八册

沈德潜纂評。

南華真經　精刻袖珍本　八册

先公批閲。

藏印：翁斌孫印。

春明夢餘録[一]　古香齋袖珍本　二十册

孫承澤撰。先文端公藏。

[一] 此條天頭有「丙」字印。

四書集注　殿板袖珍本　十册

花鏡　水粘，應重裝　六册

詩料英華　劉豹君　二册

蒙古遊牧記 石印袖珍本　六册

張穆撰。先公題簽。

長春真人西遊記 石印袖珍本　一册

李志常述。

英法俄德四國志略 同上　二册

沈敦和撰。

食物本艸 同上　三册

青蘿隱士撰。

皇朝紀略 一册

春秋辨胡題志宗纂　一册

洪氏集驗方　一册

宋洪文安撰。

桂苑筆耕　二十卷　四册

崔致遠撰。唐人。

藏印：　翁斌孫印。

四書人類考　精刻袖珍本　六册

雲谷帥燧撰。

詩韵辨聲　精刻袖珍本　五册

徐崑撰。

詩均合璧　日本樂善堂明治間印　五册

尚友録　袖珍本　十二册

廖用賢撰。

八面鋒　袖珍本　四册

宋陳傅良撰。

龍筋鳳髓判　海山仙館本　一册

唐張鷟撰。先公校閲本。

王摩詰　高常侍　孟浩然　岑嘉州詩集　袖珍本　八册

洪北江　趙甌北詩話　同上　六册

先公藏印。

古香齋綱目三編〔一〕　刻　袖珍本　尾有補抄一頁　四册

張廷玉等編。

先文恭公書簽。

〔一〕此條天頭有「丙」字印。

百子金丹　袖珍本　八册

郭偉選注。

西藏圖攷〔二〕　四册

黄沛翹撰。

〔一〕此條天頭有藍圈。

浄業知津　先公題簽　一册

僧悟開撰。

皇朝藩部要略〔一〕　八本

祁韻士撰。

〔一〕此條天頭有藍圈。

方輿紀要簡覽〔一〕　十六册

潘鐸撰。

藏印：海虞翁氏陔華館圖書印、翁心存字二銘號遂菴、校理祕文。

〔一〕此條天頭有藍圈。

西湖志〔一〕　雍正本　二十册

李衛等纂。

〔一〕此條天頭有藍圈。

闕里志〔一〕　明本　兩函共十册

陳君鎬撰。

〔一〕此條天頭有朱筆標記之△號，並有批語：「己丑售去」。

常昭合志　二十册

海虞藝文志　二册

朔平府志〔一〕 殘本 一册

〔一〕此條天頭有朱筆標記之△號。

大同府志〔一〕 十六册

〔一〕此條天頭有藍圈、朱筆標記之△號。

太原府志〔一〕 二十四册

〔一〕此條天頭有藍圈、朱筆標記之△號。

霸州志〔一〕 四册

〔一〕此條天頭有藍圈、朱筆標記之△號。

京師坊巷志〔一〕 二册

〔一〕此條天頭有藍圈。

趙州屬邑志 四册

趙州志 六册

祁縣志 十册

渾源州志〔一〕 十册

〔一〕自「趙州屬邑志」至「渾源州志」四條，天頭皆有藍圈、朱筆標記之△號。

傅氏女科全集〔一〕 板本甚劣 四册

傅山撰。

〔一〕此條天頭有朱筆標記之△號，並有識語「已贈人」。

傷寒論輯義　日本文政間本　批閱本　十册

丹波元簡廉夫撰。

博濟堂脚氣提要　日本明治本　一册

淺田堆常删定。

臨症指南〔一〕　石印本　六册

葉桂天士撰。

〔一〕此條天頭有朱筆標記之△號，並有識語「已贈人」。

本艸從新〔二〕　先公書簽　四册

吴儀洛撰。

〔一〕此條天頭有朱筆標記之△號，並有識語「已贈人」。

温病條辨 先文恭公署簽寫書根　四册

吴瑭撰。

醫衡〔二〕 先公書簽　二册

葉天士選。

〔二〕此條天頭有朱筆標記之△號，並有識語「已贈人」。

產寶　一册

倪枝維撰。

達生編　一册

費伯雄鑒定。

先公題字：此編宜與《産寶》參看。

余友端午橋方伯方之戚墨伯麒麟之室産後病，群醫束手，午橋求藥于余，余贈之以《産寶》，照方治之，竟尔全愈。午橋擬重刊之，不知果刊成否也。

此編有袖珍活字本，清朗悦目，但無費君增訂耳。費爲孟河名醫，余幼時曾識之，此或假名，未必其手定也。

佛手散、催生生化湯調理産後，洵千古不磨之方。

石印本

史記　涵芬樓景宋百衲本　二十四册

先公點閱書簽。

五百家注昌黎文集　涵芬樓景宋本　四十册

先公批閲。

經進東坡文集事略　蟫隱廬仿宋聚珍版　二十册

郎曄。

宋詩抄　涵芬樓本　四十册

吕晚村、吴孟舉、吴自牧選。

黄山谷全集　石印本　四函共二十册

士禮居黄氏全書　石印本　四函共二十八册

黄庭堅撰。

越縵堂日記　九函　六十四册

李慈銘莼客著。

先文恭公日記　四十册

翁松禪墨蹟　十册

譚瓶齋藏本。

翁松禪家書　第二集　一册

松禪老人遺墨　南洋官書局本　一册

先文恭公手札　毘陵張氏印本　一册

先公書簽。

瓶廬叢稿　商務本　十册

翁松禪家書　商務本石印　一册

四禮堂藏。

瓶廬詩稿　己未原刊初印硃墨本　四册

瓶廬詩補　聚珍本　一册

張南陔輯。

翁松禪相國尺牘真跡　一函十二册

集成曲譜　卅二册

王季烈編。

龍龕手鑑　文中子中説　景宋本　一函四册

南華真經　同上　一函五册

頤堂先生文集　珞琭子三命消息賦　山谷琴趣外篇　同上　一函三册

孟子　同上　一函七册

許用晦　鄭守愚　孫可之　司空表聖文集　一函六册

曹子建文集　嘯堂集古録　景宋石印本　一函五册

聯珠集　皇甫持正文集　張文昌文集　李長吉文集　同上　一函四册

尔雅　同上　一函三册

道德經　漢官儀　武侯傳　同上　一函四册

説文解字　同上　一函五册

昭代名人尺牘　二函共十四册

同上　續編　十二册

王荆公集注　仿元本石刻　一函十册

王漁洋詩集　一函十册

歸吴方王評點史記　袖珍本　十六册

同上　大本　十六册

史記評林　二函十二册

漢書評林　二函十二册

歷代名臣言行録　一函十册

國朝先正事略　一函十册

國語國策合編　影黄蕘圃刻宋本　一函八册

李義山詩集　一函四册

宋六十一家詞選 四册

宋七家詞選 三册

莆齋尺牘 十四册

陳祺撰。

陶齋吉金録 八册

端方著。

匋雅 四册

寂園叟著。

香祖筆記　四册

王世禎著。

范肯堂先生手札　言氏印本　一册

范當世撰。

廣雅堂詩　二册

張之洞撰。嚴范孫注。

蟫香館手札　景印　第一輯　一册

嚴修著。

蟫香館使黔日記　一函九册

嚴修撰。

御批通鑑輯覽　廿四册

建國詮真　一册

徐樹錚撰。

畫禪室隨筆　三册

董其昌著。

書畫跋跋　四册

孫鑛著。

桃花扇　四册

雲亭山人編。

香屑集 四册

唐堂集唐。

詞壇妙品 五册

張淵懿硯銘選。

歷代名媛詞選 六册

吴灝翰如選。

小心詞

姜幾道叔原撰。

隨園詩話　四册

袁枚撰。

莊子南華經解　一册

宣穎茂公撰。

酬紅記　一册

野航填詞。

燕子箋　二册

百子山樵撰。

璇璣碎錦 一册

李暘著。

春吟回文 一册

同上著。

疑雨集 二册

王彦泓次回著。

美人千態詩 二册

雷瑨君曜輯。

謝宣城詩集　一册

謝朓撰。

白石道人詩集又歌曲　二册

姜夔堯章著。

草字彙　六册

唐説文　一册

許氏説文　一册

淵鑑類函　十册

二十五子彙函　十六册

大學衍義　八册

校碑隨筆　四册

金石萃編又續編　二十四册

紫桃軒集綴　五册

六研齋筆記　二册

古今情史　八册

邵易魏先生遺集　三册

魏繇。

庸菴筆記　二册

薛福成。

人海記　二册

查慎行。

顧氏四十家小説　八册

海藏樓詩　四册

鄭孝胥。

二十四史〔一〕（附《明史稿》） 六十函

汲古閣本。

〔一〕此條天頭有批語：「以下皆普通刻本或鉛印本」。

子史菁華 舊刻本 四函各八册

南疆繹史〔二〕 四函共廿四册

温睿臨鄰翼撰。

〔二〕此條天頭有批語：「已贈天津崇化學會：」（冒號爲批語原有）。

鑑撮 四册

曠敏本撰。

劍南詩鈔 八册

陸游撰。

記事珠 二函十六册

王剛蓀軒著。

道咸同光四朝詩史 刻本 十册

孫雄師鄭編。

書經 一函四册

讀左補義 二函十六册

姜炳璋輯。

左傳事緯　二函十二册

馬驌宛斯編。

譚復堂先生集　寇逸栞師贈　八册

譚獻仲儀撰。

少陵全集　五色批本　十册

杜甫撰。

夢蕉亭雜記　二册

陳夔龍撰。

董西廂〔一〕　二册

顧渚山樵點定。

〔一〕此條天頭有朱筆標記之△號。

琵琶記〔一〕　陳眉公批刻本　二册

〔一〕此條天頭有朱筆標記之△號。

五燈會元　景宋寶祐本　八册

志菴詩文稿　二册

王式通書衡著。

嚴範蓀先生古近題詩存稿　一册

嚴修著。

蟫香館別記　一册

嚴修著。

變法經緯公例論　二册

張鶴齡小浦撰。

夢仙詩稿　附珂羅版畫　一册

孫雲夢仙撰。

知稼軒詩　二册

張元奇著。

影梅庵憶語　一册

冒襄辟疆著。

湘軍水陸戰記　二册

曾國藩撰。

紀元編　三册

鄭所南鐵函心史　一册

鄭思肖撰。

幼學須知　一册

春覺齋論文　一册

林紓著。

畏廬文集又續集　各一册

同上。

倚山閣詩詞抄　一册

章華著。

摩西詞　一册

黄人撰。

視昔軒遺稿　初印硃砂本　二册

徐樹錚著。

孟子講義　四册

姚叔節著。

古文辭類纂　十六册

徐樹錚批校本。

東坡筆記　一册

蘇軾著。

雲煙過眼録　續録　丹青志　畫説　畫眼　畫媵　一册

歷代名人年譜　十册

吴榮光撰。

先公題云：辛亥八月海王村賈人譚道生贈。道生名錫慶，安人也〔一〕。光緒庚子之亂，西兵與土匪掠出大内之書，道生以賤直得之，遂尔致富。此年譜板行爲其所得，即加入已覆校名印行。得宋元本書皆以其名印印之，亦舊書之一劫也。

〔一〕底本於「錫慶」二字旁批「其書鋪名正文齋」七字。

庚子消夏記　四册

孫退谷撰。

嶽雪樓書畫録 五册

孔廣陶著。

畫史彙傳 二十四册

又**補編**〔一〕 二册

吴心穀撰。

〔一〕按，此指《畫史彙傳補編》一書。

小蓬萊閣畫鑑 一册

李修易乾齋撰。

曝畫紀餘 四册

秦潛撰。

國朝院畫録　南薰殿圖像考 一册

胡敬輯。

娱園叢刻 四册

《松壺畫贅》、《松壺畫憶》等十種。

畫林新詠 二册

頤道居士撰。

山谷題跋 日本印　六册

辛丑消夏記 先文恭公題簽　五册

吴榮光伯榮撰。

清儀閣題跋 先公書簽　四册

張廷濟叔未撰。

習苦齋畫絮 六册

戴熙撰。

清河書畫舫〔一〕 十二册

張丑青父撰。

〔一〕此條天頭有批語:「寄興慶」。

江村消夏録〔一〕　三册

高士奇撰。

〔一〕此條天頭有批語：「給與慶」。

麓台題畫稿　墨井畫跋　一册

畫禪室隨筆〔一〕　内有先公録香光訇　一册

董其昌撰。

〔一〕此條天頭有批語：「給與慶」。

書畫鑑影　先文恭公書簽　八册

李佐賢竹朋撰。

聲畫集 日本印　四册

宋孫稽仲撰。

中國繪畫史 一册

陳師曾撰。

藝舟雙楫 一册

包世臣慎伯撰。

梅道人遺墨 一册

吴鎮撰。

書蕉　一册

陳繼儒撰。

南田畫跋　内有先公題字　一册

惲壽平撰。

中國文人畫之研究　一册

陳衡恪。

墨香居畫識　四册

馮金伯編。

國朝畫識　六册

同上撰。

畫法要録　八册

余紹宋著。

清瘦閣讀畫十八種　二册

徐文清輯。

清暉閣題詞　尺牘　一册

王翬撰。

甌鉢羅室書畫過目考　四册

李玉棻真木編。

宋元以來畫人姓名録　十六册

魯駿編。

紅豆樹館書畫記〔一〕　六册

陶樑鳬薌著。

〔一〕此條天頭有「乙」字印。

畫林新詠〔二〕　二册

頤道居士撰。

〔一〕此條天頭有「己」字印，並用朱筆寫。

衆妙集 汲古閣刻本　一函　五册

趙師秀紫芝選。

八家四六文注 鉛印本　八册

孫星衍、洪稚存、孔廣森、劉星煒、邵齊燾、曾燠、袁枚、吴錫麒。

四六法海 湖南書局本　八册

蔣士銓心餘評選。

元遺山樂府 覆刻明宏治高麗本　一册

元好問撰。

然脂餘均　鉛印本　三册

王藴章蓴農輯。

昭明文選　善成堂刻本　兩函　十六册

梁昭明太子輯。

南北史識小録　一夾十二册

沈名孫、朱昆田原輯，張應昌補正。

湘綺樓書牘　鉛印　四册

王闓運壬父著。

錢牧齋尺牘　同上　三册

錢謙益著。

歷代名人小簡　又　一册

歷代名人家書　又　一册

古今尺牘大觀　又　三函　四十册

姚漢章、張相編。

歲寒堂詩話　聚珍本　一册

宋張戒撰。

韓柳文研究法 商務本 一册

林紓撰。

古詩源 一册

沈德潛選。

左孟莊騷精華録 二册

林紓撰選。

皇朝掌故讀本 一册

竇士鏞撰。

聖歎選批唐才子詩　八册

金人瑞選。

宴池詩録　袖珍本　一册

海門淩宴池撰。

平等閣詩話選本　一册

狄平子著。

李笠翁曲話　一册

李漁著。

蒙齋文存　二册

趙生甫撰。

竹如意館遺集　精刻本　六册

熊松之伯客撰。

焉用齋遺集　二册

王定鎬靜山著。

陶南村集　一册

明陶宗儀九成著。

素位齋詩文存　二册

趙佃耦漁撰。

題記：趙耦漁甲午會試，予薦而未售，未經來見。今見此集頗憶舊事，不禁三歎。鐵山亦未謀面，以此託人遠道相寄，殆文字真有因緣耶。笏記。

鐵山亦未知其出予房。

南北游詩艸　一册

鄭璘樹堅撰。

張文襄公詩集　先敬之兄書簽　二册

張之洞著。

浦雅（即《陳定山遺集》） 三册

陳瀏撰。

江山萬里樓詩詞抄 二册

雲史悼亡四種 一册

中國文學研究 商務本 二册

楊圻雲史撰。

秦黄詞 一册

白香詞譜 一册

白石道人詞箋平　一册

陳柱撰。

草窗詞　一册

周密著。

金粱夢月詞　一册

周之琦撰。

珂雪詞　一册

曹貞吉著。

二晏詞　一册

巴龍編。

花間集注　一册

華連圃撰。

詞式　二册

林大椿編。

清詞選集評　一册

徐珂選。

唐宋名家詞選　一册

龍沐勛編。

讀詞偶得　一册

俞平伯撰。

詞學指南　一册

謝無量撰。

人間詞及人間詞話　一册

沈啓元編。

元人小令集　一册

陳乃乾輯。

桃花扇傳奇　二册

柳亭詩話　二册

宋長白撰。

藝概　一册

劉熙載著。

中國繪畫理論　一册

傅抱石著。

現代繪畫概論　一册

外山卯三郎著。

現代繪畫槩觀　一册

倪貽德撰。

中國美術年表　一册

傅抱石著。

西畫概要　一册

吴夢井著。

讀畫輯略　一册

玉獅老人著。

西洋美術概論　一册

陳之佛著。

中國美術　一册

波西尔著。

中國畫學全史　一册

鄭昶著。

中國美術史　一册

大村西厓著。

參加倫敦中國藝術展覽會出品圖説　商務本　四册

曾文正公家書　三册

中國名勝古蹟大觀　一函

第一回中國年鑒　一册

新字典　一册

日用百科全書　三册

中國人名大辭典　一册

血史[一]　一册

梁啓勳譯本。

〔一〕此條天頭有紅筆標記△號，並有識語：「己丑售去」。

袖珍六法全書　一册

科學大綱　四册

湯姆生著。

中國地輿誌略　一册

康熙字典　二册

西洋文學講座　一册

文藝講座　一册

近世人物志　一册

金梁著。

現代中國名人外史　一册

梁任公近著　中、下　二册

清代學術概論　一册

梁啓超。

西哲學説一臠　同上　一册

國學概論　一册

錢穆。

國學常識問答　一册

張振鏞。

中國近三百年學術史　一册

梁啓超。

中國文學史　一册

胡雲翼。

清史纂要　一册

劉法曾。

龔定庵全集　一册

嘯亭集録　一册

汲修主人。

池北偶談　一册

王世禛。

尔雅義疏　一册

郝懿行。

長生殿傳奇　洋裝本　一册

西廂記　同上　一册

華北國際五大問題　一册

吴藹宸。

蒙事隨筆　一册

陳鎟。

東坡逸事　一册

夢窗詞集　一册

吴文英君特著。

彊村語業　一册

朱孝臧古微著。

顧詩箋注　八册

徐嘉遯菴輯。

光宣列傳　六册

金梁輯。

清史補　一册

金梁輯。

石埭備志彙編　三册

倪文碩。

味靜齋集　八册

徐遯庵。

儀鄭堂集 二册

陸心源。

六朝文絜 一册

麈史 二册

王彦輔。

胡刻通鑑正文校宋記 六册

章鈺。

遯庵詩存 一册

王人文。

寶硯齋詩集　一册

潘文熊。

張璚隱游仙詩　一册

張隱南。

庸庵詩存　二册

劍庵詩存　一册

任瑾存。

謝樓詩艸　一册

翁春孫。

南歸志　一册

陳中嶽。

黃孏餘話　二册

陳錫路。

蝶階外史　二册

桂之華軒駢文　三册

朱銘盤。

浦口湯泉小誌　一册

龔心銘。

上海租界問題 一册

王揖唐。

原富 三册 又節本 二册

節本天演論 一册

世界近世史〔一〕 一册

〔一〕此條天頭有批語：「捐天津崇化學會：」（冒號爲批語原有）。

可園詩抄 一册

三多。

龍吟艸　一册

孫景賢。

歸田吟稿　一册

龐鴻書。

辛血篋詩讔　一册

葉昌熾。

維摩寺志　一册

屈如幹。

滿清稗史　十六册

男女性原理　一册

羅光道。

清史紀事本末　八册

説部精華　五册

王漁洋。

亭林文集　四册

顧炎武。

中國地名韻語　一册

酒令全篇　二册

海虞文徵　十六册

牧齋全集　四十册

錢謙益。

讀通鑑論　十册

王夫之。

説鈴　三十二册

集説詮真　四册

留青新集　十二册

赫尔回憶録　一册

邱吉尔大戰回憶録　三册

司徒雷登年譜　一册

桂之華軒遺集　二册

朱銘盤。

陳伯生詩集　一册

陳寶。

常熟翁氏藏書記十

日文書

源氏物語 廿六册

谷崎潤一改譯。

シモンヅダンテ〔一〕 一册

橘忠衛譯。

〔一〕按原書名「ダンテ」，シモンヅ原著，橘忠衛譯，底本誤。

東洋藝術ノ諸相　一册
長與善郎著。

近代支那教育文化史　一册
平塚益德著。

利休居士ノ茶道　一册
千宗守著。

ヲドリノ小道具　一册
新井國次郎等著。

日本美術史物語　一册

尾田龍著。

英譯日本文學名著選　一册

渡邊著。

日本ノ大學　一册

大久保利謙著。

赤裸ノ日華人　一册

芙峰兼井鴻臣著。

日本人ノ新教養　一册

赤松克麿著。

近代支那文化　一册

和田清等著。

近代支那思想　一册

神谷正男等著。

僕ノ支那觀　一册

村田茂麿著。

支那ヲ動力ス秘密結社ノ行動トソノ内谷　一册

富永奈良太郎著。

野口英世　一册

湯淺謹而著。

伊藤博文　一册

中村吉藏著。

中華五十日遊記　一册

松本龜次郎著。

菊池寛讀物選集　新潮社本　一册

硯墨新語　一册

飯島茂著。

俳艸畫小徑　一册

島田忠夫著。

俳文學論攷　一册

石田元季著。

日本石器時代提要　一册

中谷治宇二郎著。

日本色名大鑑　一册

上村六郎等著。

英文學風物誌　一册

中川芳太郎著。

茶ノ湯　一册

福喜多靖之助著。

聖德太子御聖迹ノ研究　一册

田中重久著。

柹右衛門及ヒ伊萬里圖説　一册

小林太市郎著。

日本壁畫ノ研究　一册

田中重久著。

印度美術史　一册

高田修等著。

名品手帖　二册

大口理夫著。

古代埃及雕刻集　一册

大橋孝吉著。

日本美術年鑒（一九二八）　朝日社本　一册

世界美術全集　第十号　一册

下忠彌三郎著。

ラク我記　一册

高田義一郎著。

櫻ノ國地震ノ國　一册

堺利彦集。

樂天地獄　一册

户川秋骨著。

現代世相漫畫　一册

蘆花傑作集　一册

德富蘆花著。

獨步傑作集　一册

國木田獨步著。

漱石傑作集　一册

夏目漱石著。

中國ノ性格　一册

江井洋三著。

櫻花國謌謡　一册

教育科學　一九五〇年移居時售出　二十册

錢稻孫著。

日本俗語難詞例解　一册

趙鴻奎等著。

支那慣用語句例解　一册

三原增水著。

日文報章研究之捷徑　一册

外語學院。

日語肯綮大全　一册

松本龜次郎著。

日本口語文法　一册

王玉泉著。

日本口語文法教科書〔一〕 一册

松本龜次郎著。

〔一〕「日本口語文法」原作「同上」，蓋當時鈔寫簡省，今改。

日本語會話教典 又 一册

手紙大詞典 一册

大西貞治著。

日本文語文法 一册

王玉泉著。

漢譯日本文典 一册

松本龜次郎著。

日本語俗語ノ譯方 一册

橘光三著。

支那語常用語詞注解 一册

本田善吉著。

日語自修本 一册

知久武雄著。

流行歌選集　新潮社　一册

日支會話五十日　一册

堀井仁著。

日本語會話全書　一册

橘光三著。

日本語法易解　一册

飯河道雄。

新日本口語文法　一册

岩井武男。

現代日本語會話文法　一册

堀越喜博。

日本文法精義　又　一册

日語漢譯讀本　一册

葛祖蘭。

日語教程　二册

劉湘漁。

日語日文　早稻田大學　一册

東語正規　一册

唐寶鍔。

日語一月通　世界書局　一册

日語公式詳解　一册

程伯軒。

現代標準日語進堦　中央書局　一册

新體日語讀本　弓二　一册

飯河道雄。

標準日語讀本 一册

大出正篤。

初等日本語讀本 一册

飯河道雄。

百日速成日語讀本 一册

殷海樓。

速修日本語讀本 一册

飯河道雄。

正則日本語講座　十二册

田中莊太郎。

小學國語讀本　日本文部省　十二册

Conversational Japanese For Beginners.　一册

A. Rose-Innes.

新英和大辭典　一册

岡倉由三郎著。

言海　一册

大槻文彦。

日華大字典　一册

服部操。

日華辭典　一册

井上翠。

模範日語辭典　日語研究社　一册

現代新語詞典　一册

金子專一郎。

日本語カラ支那語ノ字引　一册

飯河道雄。

每日新語辭典　英文大阪　一册

和英辭典　一册

石井林四郎。

支那語辭典　一册

井上翠。

モダン和英辭典　一册

入江祝衛。

詳解漢和辭典　愛之事業社　一册

芳賀新辭典　行艸書入　一册

芳賀剛太郎。

時事英語辭典　研究社　一册

アクセント詞典　一册

神保格。

日本姓氏讀法　一册

楊秋石。

回顧八十年史　幕末、明治、大正(不全)　一册

岩波講座哲學叢書〔一〕　幕末、明治、大正　九十九册

〔一〕此條天頭有朱筆標記之△號，並有批語：「己丑售去」。

炎ノ薔薇　一册

石川達三。

日語研究寶鑒　一册

大出正篤。

癌ノ知識　一册

大村清二。

家庭防疫衛生必攜　一册

南崎雄七。

日本電信沿革史（售去）一册

日本語會話教科書　一册

松本龜次郎。

支那名畫ノ鑑賞　一册

佐藤良。

The Ten Foot Square Hut & Tales of the Heike.　一册

A. L. Sadler.

Amanojaku's Outspoken Comments. 一册

K. Sato.

Japanese Proverbs & Proverbial Phrases. 一册

秋山愛三郎。

武士道 英文 一册

新渡户稻造。

日本風物スケッチ 又 一册

勝俣銓吉郎。

日本ノ文化　又　一册

新渡户稻造。

昨日ノ日本今日ノ日本又　一册

駒井權之助。

日本教育史　又　一册

Keenleyside & Thomas.

日本事情小册　トウリスト本（不全）　十七册

（木刻、歷史、髮髻、景物、家庭、建築、教育、山水、俗語、音樂、故事、衣服、衣服、櫻花、戲劇、歌舞伎劇、郵票、文化）

桃太郎　萬國語文　一册

現代日本名人索引　英文　日本評論社　一册

教育科學　岩波本　二十册

日俄戰紀　商務本　四册

Japanese Plays & Playfellows. 一册

By Osman Edwards.

Le Japon Illustré. 一册

By F. Challaye.

Ponpee Japonaise.　一册

By F. Champsam.

近代史談〔一〕　玉山堂本　四册

大槩清崇撰。

〔一〕此條天頭有朱筆標記之△號，並有批語：「己丑售去」。

日本外史〔二〕　天保十五年本（道光二十四年）　先文恭公閱本　十二册

賴襄撰。

先文恭公題：此書之作當中國道光七年，距今六十九年。

乙未三月，瓶生記。

〔二〕此條天頭有朱筆標記之△號。

西文書

Revision of Unequal Treaties. China's appeal to the League of Nations.

By Chu Chao Hsin.

The Japanese Expedition to Chientao.

By Seoul Press.

Two Gentlemen of China.

By Lady Hosie.

Portrait of a Chinese Lady.

By Ditto.

Brave New China.

By Ditto.

A Passport to China.

By L. H. Soothill.

Timothy Richard of China.

By W. E. Soothill.

China and the West.

By Ditto.

Three Years in Western China.

By A. Hosie.

The Pool of Chien Lung.

By Lady Hosie.

Jesus and Women.

By Ditto.

The Analects of Confucius.

By Soothill.

Ditto (World Classics Edition)

Edited by Lady Hosie.

The Trade and Administration of China.

By H. B. Morse.

The International Relations of the Chinese Empire.

By Ditto.

Outlines of Chinese History.

By Li Un Bing.

China's Struggles for Tariff Autonomy.

By Wright.

Explaining China.

By Baker.

Society in China.

By Douglas.

China's Foreign and Domestic Debts.

By Hollington Tong.

An Analytical Chinese-English Dictionary.

By F. W. Bakler.

How New will the Better World be?

By Carl L. Becker.

Timon of Athens.

King Lear.

The Merry Wives of Windsor.

Story of the Life of William Shakespeare

Oeuvres de Shakespeare. 2 vol.

As you Like It.

King Lear with Notes.

Comedies of William Shakespeare.

Tragedies of William Shakespeare.

Tales from Shakespeare.

By Chas. and Mar Lamb.

Omar Khayyam (Eng-Fr. Edition)

Silas Marner.

By G. Elliot.

Decline and Fall of the Roman Empire.

By Gibbons.

Dombey and Sons.

By Dickens.

The Pickwick Papers.

By Dickens.

David Copperfield.

By Dickens.

Oliver Twist.

By Dickens.

Burke's Speeches and Letters on American Affairs.

Letters from an American Farmer.

By St. Johns de Crevecoeur.

Uncle Tom's Cabin.

By Stowe.

Anderson's Fairy Tales.

Henry Ⅷ. 3vol.

By Froude.

Emma.

By J. Austin.

Utopia.

By Thomas More.

Orations on the French War.

By Pitt.

Palgrave's Golden Treasury.

The Sketch Book.

By Irving.

Confessions of an Opium Eater.

By de Quincey.

The Best American Humorous Short Stories.

An Unsocial Socialist.

By B. Shaw.

Three Musketeers.

By Dumas.

The Poetical Works of Longfellow.

The Poetical Works of Wordsworth.

Poems of Arthur Symons. 2 Vol.

Arnold. （Pocket Edition * ）

Letters of Queen Victoria. 3 Vol.

The Waverley Pageant.

By Scott.

Sheridan and Goldsmith. (Pocket Edition *)

Heroes and Hero Worship.

By Carlyle.

The Cloister and Hearth.

By Reade.

Mrs. Caudle's Curtain Lectures.

By Jerrold.

Selected English Essays.

By Peacock.

Introductory Lessons in English Literature.

By Mac Neill and Lynch.

Good Earth.

By P. Buck.

Something Happened.

By Cable and French.

Legation Street.

By Fane.

'Mid Pleasure and Palaces.

By Landon.

The Plotters of Peking.

By Dawe.

Peking Dust.

By La Motte.

Strange Stories from a Chinese Studio.

By Herbert Giles.

Chinese Birthdays, Weddings Funerals.

By Cormack.

China's New Nationalism.

By MacNair.

Chinese Realities.

By Foster.

My Country and My People.

By Lin.

Modern Manchuria.

By Kenney.

More Gems of Chinese Poetry.

By Fletcher.

Letters from a Chinese Magistrate.

China in Transformation.

By Colquoun.

Life of Gordon.

By Boulger.

The New Era in Asia.

By Eddy.

The Spirit of the Chinese People.

By Ku.

The Discourse and Saying of Confucius.

By Ku Hung Ming.

A Tour in Mongolia.

By Bulstrode.

Second Report on Progress in Manchuria (1930).

La Guerre en Extreme Orient.

By Matthieu.

The Great World War and the Chinese Standpoint.

By Wong-Quincey.

Webster's International Dictionary of the English Language.

English-Italian and Italian-English.

By Fratelli Treves.

Dictionary of Etiquette.

By L.

Dictionary of Prose Quotations.

By B.

Dictionary of Poetical Quotations.

By B.

Latin-English and English-Latin.

By MacFarlane.

Standard Dictionary of English Slang.

Roget's Pocket Thesaurus.

Pocket Book of Quotations.

Pear's Encyclopedia 1925.

Encyclopedia Britannica (11th Edition) 29 volumes.

Guide to above.

Book of Knowledge. 24 volumes.

Guide to above.

Handbook of Business Training.

By Chow.

Guide for the Company Secretary.

By Coles.

Pitman's Businessman's Guide.

100 Trifles that tell in Business.

Commercial Knowledge.

By Yuan.

The Business Encyclopedia. 2 vol.

Pitman's Guide to Commercial Correspondence.

Handy Atlas and World Gazetteer.

Little Lord Fauntleroy.

By Burnett.

Half Hour with Natural History.

Journal of the North China Branch of the Royal Asiatic Society.
(1929-1940 *)

Guide Books……London、Paris、Switzerland and Rome.

The Slav Nations.
By Tucic.

Aircraft in War and Peace.
By Robson.

Vision.

By Montgomery.

Gardens of England.

The Wide Wide World.

By Wetherell.

Holy Bible illustrated.

The Inviolable Sanctuary.

By Birmingham.

The English and Chinese Standard Dictionary. 2vol.

All about Railways.

By H.

Victory of the Engineer.

Letters of Edward Leer.

Americans and the Britons.

By S.

The Book of Life.

By U. Sinclaire.

The Doctors Look at Love and Life.

By C.

Psycho-Analysis of Love.

By Triden.

Women's Wild Oats.

By Hartley.

Wise Parenthood.

By Stopes.

Married Love.

By Stopes.

Character-the Greatest Thing in the World.

By Marden.

Why Grow Old.

By Marden.

The Science of Eugenics and Sex Life.

The World andIts People-the British Empire.

Ditto-Africa.

Plane and Solid Geometry.

By Schuyer.

Third Year Mathematics.

By Breslich.

Elementary Algebra.

By Hall and Knight.

A New Geometry for Schools.

By Bernard and Child.

Elements of Algebra.

By Wentworth.

Introduction to Inorganic Chemistry.

By C.

Introductory College Chemistry.

By Deming.

An Elementary Study of Chemistry.

By Fu.

English Grammar explained in Chinese.

By Yen.

Nesfield's English Grammar、I、II、III.

The Translator's Assistant.

By Wu.

A Manual of Translation.

By W. W. Yen.

Translation Exercises. 2 vol.

By Li.

Translations from Modern Chinese. 2 vol.

By Otte.

Office Management.

By Kaye Parry.

The Soul of Wit.

By Hamilton.

Proverbs.

By Opdyke.

A Modern Dictionary of the English Language.

Dictionary of Idiomatic English Phrases.

English Synonyms Explained.

The Standard Dictionary of English Slang.

How to Write English Correctly.

By Duncun.

A New Chinese-English Dictionary.

Dictionary of Foreign Phrases and Classical Quotations.

By Jones.

Le Guide de Convenances.

By Liselotte.

Deuxieme Livre.

By Berlitz.

Easy Exempts from French Authors.

By Reeve.

Grammaire du Certificat d'Etudes.

By Auge.

Elementary French Reader.

By Blouet.

Intermediate French.

Selections from Les Martyrs.

By Chateaubriand.

Dents Second French Book.

Primer of French Grammar.

By Sommerville.

Fables de la Fontaine.

Les Letters a la fiancée.

By Hugo.

Le Petit Parisien.

By Krone.

Contes de Fees.

Practical French grammar.

By Fraser and S.

French Phrases for Advanced Students.

By K.

Colomba.

By Brette.

Dent's First French Book.

Remi en Angleterre.

By Naftel.

Remi et ses Amis.

By Rey.

Sans Famille.

By Malot.

Otto-German Conversational Grammar.

Otto-Onions-French Conversational Grammar.

Mutter Ohne Tod.

By Johot.

New Latin Grammar.

By Allen and Greenough.

Chinois parle.

Reminiscences of a Chinese Official.

Tales from Shakespeare with Chinese Notes.

The Heroes.

By Kinsley.

The Children of the New Forest.

By Marryat.

Lays of Ancient Rome.

By Macaulay.

Nana.

By Emile Zola.

Under Western Eyes.

By Conrad.

Cheri.

By Collette.

The Bridge of San Luis Rey.

By Wilder.

Sun Way.

By Sperry.

All in the Racket.

By Weeks.

The Return of the Hero.

By Figgis.

Wandering Women.

By Cournous.

Crime and Destiny.

By Lange.

Margaret Fuller.

By Bell.

The Dwelling Place of Light.

By Winston Churchill.

The Vermillion Box.

By Lucas.

The Autobiography of a Super Tramp.

By Davies.

Oration-Past and Present.

English Essays.

By Chapman and Medhurst.

Pitman's Shorthand Reporter.

The Wonderful Adventures of Don Quixote.

Burke's Conciliation Speeches with Chinese Notes.

Gems from English Literature.

Uncle Tom's Cabin.

By Stowe.

Encyclopedia Britannica. （11th Edi）29 v with a Guide Book.

The Book of Knowledge. 24 vol. With a Guide Book.

Sesame and Lilies.

By Ruskin.

Essays on Clive and Hastings.

By Macaulay.

English Poetry for Young Students.

By Webb.

Speech on American Taxation

by Burke.

Evangeline

By Longfellow.

Julius Caesar with Notes.

Franklin's Biography.

Conciliation with America.

By Burke.

Essays on Samuel Johnson.

By Macaulay.

Othello.

The winter's Tale.

Measure for Measure.

King Henry VIII.

King John.

A Midsummer Night's Dream.

Anthony and Cleopatra.

Much Ado about Nothing.

Love's Labour Lost.

Julius Caesar.

The Taming of the Shrew.

Coriolanus.

Troilus and Cressida.

The Comedy of Errors.

King RichardIII.

All's Well that ends Well.

The Tempest.

The Two Gentlemen of Verona.

Virginibus Puerisque.

By R. Stevenson.

History of the English People.

By Green.

General History.

By Myers.

History of Rome.

By Barnes.

The German Emperor and Empress-Frederick III and Victoria.

Old Testament History.

By Hamer.

New Testament History.

By Ditto.

The League of Nations.

By Stuarts.

Popular History of the Great War.

By Rowe.

Diplomatic Documents-European War.

Garibaldi and the Making of Italy.

By T.

A Biographical History of Philosophers.

By Lewes.

The Local Government of the United Kingdom.

By Bible.

English Political Institutions.

By Mariott.

Convention of the 1st and 2nd Peace Conference at Hague. 1907.

Introduction to the Study of Economics.

By Bullock.

Protecting of Free Trade.

By H · George.

Principles of Political Economy.

By Stuart Mill.

Ditto.

By Gide.

A Guide to the above.

By Desai.

Daily Light. (Pocket Edition)

Great Souls at Prayer. Do.

Nuttall's Bijou English Dictionary.

Natural Elementary Geography.

The Moon with Naked Eye and Field Glass.

By Joyner.

The Road to Teheran.

By Dulles.

A Dictionary of Eng. -Fr. Diplomatic Terms.

Manuel de Conversation - Metoula.

Cassel's New Fr. -Eng. And Eng. -Fr. Dictionary.

Trois Histoires de la Nuit.

By Aveline.

La Bataille.

By Farrere.

Les Civilises. Do.

Le Fin du Monde.

By Flammarion.

Secretaire de tout le monde.

By. Hocquart.

Les Quatre Demeures.

By Dermenghen.

La Correspondence dans toutes les Circonstances de la Vie.

By F.

Eros ˆMaitre du Monde.

By Bluyse.

Parlons de l'Amour.

By Friche.

La Franc-maconnerie.

By Maistre.

Contes Choisis de Maupassant.

Le Voyage de M. Perichon.

By Tuan.

Le Tour de France par Deau Enfants.

By B.

Alfred Tennyson.

It is Never Too Late to Mend.

By Reade.

The Professor at the Breakfast Table.

By Holmes.

Selected Speeches on Public Questions.

By John Bright.

Essays of Francis Bacon.

The Seven Lamps of Architecture.

By Ruskin.

The Prince.

By Machiavelli.

Speeches on Politics and Literature.

By Lord Macaulay.

The Iliad of Homer.

Lord Clive.

By Lord Macaulay.

Faust.

By Goethe.

A child's History of England.

By Dickens.

The Great English Authors.

By Backus and Brown.

Bleak House.

By Dickens.

Arabian Night's Entertainments.

English Version of the 4 Books.

By Legge

Chuang Tze.

By Feng You Lan.

The Great Authors of the English Literature.

By Dalgleish.

Tales from Chaucer with Chinese Notes.

Oscar Wilde.

By Harris.

Noa Noa.

By Ganguin.

The Sketch Book.（Pocket Edi）

By Irving.

A Tale of Two Cities.

By Dickens.

Robinson Crusoe.

By Defoe.

Ivanhoe with Chinese Notes.

By Scott.

Savage Messiah.

By Ede.

Mere Marie of the Ursulies.

By Repplier.

From Day to Day.

By Goetel.

The Waves.

By Scott.

Some Writers and Some Books.

By Tseu.

Adventures of a Marionette.

By Collode.

Everyman's Encyclopedia. 12 vol.

Problems of Poverty.

By Chalmers.

The English Constitution.

By Bagehot.

Political Economy for Beginners.

By Mrs. F.

The Wealth of Nations.

By A Smith.

Literary and Historical Atlas of Europe.

Thesaurus of English Words and Phrases.

French Revolution.

By A. Aulard. 3 vol.

American Commonwealth.

By Bryce. 2 vol.

History of the Reformation.

By Lindsay. 2 vol.

Outlines of History.

By H. G. Wells.

A Student's History of England.

By Gardiner.

Chef d'oeuvres. 2 vol.

Extraits.

Mon Oncle et mon Cure.

By De la Brete.

La Vie des Peuples' Dec 1924.

Dictionnaire Francis-Chinois.

Manual-Chinois parle.

Dictionnaire Francis.

By Reiff.

Larousse illustree. 1925.

Nouveau Dictionnaire Francis-Japonnais.

Dictionary of English Idiomatic Phrases.

俄文書

漢俄簡略辭典 莫斯科版

露和辭典

八杉貞利著。

英俄字典 莫斯科版

俄語文法高級教程 二册

余振。

俄語初級讀本 一册

賀青編。

俄語書　一册

波它波娃著。

中俄實用會話　一册

柳子厚編。

俄文文法　一册

俄語教程　一册

龔人放編。

俄文文法　一册

劉澤榮編。

打賭 一册 又自抄日譯一册。

舒重野編譯。

俄語講座 三册

裘振岡。

俄文讀本 一册

朱譜萱。

又 一册

帕萊氏。

又 一册

俄小學用。

俄文法 四册

全俄文。

又 一册

柳思。

童話 二册

露西亞語學捷徑 一册

鈴木於菟平著。

俄文坿圖聯共（布）黨史　四册

俄文詳細大辭典　五十年代翻印本　四本

烏沙可夫。

奥日果夫俄文辭典　影印　一本

俄華醫學辭典　一本

俄華經濟技術辭典　一本

俄文文法　一本

南文明著。

俄文外語辭典　一本

簡明俄文外語辭典　一本

俄文初級讀本　四本

郭德洲。

俄文祖國語言　三、四　二本

俄文文學讀本　三册

俄文文法（外國學校用）第一册　一本

蘇聯簡字簡語辭典　一本

静静的頓河　一本

蕭洛霍夫。

第一班女生　俄文　一本

會話讀本　一本

劉媛娜。

現代俄文文學詞典　三本

實用俄華詞典（袖珍）　一本

俄華政治經濟小辭典　一本

科學院文法　三本

俄文　一本

維諾格拉多夫著。

俄譯水滸傳　二本

俄文心理學　一本

俄文政治經濟學　一本

聯共布黨史簡明教程　一本

俄語語法　三本

哈外專。

謝爾巴俄文文法　各二本

原文中譯。

謝姆斯基等俄文文法　二本

英華辭典　一本

俄英辭典　一本

俄文百科辭典　三本

英俄辭典　一本

予寫《藏書記》始於戊子二月二十四日，訖於四月二十四日，凡歷時兩月。以隨檢隨寫，潦艸舛誤之處甚多。裝成後曾以先公手寫八箧書目校對，加以甲乙圖章，以資參考。宋槧中因貧鬻去數種，仍記其大概于此。昔牧齋老人與人書云：「趙文敏臧前、後《漢書》爲宋槧之冠，予藏弆二十餘年，今年鬻之于四明謝象山。牀頭黄金盡，第一殺風景事也。此書去我之日殊難爲懷，李後主去國，聽教坊雜曲『揮淚對宫娥』一段，淒涼景色約略相似。」與予事正同。

戊子五月十三日，克齋識於沽上。克齋

藏書艸目

辛卯長夏克齋手鈔

藏書艸目

己丑、庚寅兩歲間與人襍居，人事紛紜，讀書之事遂廢。庚寅秋，老屋既鬻於人，卜居牆子河畔。雖室小僅能容膝，而境地則静，將先人遺書泰半捐贈北京圖書館，餘書數架，得暇即加清整，編製草目，聊備檢看。歲月蹉跎，忽忽垂老。有書不讀，學殖日荒，蕭齋獨坐，擲筆憮然。

辛卯夏四月中浣，克齋記。翁之憙

◎一九五一年十一月三日讓售於北京圖書館。

○一九五一年十一月三日捐贈北京圖書館。

天字櫃（二）

●李杜合集　八册
荔門詩録　抄　二册
●碧雲群玉集　四本
劫灰録　一本
西崑酬唱集　一本
●白石詩　白石詞　各一册
日本雜事詩　黄遵憲　二册
文温州集　三册
●陶靖節集　一本
巢經巢詩抄　二册
唐人萬首絶句選　二册

吴會英才集　四册

汲古刻各家詩詞　五册

杜詩抄　一函

花間集　二册

●元遺山詩集　二册

唐人詩集　六册

長江集、唐英歌詩、于鵠、楊少尹、歐陽助教、鮑溶、包刑侍、包祕監、張祠部、臺閣集、君平詩集、王建。

宋四家詩　一本

韻補（吴才老）　一册

李文山詩

杜詩

幻花庵詞抄

定山堂詩餘　一册
徐孝穆集　一册
汪水雩詩　抄本　一册
慶湖集　曹六圃選。　一册
東觀集　抄　一册
李義山詩集〔二〕　抄本　二册　悟言堂抄
感舊集　六册
五謝詩〔三〕　虚穀評　三册
抄本李義山詩
●李商隱集
羅江東外紀　晞髪道人近稿　天地間集　一本
時珍墓銘　一本
讀書敏求記　一本　缺下册

●草堂詩餘
抄本樂全先生集
抄本范公文集

〔一〕底本「櫃」字下有「●入鳴」，表示畫墨點者由天字櫃移入鳴字櫃。今凡移動者，保留天頭之墨點。
〔二〕此條天頭有紅圈。
〔三〕此條天頭有紅圈。

地字櫃〔一〕

寅丞叔等與友人唱和詩粘本　四本
司寇公刻孝經　二册
法梧門文　一册　又存素堂尺牘　一本
胡雲峰文集
常談　一本

芻言　一本

杜工部年譜　一本

古夫餘亭雜録

周禮

酒邊隨録　抄

金壽門雜録

會典摘記

陶壺摘抄

池本偶談〔三〕　三册　不全

古今圖畫集成

吾吾類稿　抄

釣磯文集　徐正字抄　一册

馮縉雲文集〔三〕

徂徠文集　抄　二册
日本刻國語
昭明文選
夏小正　通志堂本　一册
寫本唐詩五律讀本　一册
古兵符考略殘稿　一册
文恭雜記　一本
南華詩抄　張鵬翀　二册
圭峰文集
樊川集
慶湖遺老集　二本一函
參寥子詩〔四〕　抄　四册
劉蛻

鬼谷子
疑年録
子史粹
括異志
毘陵集　一册
素蘭集　一册　翁孺安静和著
危素集[五]
玄覽　一册
墨法集要　抄　一册
王黄州小畜外集　一册
桂海虞衡志　一册
雲煙過眼録
方輿紀要形勢説　抄　三本

唐風集〔六〕 抄　二册
邱邦士文集 抄　六本
玉笥集〔七〕 抄　一本
山谷題跋 日本刻　六本
新序〔八〕
聖諭廣訓　一本
梧溪集〔九〕　三册
左傳藏法舉要　一本
嶠雅　一册 少一本
白雲先生集
忠義集
蓉槎蠡説

〔一〕 底本此下有「△者捐去。」，表示天頭有△者，爲捐去之書。

〔二〕此條「本」字疑「北」字之誤。
〔三〕此條天頭有△號。
〔四〕此條天頭有紅圈。
〔五〕此條天頭有△號。
〔六〕此條天頭有紅圈。
〔七〕此條天頭有紅圈。
〔八〕此條天頭有藍圈。
〔九〕此條天頭有紅圈。

元字櫃

文勤批本閱微艸堂筆記　十册
文勤手寫仲將一黔　一册
文勤手批宋四六選　六册
文勤批莊子　四册

文恭批惜抱集　三册

文勤批山谷題跋及書簡　三册

又山谷尺牘　二册

説學齋集　危素　二册

韓非子　明本文勤校

精選史記　十六册

今水經　一册

道光癸卯同年齒録　一册

英華朝采　一册

訪碑録　續録　共五册

駢體探珠　三册

然脂百一編　一册

翰林要訣　一册

金姬傳　海角遺編　一册
海虞雜誌　一册
文端手寫恭閲記
文端批三國志
文勤批蘇詩
文勤批校水經注〔一〕
先仲淵公手寫避暑山莊詩　一册
先代批閲古文彙選　二册
先潛虛公批校唐宋八大家　四本
後梁春秋抄本文勤舊藏　一本

〔一〕此條天頭有紅圈。

黄字櫃

庚子消夏記　一套四册
嶽雪樓書畫録　一套五册
畫林新詠　二册
畫史彙傳　又補遺　一函
南宋院畫録　四册
宣和畫譜　二册
覃溪手書書畫録　一套五册
理學辨似　疏瀹論　過雲廬畫論
麓台　墨井題畫　一册
娱園叢刊十種　四册

宇字櫃〔二〕

姑蘇名賢小記　一册　抄
唐詩類選　四册　精寫
萍洲可談　一册　又
友會叢談　趙晉齋、周季貺校　一册
先公手寫刊謬正俗　一册
三家宫詞　抄　一册
洛陽伽藍記　校録　一册
北遷録　南燼紀聞　竊憤録　阿計替傳　一册
視昔軒遺稿〔三〕　徐又錚　二册
柳州全集〔三〕　八册兩函
文徵仲手寫詩經　兩册精品

元俞立庵手寫龔子敬詩〔四〕　一册（存悔齋）
昌黎詩注　秀埜草堂本　四册
古杭夢遊録　抄　一册
狸膏集　精抄　一册
百夷傳　抄　一册
南華經　大字本　一册
先公手寫穆天子傳　一册
又五國故事　一册
古廉文集〔五〕　抄（文瑞樓抄）　二册
昭代纂攷　又　二册
景宋本備急灸方　一册
通占大象曆星經　祗洹館　二册　蔣香齋藏本
備忘録　海瑞　四册

資治通鑑釋文　景宋抄　二册
南村帖攷　二册
明代遺事　一册
先兄澤之手抄湖山類稿　一册
敖東谷唐絶類選　套板　一册
列子　二册
庚申外史〔六〕　鮑渌飲校　一册
三家村老委談　四册
知非堂集　何太虚　三册
先兄澤之玉連環宮詞〔七〕　自寫　一册
馬半槎寫水經注摘抄〔八〕　抄　一册
長吉歌詩　一册
默庵遺集　馮舒己蒼　一册

經籍跋文　一册
新增詞林要均〔九〕　一册
杜氏體論　袁子正書　一册
錢唐遺事　劉一清　一册
古石刻　雜記　各一册
龍龕手鑑　三册
東坡詩　劣板　二册
婦人集　一册
記事珠　二册
公是弟子記　玉音問答　一册
春夢十三痕　一册
明夷待訪録　一册
板橋雜記　一册

漁隱録　一册
汪退谷瘞鶴銘考　一册
三家村老委談　抄　一册
墨志　抄　一册
帖賸　一册
鐵庵公詩抄　一册
逸用書　一册
孟襄易集　二册
東城雜記　一册
商子　明經堂校　一册
法書考　一册
丹鉛續録　二册
望溪集外文補遺　一册

錦繡萬花谷別集　六册
石墨鎸華　一册
過眼録[一〇]　一小本
記事珠　文安課士記　一册
友會叢談[一一]　抄　一册
國朝詩別裁集　一函

〔一〕底本此下原有「△提出入往字櫃」，表天頭畫△者，移入往字櫃。
〔二〕此條天頭有△號。
〔三〕此條天頭有藍圈。
〔四〕此條天頭有藍圈。
〔五〕此條天頭有紅圈。
〔六〕此條天頭有紅圈。
〔七〕此條天頭有△號。
〔八〕此條天頭有紅圈。

〔九〕此條天頭有紅圈。

〔一〇〕此條天頭有紅勾。

〔一一〕此條天頭有紅圈。

宙字櫃

方蛟峰文集　抄本　二册

影宋抄謝宣城集〔一〕　一册

雲韜堂紹陶録　抄本　一册

碧巖詩集　抄本　一册

建炎復辟記　抄本　一册

紀古滇説集　抄　一册

李若水忠愍集　抄　二册　又　采石瓜洲斃亮記　一本

元音獨步〔二〕　抄　一册

梅花道人遺墨　内先公手蹟一頁　一册
滄螺集　抄　一册
和林金石文　抄　一册
明畢孟侯年譜〔三〕　抄　一册
覃谿先生雜記　抄　一册
訂正史記真本　覃谿先生校　一册
沈下賢文集　二册
尹河南集　抄　二册
申齋文集　抄　二册
汪文定公應辰 玉山集　二册
李元賓文集〔四〕　文端公校　一册
吳越備史〔五〕　同上　一册
艸澤狂歌

慶湖遺老集

荀子

儀禮鄭注

楚辭辯證

徐常侍集　抄　四本

抄唐人集二種　《高常侍集》、《台閣集》　影抄　三册

劉涓子遺方　抄　一本

素問圖解要旨〔六〕　一本

景宋抄玉臺新詠

聯珠集

雪山集〔七〕　抄本　四册

田樹屋書影

鐵橋漫集〔八〕

燭湖集
疑辨録〔九〕　繡谷亭抄　三册
韋齋集〔一〇〕　謙牧堂藏
玉瀾集
抄文章指南
遂園續集
楊誠齋集〔一一〕　二册　殘　汲古閣抄
薩天錫詩〔一二〕　明刻　一册
月心類艸
張光弼詩
歐易行周集〔一三〕　一册
雅頌正音〔一四〕　二册
支遁文集

藤陰雜記

二皇甫集〔一五〕　明刻　一册

朱張二先生南嶽唱和集〔一六〕

文藪

崇正辨　明刻　三册

錢塘遺事

洪志水道疏證　抄　一册

松江雲間虞山第宅志　抄　一册

吴中舊事平江紀事〔一七〕　抄　一册

〔一〕此條天頭有紅圈。

〔二〕此條天頭有紅圈。

〔三〕此條天頭有紅圈。

〔四〕此條天頭有紅圈。

〔五〕此條天頭有紅圈。

〔六〕自「徐常侍集」至「素問圖解要旨」，此四條天頭皆有紅圈。
〔七〕此條天頭有紅圈。
〔八〕「集」疑「稿」之誤。
〔九〕此條天頭有紅圈。
〔一〇〕此條天頭有紅圈。
〔一一〕此條天頭有紅圈。
〔一二〕此條天頭有紅圈。
〔一三〕此條天頭有紅圈。
〔一四〕此條天頭有紅圈。
〔一五〕此條天頭有紅圈。
〔一六〕此條天頭有紅圈。
〔一七〕自「崇正辨」至此，五條天頭皆有紅圈。

洪字櫝〔一〕

蘇黄門龍川略志　一册

碧雞漫志〔二〕 抄 一册
玉溪生詩箋注 四册
馮刻三國志 一夾
三國志 六册
獨醒雜誌 一册
石印青玉版十三行〔三〕 一册
影梅庵憶語 一册
歲寒三友除授集〔四〕 抄 一册
孫洨民叢稿 一册
撼龍經 疑龍經 抄 一册
海虞藝文志 二册
常昭合志稿 廿册
酉陽雜俎 八册

焦山鼎銘考　一册
表忠録〔五〕　東林同難録　抄　一册
南朝史精語　二册
竹葉亭雜記　二册
素書　一册
董彦遠《除正字謝啓》合疏一册
相國公遺詩抄　一册
瘞鶴銘考　石門碑醳　墨志　一册
知止齋詩集〔六〕　文端著　四册
文恭手寫識小録〔七〕　一函五册　又一册　另外
夢粱録〔八〕　二册
道德經　一册
恭讀世宗聖訓雜記　一册

弇山堂别集　二册
人物志　抄　一册
國初事蹟　明劉宸　一册
七閩攷　一册
授經圖　抄　二册
沈文起蘇詩補注〔九〕　未刻本　三册
奉天靖難記　明抄　一册
朱竹垞集　抄　一册
一笏齋雜記〔一〇〕　一册
契丹志　精抄　四册
柯庭餘習　二册
史記索隱　二册
素書〔一一〕　一册

先文端日記〔一二〕　兩本　家鄉檢來

〔一〕底本此下原有「△入往字櫃」，表天頭畫△者，移入往字櫃。
〔二〕此條天頭有紅圈。
〔三〕此條天頭有△符。
〔四〕此條天頭有藍圈。
〔五〕此條天頭有紅圈。
〔六〕此條天頭有藍圈。
〔七〕此條天頭有紅勾。
〔八〕此條天頭有紅圈。
〔九〕此條天頭有紅圈。
〔一〇〕此條天頭有紅勾。
〔一一〕此條天頭有紅圈。
〔一二〕此條天頭有藍圈。

荒字櫃〔一〕

明抄都公談纂〔二〕 一册
高氏戰國策 二册 文恭臨澹庵批
輟耕録〔三〕 明刊 四册
曝書亭集 十二册兩函
柳文集 八册
韓集 一本
竹雲 虚舟題跋 八册一函
駢體文抄〔四〕 文勤批 五册一函
唐人集 二册
蒲東珠玉〔五〕 文、詩 各一册
譚復堂集〔六〕 一函

瞿忠宣手批周易文選〔七〕　十册二函

三國志　八册一函批本

東林列傳　六册

古文辭類纂　文勤批　二函

〔一〕底本此下原有「△提出，入往字櫃。」，表天頭畫△者由荒字櫃移入往字櫃。

〔二〕此條天頭有紅圈。

〔三〕此條天頭有紅圈。

〔四〕此條天頭有紅勾。

〔五〕此條天頭有△號。

〔六〕此條天頭有△號。

〔七〕此條天頭有藍圈。

日字櫃

三國志　七本

史記

馮氏國朝畫識　六册

墨香居畫識　四册

海昌許氏天泉閣所藏書畫展覽總目　一册

石渠餘記　六册

墨林今話　四册

梅道人遺墨　一册

藝舟雙楫　一册

書蕉　一册

南田畫跋〔一〕　一册

寶刻類編　四册

金石録〔二〕　抄本　四册（殘）

庾開府集

稷山論星詩

畫禪室隨筆〔三〕　三册

蠶尾集　八册

鐵網珊瑚書品畫品〔四〕

影元抄隸續

書畫跋跋〔五〕

晁具次集

述聞類編　抄本

文恭手抄五七言截句選本〔六〕

皇華備覽

乘槎圖〔七〕　石印

舊抄于湖詞

王蓮生漢碑目録　温味秋兩漢石續〔八〕　共一册

詞林儀式

寶祐會天曆

元聖武親征記（抄） 一册

能泰疏稿（抄） 又

二支室雜抄（抄） 又

科場條例摘要 抄 又

朝鮮記 抄本 又

別傳覺心元中峰普應國師明本述 抄 一册

揚子法言〔九〕 一册

考書 又

五代史記

五經蠡測

道園遺稿

汪水雲詩題

姑蘇雜詠

二十一都懷古詩〔一〇〕　朝鮮人抄　一本

全唐詩逸

少陵詩抄

白虎通

〔一〕自「馮氏國朝畫識」至「南田畫跋」，此九條天頭皆有△號。

〔二〕此條天頭有紅圈。

〔三〕此條天頭有紅勾。

〔四〕此條天頭有紅勾。

〔五〕此條天頭有紅勾。

〔六〕此條天頭有紅勾。

〔七〕此條天頭有紅勾。

〔八〕此條天頭有紅圈。

〔九〕此條天頭有紅圈。

〔一〇〕此條天頭有紅圈。

月字櫃〔一〕

駢雋　抄本　一册

辛湯生文　一册

中興館閣録　抄　一册　不全　僅四卷　拜經樓臧

斜川詩集　又　一册

竹居詩集〔二〕　又　一册

五國故事〔三〕　又　一册

求古録　又　一册

蘇子瞻米元章雲林〔四〕　三册　汲古本

昌黎詩集〔五〕　二册　不知何人批點

太白山人漫墨〔六〕　明刻　二册
林外埜言　一册
揭文安公詩抄〔七〕　一册
煙雲過眼録〔八〕　一册
頤安居士集　一册
漢書音義　一册
劉賓客集　一册
莊静先生集　一册
載之詩集　汲古本　一册
屏山集　明刻　二册
新安志〔九〕　抄　二本
心史
唐詩别裁稿　一册

文恭手寫小册〔一〇〕　一册

青陽先生集〔一一〕（忠節坿録）　二册

舊刻顔魯公年譜　王百穀臧　一本

唐人詩集〔一二〕　鐵庵公臧　十本　精刻　文恭題

抄本東觀漢紀　四册

爾雅　一册

抄本劉賓客集　抄　二册

藏春集　抄　一册

莊靖先生集〔一三〕　抄　二册

屏山集　二册

載之詩集　一册

徐狷庵集　二册

思補齋筆記　一册

陸地仙經　一册
名家制藝敘　一册
文恭字册〔一四〕　粘　一本
精抄司馬温公太元集注〔一五〕　四册
恩福堂筆記　一册
齊民要術　明刻　二册
元名醫事略　陳揆校　四册
賓退録　抄　一本
平安悔稿　抄　二本
林同孝詩　小山堂抄　一本
嘉祐集〔一六〕　抄　二本
瓶水齋詩集　刻　六本

〔一〕底本此下原有「△提出」，表天頭畫有△者，從月字櫃内提出。

〔二〕此條天頭有紅圈。
〔三〕此條天頭有紅圈。
〔四〕此條天頭有△號。
〔五〕此條天頭有△號。
〔六〕此條天頭有紅圈。
〔七〕此條天頭有紅圈。
〔八〕此條天頭有紅圈。
〔九〕自「載之詩集」至「新安志」，此三條天頭皆有紅圈。
〔一〇〕此條天頭有藍圈。
〔一一〕此條天頭有紅圈。
〔一二〕此條天頭有紅勾。
〔一三〕此條天頭有紅圈。
〔一四〕此條天頭有紅勾。
〔一五〕此條天頭有紅圈。紅圈下又有墨筆小圈，不詳其義，下同。
〔一六〕自「恩福堂筆記」至「嘉祐集」，此七條天頭皆有紅圈。

盈字櫃

元本送詩續編 一册
抄吴尺凫魚睨集(二) 二册
河汾詩 汲古本 一册
抄黄石齋年譜 一本
禮記 元模宋本 一套
陶淵明集 元本 四本
李白集 元本 三本
格致餘論 元本
文選心訣(三) 元本
虞邑文録
石刻鋪敘

爾雅　元刻　一函
孟子注疏　宋刊
昌黎集　元本
李白集　元本
吳越春秋　元本
談圃　明本
李翰林集　明本
資暇集　又
松雪集　又
東坡外制　又
唐人詩　又　二本
列仙傳　又　八册　繪圖
文心雕龍　又

草堂詩餘〔三〕　又　八册
道德堂釋解　一册
荀子　明本　文恭批閲　二本
剪野勝聞　又　一本《歷代國璽譜》附
崇禎宫詞　舊抄　一本
耕學齋詩集　明抄　一册
韓湘南遺文　普通刻　一本
西事珥〔四〕　明本　二本
中鑒　又　一本
詩經疏義　明本
東坡續集　又　六册

〔一〕此條天頭有紅圈。
〔二〕此條天頭有墨筆小圈。

〔三〕此條天頭有紅勾。

〔四〕此條天頭有紅圈。

昃字櫃

喻鳧詩集　一本

秦隱居集　一本

心印紺珠經　明本　二本

祖龍學文集

清嘉録　曼嘉題字　六本

別號録　抄　四本

柴氏四隱集　抄　一本

陵陽先生詩　一本

臣軌序　抄　一本

小蓬萊閣金石文字　文勤臧抄
御制詩抄　四本
急就篇
律吕正義　抄　二本　抄
焠録　宋高似孫著　一本
王蘭泉墨稿　手寫本　一本
修詞鑑衡〔二〕　抄　二本
静思先生詩集　抄　一本
錢幣攷〔三〕　劉燕庭抄　一本
春秋列國考據　抄　二本
五臺山清涼傳　抄
鉅鹿東觀集　一本
綱山集〔三〕　抄

呂衡州集

甫里先生集

檜亭詩稿 抄 一本

汪静軒文抄 裘杼樓抄 一本

困學齋雜録 抄

自號録(四) 抄 一册

澄懷録 抄 一册

漱帚軒牘語(五) 又 又

詞辨 又 又

蒙溦集 又 又

馬氏意林 又 又

文泉子集 抄 一册

蒼潤軒元牘記 抄 一册

金國南遷録　皇元聖武親征録　抄　一册
古虞文録〔六〕　抄　又
五國故事　抄　又
文斷　元本　又
元祕史略　二本
廣均　惠校　三本
完虛公奏議　四本
稽瑞樓集　一本
文昌雜録　一本
玉山艸堂名勝集〔七〕　抄　五本
龍洲集　抄
周此山先生詩集〔八〕　初白手跋　抄　二本
陳後山集　抄　二本

耆舊續聞　抄　一本
待訪録〔九〕　文端藏抄　一本
春秋集傳微旨　抄　一本
火龍神器陣法授受　抄　一本
行朝録〔一〇〕　抄　一本
白虎通删
今水經
畫壁記〔一一〕
寶章待訪録　文勤藏
蘇材小纂〔一二〕　明抄　一本
絳帖平〔一三〕　抄　二本
建炎進退志
紀元編　三本

東觀奏記　抄　一本

耕學齋詩集　抄　一本

建炎進退志　抄　一本

文昌雜録〔一四〕　傳是齋抄　一本

〔一〕此條天頭有紅圈。

〔二〕此條天頭有紅圈。

〔三〕此條天頭有紅圈。

〔四〕自「檜亭詩稿」至「自號録」，此四條天頭皆有紅圈。

〔五〕此條天頭有紅圈。

〔六〕此條天頭有紅圈。

〔七〕此條天頭有紅圈。

〔八〕此條天頭有紅圈。

〔九〕此條天頭有紅圈。

〔一〇〕此條天頭有紅圈。

〔一一〕此條天頭有紅勾。
〔一二〕此條天頭有紅圈。
〔一三〕此條天頭有紅圈。
〔一四〕自「東觀奏記」至此，四條天頭皆有紅圈。

辰字櫃

蔗餘偶筆　方士淦（文恭題簽）　一册

金玉瑣碎

奎章全均

篆注重敘千文

祖庭廣記

大唐郊祀録

史記考證

抄古文經解

范書
皇朝編年
奇門　龜卜　三册
抄安南志
抄歷朝古文　六本
珩璜新論
太平經國之書
蔡中郎集
百川學海

宿字櫃

六朝文挈　套板　二册
姑蘇名賢小記　二册

海居齋詩抄　一册

永嘉三怡集　一册

曬書堂筆録　郝懿行（一）　四册

道鄉集　八册

明詩　錢牧齋手寫　四册

何義門讀書記

金薤琳琅

潛虚詩抄

武林舊事　四本

輿地廣記（二）　覆宋本士禮居刻　四册

句蓮集

貢禮部玩齋集

龍學文集

東皋子集

佩韋齋雜著　抄

唐女郎詩

柳州後集

孔子家語

野谷集〔三〕　抄　二本

潛齋文抄

煙霞萬古樓

麗澤遺音

漁洋手書蠶尾續集題字　先公寫

曝書亭詞拾遺

安南勑　一本

江東十鑑　知聖道齋抄　一本

水利集議〔四〕　抄本　一本

春明退朝録　似明刊　一本

老子　似明本　一本

叢書摘録　闕史、客杭日記　一本

林泉高致〔五〕　抄　一册

異苑　一册

白雲稿

先鐵庵公批古文

友林乙稿　一册

則堂集　一册

徐文惠公存稿　抄　一本

孔子家語　二册

譜雙　寫本　一册

杜子美集
說學
穆參軍集
易學啓蒙　抄
圖傳通義
說學齋稿　味經書屋抄　二本
優古堂詩話　抄　一本
娱書堂詩話〔六〕　抄　一本

〔一〕憶，疑「懿」字之譌。
〔二〕此條天頭有藍圈。
〔三〕此條天頭有紅圈。
〔四〕自「安南敕」至「水利集議」，此三條天頭皆有紅圈。
〔五〕此條天頭有紅圈。
〔六〕自「說學齋稿」至此，三條天頭皆有紅圈。

列字櫃〔二〕

敖波圖　精抄　二册
盡忠録〔三〕　知聖道齋抄　一册
玉堂雜記　周必大　一册
訂正丙丁龜鑑　一册
洞天清祕集　一册
蒙求增輯　二册
古今均要　一册
陳文恭手劄擇要　一册
何太虛詩集　一册
吴韞玉集〔三〕　裘杼樓抄　一册
吴思庵文粹　一册

知止齋集〔四〕 楊詠春校 四册

鐵網珊瑚〔五〕

大德本後漢

艸莽私乘〔六〕 抄

白雲許先生集 三册

清谿漫稿 四册

開國方略摘要 一册

歸錢氏小姑殉難記略 翁玉蓀 一册

樊南文集 四册

契丹志 二册

又 抄本

又 須重裝

易參議 文勤批閲 二册

猗覺寮雜記　抄本　一册
學古編　抄本　一册
圭塘款乃　一册
河東先生集　二册
識遺　抄　一册
釋名　抄　一册
詩均　三册
孫子吴子　抄　三册
宋四十三家集　抄　十册
湯文正雜纂。
鄭學十八種〔七〕　抄本　三册
國語　三册
清非集　抄本　二册

平津讀碑記　二册
讀史論斷　一册
四家詩　一册
書訣　一册
明抄國初事蹟（八）　一册
舊刻東萊博議　一函
麟台故事　一册
襄陽耆舊傳　一册
金奩集　一册
誠齋詩話　一册
書抄閣雜抄　一册
熹平石經殘字　一册
范忠貞公難中自序　一册

呂氏童蒙訓

端木子集

寶晋英光集

〔一〕底本此下有「△提出」，表天頭有△者，從列字櫝中提出。

〔二〕此條天頭有紅圈。

〔三〕此條天頭有紅圈。

〔四〕此條天頭有△號。

〔五〕此條天頭有紅勾。

〔六〕此條天頭有紅圈。

〔七〕此條天頭有紅圈。

〔八〕此條天頭有藍圈。

張字櫝

南部新書　抄本

琴川志注〔一〕　陳揆手寫　四本
古文選抄　又　二本
測圓海鏡〔二〕　元抄　四册
文心雕龍　一册
隸與八分辨等　抄　三册
張子全書　抄　四册
篆刻針度〔三〕　抄　三册
硯北雜録〔四〕　抄（漢陽葉氏抄）
讀書敏求記　抄
營造法式　抄
水東日記　抄
復初齋詩稿　翁方綱著　抄　十二册
劉賓客集〔五〕　抄　二本

姜西溟集

宣和書譜〔六〕　抄　六册

又　一册

蘇文忠文抄

城書

班馬字類補遺

精抄禪月集〔七〕　二册

精抄説文字原〔八〕

景宋精抄六種〔九〕　共十册　毛子晋藏　文恭題字

梅花衲一册；翦綃集一册；亞黑江浙紀行集句詩三册；宋僧詩荷集一册；又後集

並續一册；芸居乙稿一册。

前賢小集拾遺　二册。

徐迪功集　抄　二册

欒靜集 抄　八册

天啓宫詞　一册

續墨客揮犀殘本〔一〇〕 抄　一册

宋三沈集　一册

宋本御覽所引水經注　一册

抄本古文孝經朱子訂定刊誤　一本 文勤題

明抄孔氏談苑〔一一〕 抄　一本

了齋易説

廣異記〔一二〕 抄　一本

三水小牘

〔一〇〕此條天頭有紅圈。

〔一一〕此條天頭有藍圈、墨筆小圈。

〔一二〕此條天頭有墨勾。

〔四〕此條天頭有紅圈。

〔五〕此條天頭有紅圈。

〔六〕此條天頭有紅圈。

〔七〕此條天頭有藍圈、墨筆小圈。

〔八〕此條天頭有墨筆小圈。

〔九〕此條天頭有紅圈，並有批語：「毛抄」。

〔一〇〕此條天頭有紅圈。

〔一一〕此條天頭有紅圈。

〔一二〕此條天頭有紅圈。

寒字櫃

邠州石室録　兩册

大金志〔一〕　抄　兩册

春秋贅　抄

兩漢文選　抄　六本
觀象玩占　應重裝
秦刻白文九經　十本
周易　禮記　論語　孟子　四本
文選類腋　抄　四本
鑒誡録　先公校宋本藏園老人題簽　二本
陸宣公奏議　二本
韓翁合稿
松雪集　抄　四本
晁具次文集　一函
又　三本少一本
丁隺年集　一本
華陽國志

景德鎮陶録　蔣香生題　二本

洪武正韻　二本

春渚紀聞　抄本　二本

遼金小史　一本

楚辭　一本

高常侍集　二本

精刻國語

神異經　抄

四明尊堯集〔二〕　抄　一本

倚松老人集〔三〕　抄　二本

淡居詩所南詩　一册

圭塘小稿别集　一册

楊文憲還山遺稿　一册

稼軒詞〔四〕

陳子謙文稿 二册

儀禮單疏本

武林舊事記

穆伯長集

白石道人詞曲〔五〕 抄 一册

歸震川評點史記 一函八册

梅村集

江村消夏録〔六〕 文恭題字 三册

鹽鐵論 二册

皇朝武功紀盛 一册

淮鹺備要

唐賢三昧集

〔一〕此條天頭有紅圈。
〔二〕此條天頭有紅圈。
〔三〕此條天頭有紅圈。
〔四〕此條天頭有勾圈。
〔五〕此條天頭有紅圈。
〔六〕此條天頭有紅勾。

來字櫃

舊刻論泉詩〔一〕 一册
劉左史文集 文勤題字 一册
樊紹述集 又 一册
寶祐會天曆 又 一册
元祕史〔二〕 四册
史纂後集 抄 二本

聖濟經解義〔三〕　抄　四册（大本，有木夾）
章氏遺著〔四〕　三本　參看冬字號「大小導窾集」
文選舉正　二册
古文約選　八册
理學正宗　六册
明文在　六册
蘆浦筆記　一册
對床夜話　一册
晁氏客語　一册
密齋筆記、續記〔五〕　一册
玉谿年譜　四册
景定嚴州續志　一册
唐史論斷　一册

海鹽澉水志　一册
三家詩拾遺　二册
呂氏春秋　文勤批本　一夾四本
待清軒遺稿　一册
居竹齋軒詩集　四册
雲台編〔六〕　抄本　一册
宋林霽山集〔七〕　裘杼樓寫本　一册
菊磵小集　疎寮小集　萬柳溪邊舊話　一册
高常侍集　一册
南有堂詩集　二册
潛齋先生文集　三册
欽定明鑑　四册

〔一〕此條天頭有紅圈。

〔二〕此條天頭有紅圈。
〔三〕此條天頭有紅圈。
〔四〕此條天頭有紅圈。
〔五〕此條天頭有紅圈。
〔六〕此條天頭有紅圈。
〔七〕此條天頭有紅圈。

暑字櫃

先文恭日記 石印 四十册
先文恭尺牘 石印 十二册
瓶廬詩稿 四册
瓶廬叢稿 十册
慎夫印文恭詩 一包
文恭手札 印 一本

文恭家書 印 二本

文恭遺墨 印 一本

先公日記 手寫本 兩夾

松禪墨蹟 印 十册

文恭遺墨 先公粘存 一册

●文恭開復賜謚事 一册〔一〕

海虞翁氏族譜 一册

●先文端自訂年譜 一册

●先文勤行述 一册

●先文端行述 一册

●許太夫人行述 一册

●先文恭 先公先又申公 硃弓 一册

●先寅丞公硃弓 一册

山路行程紀略　折一批　一册

●先文恭略曆　一册

●龑齋自訂年譜　一册

●先文恭列傳　一册

●先文勤行述　一册

先公客滬雜記　一册

敬之兄丙午日記　二册

又宣統三年日記　一册

〔一〕此下底本有批注：「●有點者入歲字櫃」，今保留各條之墨點。

往字櫃〔二〕

劉金門集杜詩　吳渼陂集陶詩　入宙〔三〕　一册

朝鮮人詩〔三〕（燕薊風煙）　一册

九經補均　廿四詩品　入宙　一册
野記　又〔四〕　一册
國史唯疑〔五〕　抄　四册
易學辨惑　入荒　一册
四六談塵　入宙　一册
古今注〔六〕　明寫　一册
藝林伐山　抄　入宙　一册
詩學禁臠　翰林要訣　抄　入宙字　一册
西巖集　抄　又　一册
江南野史　抄　入宙字　二册
姑蘇竹枝詞　抄吴兆鈺著　又　一册
綿津集（二家詩抄）　入宙字　二册
史記索隱〔七〕　一册

佩韋集〔八〕 抄 入宇 三本
古今説海 入宙字 二十册
鄭師山集 又
鹿皮子集 入宙
廣興記遊 又
隨筆抄可 又
普濟本事方 入地 二册
梁書 汲古本 入地 四册
方秋厓集 入宙 二册
方壺先生存稿 抄 又 二册
本事類聚 殘 入宙 二册
笠澤叢書 抄 二册
内簡尺牘〔九〕 注 抄 二册

曲洧舊聞　抄　入宙　一册

東都事略　殘抄　又　一本

雪磯叢稿　又　一本

元吴淵穎文集〔一〇〕　抄　二册

明謝啓元雜記〔一一〕　手寫　二册

范德機詩集〔一二〕　朱竹垞藏　抄　一册

世説新語　入宙　四册

周益公集　一册

李五峰集　一册

湖山類稿　入地　一册

淳祐玉峰志　咸淳玉峰續志　入荒　一册

大全集補遺　又　一册

白香山詩集　又　十册

麟溪集〔一三〕　抄　入宙字　二册

石初集〔一四〕　周石初　抄本　一册

湓水集　入宙字　二册

詩論　入宙字　一册

復社記略　又　二册

〔一〕此下底本原有小注：「銘書移入。一九五一、二、八。」

〔二〕此號箱以後，云入某、入某字者，原批注於天頭，今移置書名下。此表由原箱移入相應之某箱也。

〔三〕此條天頭有紅圈。

〔四〕此「又」字原批在天頭，表示與前書移入相同之櫃。本櫃内下同。

〔五〕此條天頭有紅圈。

〔六〕此條天頭有紅圈。

〔七〕此條天頭有紅圈。

〔八〕此條天頭有紅圈。

〔九〕此條天頭有紅圈。

〔一〇〕此條天頭有紅圈。

〔一一〕此條天頭有紅圈、墨筆小圈。

〔一二〕此條天頭有紅圈。

〔一三〕此條天頭有紅圈。

〔一四〕此條天頭有紅圈。

秋字櫃

木天清課　先文勤著　十六册　同

先公手寫册子　亦有憙手抄者　五十九種

詞章雜抄　見聞志異記　口耳雜記　漢書國志零拾　四六談塵

李南磵手札摘録　三水小牘補遺　膳夫經　士禮居藏書跋

樸巢偶筆　北宋刊撰集百緣經第四卷　董文敏書畫志

覃溪詩境摘抄　山舟硯銘　牧齋文　錢籍詩　傅青主集外詩　文徵仲詩

忘憂集　笏齋漫記　笏齋覆瓿集　一笏齋詩集　履歷詩稿

覆瓿集艸底　鴻雪小記　覆瓿集　先文勤手札　先文恭公詩
瓶廬詩稿　蠹記　雲中雜記　教案　詒晋齋收藏玉磁銅雜玩目
宣爐志飾志　治血諸方　一笏齋集方　荀子晋書摘句
一笏齋雜記（癸卯）　書筏　乙卯裝書記　虞屑虞屑　糾繆
士禮居題跋　文徵仲題畫詩詞　見聞雜録　笏齋隨録（甲寅）
並門所見録（庚戌）　過眼録　佞古小記　沽水集（所見書畫）
庚秋在都雜記　笏齋漫録　沽上所見録　唐岱西山寄遊圖題詞
甲寅過眼録　笏齋雜録（書畫）　所見書畫記（癸卯）
滇屑滇屑　蘇齋珊瑚網跋　雜抄（阿勒臺山及俄邊各地考略）
鸞喻　仙喻　純陽真人詩

聯語書　二十二册

七八言（文恭題：此最舊之本）文恭手書
自集聯　文恭手書

棕鞠録　刻本

聯語　先公題字（此兒輩手抄）

自集楹聯　藥方　文恭手寫

文章遊戲二編　刻本　不全

集句　廠肆本

對句　文恭手寫

集帖　刻本

楊瀬石書聯語　文恭題字

鍾西耘集古聯　刻本

集聯　先公手寫

劉慈民集聯　刻本

集聯（韓詩）　先公寫

又一册（先公寫，時在雲中）

集蘇聯　大姊抄。

又一册　文恭寫

又一册　刻本

集蘭亭聯　二
楹聯偶録(楞仙集)　文恭寫
衲蘇集　刻本
印譜　七册
小梅花屋印留　(傳兒)二册　名將印譜　二　家藏印譜　三
雕虫小技　一册
篆刻學　四册
遺然集　(克詩)　一册
嵐藹詞　(克詞)　一册
心聲　三册
可儕詩詞稿　一册
學隱生詩稿　一册
益習雜抄　克寫　一册

鱗羽録　一册

晴窗隨筆（瓶廬雜抄）　文恭寫　一册

舊刻蹴鞠圖　（内有張菊生君函一頁）　一册

盛京故宫書畫記　金梁　一卷

詩中畫　克寫　一册

又學詩稿　（克）　三册

譯叢　（克）　一册

質疑問難録　（克）　一册

叢録雜文讀書隨筆等　（克）（又保定詩一）　六册

紅樓夢圖詠　克抄　一册

宴池詩録　一册

先公手寫册子：　八本

同治光緒大婚保案

營平二州刺史事
官事雜記
各題名彙抄
鴻跡編　三本
時務雜記

收字櫃

都門餞別詩册
陸宣公集　下册　缺上册
朔州公杭川集　一函　四册
御製九老會詩　一册
太平詩翰　一册
吉祥如意（文恭粘存藥方）　一册

仰晞歸雲　詩册　一册
靈塔銘　一册
翁墨山宜夢圖　紙本　一册
□雲持贈　字册　一册
梁書　六册
漢北海相景君銘　一册
何文簡餘冬録　二函
明拓孔彪碑　一册
愨書　一函
蘇子後原集　十六本
懷舊集
●管君常熟志〔一〕　六本
虞邑遺文録〔二〕　抄　六本

太白詩抄	一函
淞水驪歌	一本
題襟集	一本
唐十二家詩	十本
頻伽巢詩草	一本
金石文　抄本	二本
夢溪筆談	二本
西吴里語	二本
隨軒金石文字	四本
南洋勸業會展覽紀念	二本
備急灸方針灸擇日	一函
博喜齋橅古印存	一本
許紅橋先生文稿	二本

王右軍年譜　二本

亭林詩集　一本

〔一〕此條天頭有批語：「已捐」。

〔二〕此條天頭有紅圈。

冬字櫃

寶刻類編　五本

九域志　四本

宋人集三種　一函

周禮注釋　二函

毛詩稽古編　抄　一函

粉灰香劫盦主人詩文詞集〔一〕　一本

漢魏六朝志墓金石例　一本

導窾集　（章氏遺著）〔三〕　一本

湯文端墨蹟　四頁

陽湖孫氏仿宋小字本説文解字　二本

師友書翰〔四〕　二十册

後村詩集　二十四本

石湖居士文集　抄　四本　不全

文恭題字：「會稽章學誠著。卷末庚辛之間亡友列傳最可觀。龢記。此朱少河先生錫庚手抄，圈點亦出其手。少河乃笥河公之長子，博覽勤正，嘉道間通人也。此册亡友傳可作史記讀。」

一九五一年十一月此書讓售北京圖書館〔四〕。

〔一〕此條天頭有紅勾。

〔二〕此條天頭有紅圈、墨筆小圈。按墨筆小圈係與此號箱末尾所補題記相聯繫。

〔三〕此條天頭有紅圈。

〔四〕此條題記原爲「導窾集」之補記，本係追記，故在最末，今從底本。

藏字櫃

孫仲容周禮正義略例　抄	一本
二十四大怪物　抄	一本
史記　似宋本	六函
乾隆朝時憲書	一本
迂伯公墨蹟	一本
舊拓元次山碑	一本
退思齋稿	一函
江南闈墨〔一〕	一本
山東闈墨	一本
先世詩文零件	一包

字片　一包

文端、文勤信文　一包

敬之先兄詩詞　一包

舊古人行述　一包

太倉陸氏家信　一包

往來小札　一包

〔一〕本條天頭有眉批：「以下入在字櫃：（冒號爲底本原有。）」表示本櫃「江南闈墨」以下移入在字櫃。

閏字櫃〔二〕

越縵堂日記　九函

石印王荆文公詩注　一函十册

查浦詩抄　入宿字箱　四册

景宋昌黎集　四十册

元遺山樂府　入宿字箱　一册

楹聯集林　一册

清史補　一册

夢窗詞集　一册

疆邨語業一册

清儀閣題跋　入宿字箱　三册少一册

玉簪記　琴挑　抄　入宿字箱　一册

古雪詩抄　又〔二〕　一册

于越先賢象傳贊　又　二册

〔一〕此號箱以後，小注云入某箱者，原皆批注於天頭，今照前例，移置書名下。下同。

〔二〕此號箱以後，於天頭或有批注「又」字，意謂與前條入同一箱中。今依照前例，凡於天頭批注之「又」字，並移置書名下。下同。

餘字櫃

景宋經進東坡文集事略	二十册
又　百衲本史記	廿四本
春覺齋論文	一册
畏廬文集	二册
芥子園畫集	一函
集成曲譜	三十二册
三希堂帖釋文	六册
孟子講義	三册
東坡筆記	一本
徐又錚批古文辭類纂	十六本
三希堂法帖	三十二本

五代史　入　四册

洛陽伽藍記　入昃字箱　一册

寒雲手寫所藏宋本提要　印本　一册

瞿氏忠賢遺像　一册

曝書亭詞拾遺　抄　一册

成字櫃

皇輿表　入月字箱　四夾三十六册

摹刻淳化閣帖　十册

曾惠敏使西日記　入昃字箱　一册

西崑酬唱集　入天字箱　一册

歲寒堂詩話　一册

艸堂詩餘　入天字箱　一册

西夏譯蓮華經考釋　又　一册
四十二孝圖説　又　一册
勸學篇　一册
文房肆考　入昃字箱　四册
歷代名人家書　鉛印　一册
歷代名人小簡　又　一册
韓柳文研究法　又　一册
左孟莊騷精華録　又　兩册
湘綺樓書牘　又　四册
錢牧齋尺牘　又　三册
詞選舊刻　入天字箱　二册
建國銓真　一册
六十年來中國與日本　不全　六册

古今尺牘大觀　三函

匋雅　四册

南北史識小録

通鑑輯覽

草字彙

清史補

開元占經　二函

歲字櫃

先公墓誌銘　一函

翁氏先世遺像　一册

山愚公遺像　一册

翁氏先象册　覃谿藏　一函

文端乞假歸養都門諸友送行詩　一册
先中丞公手跡　一册
庚子癸亥同年單　一册
圓通粥廠募捐啓　一册
先世監照　一册
翁氏族譜　内附文端致林文忠函　一册　又一册
先贈公手寫家譜　一册
文恭手寫年譜　三本　雜記　三本　六册
又　家譜　二册一包
翁氏先世志銘等　一包
周弢庵論風水　一册
文恭履歷　一册
辛酉拔貢廷試小録　一册

海州劣生吴朝棟案　一册
文端年譜　文端、文勤木天清課等　一包
「鐵庵公刻家譜　一包
文端年譜稿
文勤公日記
文恭録張文敏義莊歸」
文端家書及硃弓等　兩包
道光中葉外患雜記　一册
袁端愍致文勤函　二册
文勤詩及雜稿　二册
名人手札　二册
擬撰族譜稿　一册
（甲午）行號簿　一册

先公手寫家譜　一包

翁氏家事略記　一册

白鴿峰翁氏新阡契據　一册

咸豐年間洋務等　一册

先小軒公家傳　一册

桐華仙館會課　一册

耕梅公石梅祠堂條規　一卷

文端寫詩　應裱　一卷

「俞鍾鑾等字卷　卷

文恭　己酉南歸應試、庚戌恭赴西陵日記　一册　一包

笙華書屋課藝　五册」

「文恭手寫洋務雜記〔一〕　奏摺撮要　一册

叔平年譜　一册

雁影録　一册　一包
文恭手寫所見書畫　一册
又　所見書帖　一册
又　雜稿字片」
文恭遺墨　一册
駪征隨筆　一册
先公殿試策稿　一包
文端手録山愚象册跋　一册
又　先世手跡零紙　若干包
潛虛公崇祀名宦録　常熟帶出　一册
山愚公著蓼野年譜　又　一册
動物籌　一匣
古鏡　二　一匣

銅鏡零碎物　一匣

圖章　一漆匣

古瓦礶　一個有匣

先公寫對圖章　一布匣

磁印色合　海棠式　一個有匣

零碎玩品　一小鐵合

舊扇雕漆骨　一合

〔一〕此條天頭有藍圈。

律字櫃

舊相片册

舊相片

筆

羅盤

擱臂

文勤墨蹟 六本

紀念册 四册

宣紙紀念册

吕字櫃(二)

玉版十三行真刻 蘿軒先生藏 一册

明拓曹全碑 先公所收第二本 一册

明拓九成宫 一册

越州石氏晉唐小楷並稧帖八種一册

聞憙長韓仁銘 一册

明拓皇甫君碑 一册

明拓曹全碑　一册
玉蘭堂第一精品　一册
鶴銘舊拓（先敬兄物）　一册
克齋仿石谷小册　二册
黄庭蘭亭古跡　一册
陳祖范寫迎春詞　文恭題　一册
文恭臨白豪精舍贊語一册
文恭書覃谿論唐楷　一册
史晨祠孔子奏銘殘本　一册
章式之顧隱君墓誌　一册
漢銅印譜　一册
曹全碑　一册
陸倬雲畫虞山景　一册

宋拓雲麾碑　一册
聖教序　文勤題　一册
九成宫醴泉銘　又　一册
迂伯公墨蹟　文端題、文恭題　一册
文端與何玉民書　一册
石菴法書　一册
豳州昭仁寺碑　文勤臧並題　一册
元拓黄庭經　一册
舊拓雲麾碑　先公題　一册
虞恭公碑　先文勤寫簽　一册
香光千文　臨米　一册
香光真跡　文恭題　一册
舊拓張遷碑　前後有克畫兩頁　一册

祕閣續法帖　殘本　一册

張遷碑陰　一本

重摹蟫藻閣舊拓蕩侌令張君碑　文恭題　一册

舊拓虞恭公碑　一册

楊大眼　孫秋生　魏靈藏　始平公〔二〕　文恭題　一册

文恭摹漢瓦當文字　一册

文勤字　四葉

靈飛經　渤海本　一册

黄庭經　曹娥碑　十三行　麻姑仙壇記　一册

殘拓集珍　文勤書簽　一册

衛景武公碑　又　一册

查峻丞先生字　一册

虞山圖（先兄敬之物）　一册

文恭粘帖片　一册
銅佛象記　文恭題　一册
文恭臨漢碑三種　一包
蘭亭廿種　文端臧　一函
師友翰墨　克粘　二册
翁氏家書　又　一册
名賢墨蹟（三）　又　二册　一九五一年十一月捐送北京圖書館
先公手諭　又　一册
時賢墨蹟　又　未寫簽　三册
吉金拓片　粘本　一册
瘞鶴銘　又　一册
相國遺墨　又　一册
鄭道昭五言詩　又　三册

仙壇門題字等　又　一册

〔一〕本箱内之注文「又」字，底本即小注書名之下，疑是複本之意。

〔二〕此條天頭有批注「龍門魏刻」四字。

〔三〕此條下有注文：「内皆文恭友人來往尺牘，有吴大澂、邵松年、全慶等手跡。」

調字櫃

宋拓閣帖　文恭題簽　兩函

舊拓天發神讖碑　一册

何熙伯摹徐青藤　一册

焦山攬勝　錢叔美伊雲峰　一册

王端淑女史花卉艸虫册　一册

高且園仿宋人山水　一册

蔣子延玉山上行圖　一册

禹鴻臚艸虫花鳥　一册

自怡悦齋匣中書　一册

吉金妙墨　先公題前後有克臨畫四幅　一册

魏高貞碑　一册

繆柳村傳　一册

岳緑春女史畫六頁　一包

名賢字册　一册

湯陰出土牛羊龜骨　一匣

白陽真跡　紙本　一册

悔遲真跡　絹本　一册

蘭言贈處　一册

坡公遺像　拓本　一册

兩峰夫婦合璧　紙本　一册

琴泉寺佛經殘葉 文勤藏 一册
汲古閣圖 照相本 一册
龔半千山水絹本 一册
先公寫珊瑚木難題跋 一册
明拓石鼓 未裱 一册
漸西連珠 一函
鶴影 照相本 一册
丹楓閣記 一册
漢婁壽碑 石印 一册
舊拓聞憙韓仁銘三種 文勤臧 一包
舊拓争座位帖 文勤臧 一册
唐胡佺誌銘 一册
重刻華嶽碑 一册

瘞鶴銘　一册
論坐帖　一册
吴天發神懺碑　先公書簽　一册
文恭雙鉤婁壽碑　前後有題　一册
蔣香生手書道德經　一函
孔宙碑衾　文恭題　一册
舊拓汝帖　一册
禮器碑　文恭藏　一册
石鼓　一册
海岳妙跡　文恭題簽　一册
蘇書醉翁操　拓本　一册
淩煙閣畫像　紙本　一册
覃谿寫蘭亭　刻本　一册

黄庭殘石　又(二)　一册
漢石經殘字　照相本　一册
大觀真本殘葉　文恭題　一册
肥本十三行　石印　一册
英光堂米帖　一册
皇甫君碑　監字未損本　一册
雙鉤婁壽碑　楊幼雲摹　一册
徐刻定武蘭亭　一包
争座位　一包
唐碑高延福墓誌　一册
吴越國忠懿王金塗塔金字全拓　一册
宋拓群玉堂米帖　汪藏照相本　一册
松雪小楷赤壁賦　拓本　一册

蔡伯浩墓誌　一册

西嶽華山廟碑　一册

御制研銘　一册

〔一〕此「又」字底本在此，疑表複本。

陽字櫃〔一〕

朱刻李明仲營造法式　八册一函

歷代名人畫像册　照相本　一册

古香齋春明夢餘録　入列字箱　四函

杜工部全集　套版　一函

楚辭後語　一册

克齋讀詞雜抄　一册

茆桂題襟集　一册

弟子箴言　湖北板　四册
西山紀遊圖題詞　兩本
書目答問　大字本　一册
寒山子詩　石印景宋本　一册
九僧詩　一册
宋拓十七帖殘本　石印　一册
孝經　石印　一册
宣和宫詞　石印景宋本　一册
石鼓文釋存　一册
廬山復教集　石印景宋本　一册
油素影寫靈飛經　一册
文恭臨婁元考碑　真跡　一册
柳期遇摹吴中先賢象　文恭題　兩册

六朝人書左氏傳　石印　一册

亭秋館哀詞　陳夔龍　一册

長慶箋　一册

稷山論書詩　抄本　一册

先公畫像　吴楚碧贈　一包

先代手粘書札帖片等　數包

金剛經　寫本大小各一　二册

龍筋鳳髓判　一册

詩均集成　文端舊藏袖珍本　一函

蒙古遊牧記　袖珍本　入列字　六册

長春真人西遊記　又　又　一册

雜抄　一小本

畫賸　抄　入黃字　一本

竹軒雜著 又 入荒字 二本

后紀 又 又 一本

洪氏集驗方 又 一本

克齋日記 十二包

〔一〕本櫃中，天頭有「又」字表與前書移入同一箱者，有「長春真人西遊記」、「后紀」、「洪氏集驗方」三條。今依前例，移置書名下。其餘「又」字，原即在書名下，疑表複本。

嗚字櫃

先代手稿 入在

文恭詩集 入往

石室秘寶 石印

淳化閣帖 又

石印華山碑

磁青絹

南華本義 刻　八册

步天歌 又　一册

楚辭 官書局本　四本

謝承後漢書 刻　四本

遊宦紀聞 俗本　一函

澤之先兄少年詩詞稿

抄本開元占經[一] 一百廿卷　十二册 稽瑞樓藏印

抄本太史范公文集[二] 五十五卷　六册

南昌彭氏、知聖道齋藏本、遇讀者善。（三印）

抄本江風松月集[三] 錢思復著 入張　二册 收藏印同上

明刻禮經會元[四]　四册 （欽訓堂書畫記）藏印

抄本樂全先生集 宋張樂全　八册 劉喜海藏印三顆

抄本大金國志〔五〕　入　三册　南昌彭氏、知聖道齋藏本、遇讀者善、常熟翁同龢藏本

抄本石經考〔六〕　一册　大興朱氏竹君藏書之印、朱印錫庚、常熟翁同龢藏本

抄本許紅橋詩稿　剪雨樓選録　一册　文恭書簽

抄本公羊穀梁傳莭本　二册

抄諸子類纂　一册　先兄敬之藏（翁之廉印）

抄金湯借著十二籌〔七〕　十二卷　明周台公著　十二册　文恭書簽

抄皇朝編年備要　十六册　（石菴）藏印　不全

〔一〕此頭天頭批注有「興存籴」三字。

〔二〕此條天頭有批注：「一九五二，上海寄回」八字。

〔三〕此條天頭有二墨圈。

〔四〕此條天頭有二墨圈。

〔五〕此條天頭有二墨圈。

〔六〕此條天頭有二墨圈。

〔七〕此條天頭有二墨圈。

鳳字櫃

先代稿件	一函
邗上奏報（一）	一包
先公、先澤兄詩稿（二）又	一包
文勤奏稿	一包
先文恭手跡	一包
雜紙	三包
文恭信	二包
文恭舊電信	一包
雜信	一包
文恭日記内夾紙	兩包
●鳳台祗謁筆記（三）	一册

●寫本曝書亭詞拾遺　一册
●澤之先兄手抄何義門校河東集字　一册
俞護撰籌餉章程　一本
文勤會奏稿(二)〔三〕　一本
又奏稿　一本
又　二包
●欽頒四言韻文　一薄本
●胡曾集要略　一册
郭函、丁函〔四〕　粘册　一册
文恭餘廬隨筆　一本
●笏齋偶筆　一本
●潢池紀聞　一本
●克抄倪氏雜記筆法　一本

●文恭摘録黄濟川豫遊瑣記　一本
聖訓籤檔　一本
先公乙巳、丙午雜記　一本
又手寫渠楚南略歷　一本
單　一本
潘李函粘存[五]　一本
●朔州公稿　一本
●文端手寫賢良進卷　一册
文恭雜記　均齋雜稿　二本
二支室覆函偶留　各一本
備忘録　鶴南録　東行記（文恭手寫）　各一本
吾炙集　木板　一册
漁洋精華録選抄

影宋本阮逸注中説（石印）　一本
山愚公手書摘抄　二小册
文恭寫雒雄小記〔六〕　法越事　北盧記　二册
雜録（封面寫三字）　一册
舊文武官職單〔七〕　三摺子（文恭時代）
先公中式進士用項單　一册
先公手寫文恭詩詞稿　二包
南明巡按揭帖〔八〕　一包
先公舊信雜件　一包

〔一〕此條與下「文勤奏稿」、「文恭舊電信」前加一藍圈。
〔二〕此條天頭有墨點，並有批注「入鳴」，意謂放入鳴字箱者前加墨點，今保留墨點，下同。
〔三〕此條天頭有藍圈。
〔四〕此條天頭有藍圈。
〔五〕此條天頭有藍圈。

〔六〕此條天頭有藍圈。
〔七〕此條天頭有藍圈。
〔八〕此條天頭有藍圈。

在字櫃〔一〕

先代稿件　●二嫂喪費賬　二册
●先公哀榮録　●先慈壽言集　●先慈大事賬
●卜葬賬稿　友人雜信粘存　先公牘稿
●訃聞　二包　●先母債務雜抄及文件　●二嫂收支總帳
●族譜稿　一包　●江南拔貢卷　●虹光小記
●開慶喜事賬
紀元編〔二〕　三册
文恭手寫書畫目　碎録　歸舟長物

文恭畫目及文端遺書目等三册　又

王懿榮致敬之兄尺牘册　入鳴　無面

故司隸校尉揵爲楊君頌　又　二册　無面

翁氏花瑞樓所藏詞曲志略　入鳴

迂伯公尺牘　又　一册

文恭上款尺牘　又　一册

翁氏家録　兩夾（先兄敬之藏）

文勤折稿(三)　一包　已捐贈圖書館

雲南報銷　又　文恭藏　一包　又

文勤修撰公手跡　又　一包

文端手寫藏書目

家録　二册（敬之兄物）

先公手寫字卷　又　小册

印行文恭日記事文件　　一包

先澤之兄友朋手札粘册

文端公詩文稿

〔一〕底本此下有「●有點者均入歲字櫃」，今保留各條上之墨點。

〔二〕此條天頭有「入鳴」二字，下「文恭手寫書畫目」條天頭批注「又」字，蓋謂此四種皆入鳴字箱。

〔三〕此條天頭有藍圈。